Jüdische Kultur
in Franken

LAND UND LEUTE

Veröffentlichungen zur Volkskunde
Herausgegeben von Wolfgang Brückner

Christoph Daxelmüller

Jüdische Kultur in Franken

echter

Dem Andenken
an die jüdischen Opfer
des Nationalsozialismus –
Der Gegenwart zur Mahnung

CIP-Titelaufnahme der Deutschen Bibliothek

Daxelmüller, Christoph: Jüdische Kultur in Franken
Würzburg : Echter, 1988
   (Land und Leute)
   ISBN 3-429-01169-8

© 1988 Echter Verlag Würzburg
Umschlaggestaltung: Ernst Loew
Gesamtherstellung: Echter Würzburg
Fränkische Gesellschaftsdruckerei und Verlag GmbH
ISBN 3-429-01169-8

Gedruckt mit Unterstützung des
Hauses der Bayerischen Geschichte, München.

Die Fotos und Reproduktionen stammen, falls nicht anders angegeben, vom Verfasser.

Umschlag Titelseite: *Darstellung der Thorarolle auf einem Schnaittacher Thorawimpel des 19. Jahrhunderts. Leinen, bemalt (Schnaittach, Heimatmuseum). Über der Thorarolle Krone mit den Anfangsbuchstaben von »Keter Thora« (»Krone der Thora«); darunter die Worte »Thora, Moses, Wahrheit«, die auf das Gesetz Moses' hinweisen.*

Umschlag Rückseite: *Chuppastein an der Synagoge von Urspringen. Umlaufend die Anfangsbuchstaben von Jer 7,34: »Stimme der Lust und Stimme der Freude, Stimme des Bräutigams und Stimme der Braut«; im Magen David die Abkürzung MT für Mazzel tov (»Viel Glück«).*

INHALT

Vorwort 7

Zur Einführung 8

Jüdische Kultur 9
Jüdische Kultur zwischen Alltag und Fest – Spurensicherung – Quellen, Zeugnisse, Erhebungen – Schulchan Aruch und Minhagimbücher – Bilder und Bildquellen – Kulturelle Sprachlosigkeiten – Der Beobachter.

Juden in Franken.
Bedingungen, Geschichte, Verläufe 25
Das frühe Mittelalter – Zeugnisse mittelalterlicher jüdischer Kultur in Franken – Bedingungen – Die Folgen in spät- und nachmittelalterlicher Zeit – »Friedliche« Vertreibungen – Steuern und Abgaben – Allgemeine Verarmung und individueller Aufstieg: Kriminalität und Hoffaktorentum – Der Weg zur Gleichberechtigung – Stimmen gegen die Emanzipation.

Judenorte, jüdische Dörfer 37
Statistik – Die jüdische Bevölkerung – Judenorte – Folgen der Landflucht – Das jüdische Dorf – Ghetto oder Judenviertel – Von der Schwierigkeit, eine Synagoge zu bauen – Der Mittelpunkt des jüdischen Dorfes – Die jüdische Gemeinde – Rabbinate, Rabbiner, Barnossen – Das Leben mit zwei Rechten. Judeneid, Arbeitspflicht und Neugierde am Tod.

Haus und Haushaltung 51
Mesusa – Die Wohnung – Der Haushalt eines Rabbiners – Von »Bechern, Leuchtern und Ofenplatten« – Misrach – Das Haus des Hänlein Salomon Kohn – Das Haushalten – Die Trennung von Fleisch- und Milchspeisen – Das tägliche Eßgeschirr – Chomezbattel, oder: der Frühjahrsputz – Mazzen und Koscherwein – Schächten, Schächter, Fleischläden.

Lebenserwerb und Lebensunterhalt 67
Gemeindeämter – Jüdische Berufe. Schneider, Textil- und Schnittwarenhändler – Allgemeine Berufsstruktur – Viehhändler, Hopfenjuden und Hausierer – Geldgeschäfte – Veränderung der Berufsstruktur im 19. Jahrhundert – Märkte und Marktzeiten – Handelssprache.

Kleider und jüdische Kleiderethik 82
Judenabzeichen und Kleiderordnungen – Moden, Kleider, Trachten – Das Fürther Tekunoth-Büchlein – Kleidervorschriften – Gebetskleidung.

Synagogen, Ritualbäder, Schulen 91
Die Baustruktur und ihre sozialen Hintergründe – Vielzweckbauten – Jüdische Vorstellungen von der Synagogenarchitektur – Mittelalterliche Synagogen – Synagogen des 16. bis 18. Jahrhunderts – Nationale Identität und orientalischer Stil. Die Synagogen des 19. und frühen 20. Jahrhunderts – Bau und Einweihung einer Synagoge – Innenausstattung. Die Werke des Elieser Sussmann – Inneneinrichtung und Kultgeräte – Liturgische Reformen. Kanzel, Königsgebet und Orgelstreit – Ritualbad (Mikwa) – »Judenschule« und jüdische Schule – Der Bücherbesitz eins Rabbiners.

Die religiöse Welt.
Von freudigen und traurigen Festen 123
Alltag und Fest – Das Leben in zwei Zeitzyklen – Jahres- und Lebenszeiten – Wochen, Monate, Jahre. Der Sabbat – Rosch Chodesch (Neumondstag) – Purim – Pessach – Omer-Zeit und Omer-Zählen – Schawuot – Rosch Haschana: Das jüdische Neujahr – Jom Kippur – Sukkot – Simchat Thora – Chanukka – Die persön-

lichen Feste – Geburt – B'rit Mila (Beschneidung) –
Holekreisch – Bar Mizwa – Verlobung und Hochzeit –
Tod, Begräbnis, Trauer – Friedhöfe.

Der Mensch. Jüdische Franken 169
Menschen, Namen, Erinnerungen – Heimat, oder: Der Berg Sinai auf dem Kreuzberg – Heimweh – Leopold Bamberger, alias Lord Bambux – Willy Lessing – Simon Ansbacher – Ludwig Gutmann, der letzte Dorfjude.

Der kleine und der große Antisemitismus . . . 181
Vergegenständlichte Erinnerungen: Fränkische Wallfahrtsorte – Hostienfrevel und Kultbildverletzungen – Ritualmorde – Verfolgungen – Stereotypen, Spottlieder, Beleidigungen – Das Ende einer Kultur: die Reichskristallnacht.

Epilog 197

Quellen und Literatur 201

VORWORT

Das Manuskript zu diesem Buch wurde im Herbst 1984 abgeschlossen; die Vorarbeiten begannen 1979. Zu diesem Zeitpunkt stand ich nicht zuletzt als Volkskundler weitgehend allein auf weiter Flur. Wenn überhaupt, dann lagen Untersuchungen zur Geschichte und Kultur des fränkischen Judentums in den Händen einiger weniger Historiker. Seitdem aber verstärkten sich die interdisziplinären Forschungsaktivitäten: In Würzburg entstanden das »Collegium Judaicum« und das im ehemaligen Israelitischen Altersheim untergebrachte »Dokumentationszentrum für jüdische Geschichte und Kultur in Unterfranken«; in Bamberg leitet Prof. Dr. Klaus Guth das von der Deutschen Forschungsgemeinschaft unterstützte Projekt »Judendörfer in Oberfranken«; unter tätiger Mithilfe von Dr. Bernward Deneke, Nürnberg, wurde die »Gesellschaft für Geschichte und Kultur der Juden in Bayern« gegründet, und zwei aufsehenerregende Funde, die Veitshöchheimer Geniza und die Entdeckung neuer mittelalterlicher Grabsteine in Würzburg, haben überregionales Aufsehen erregt. Die Ausstellung »Es schreit der Stein. Geschichte und Kultur der Juden in Bayern«, die ab Oktober 1988 im Germanischen Nationalmuseum Nürnberg gezeigt wird, stellt den vorläufig letzten Höhepunkt dieses Interesses an der Geschichte der Juden im nordbayerischen Galut (Diaspora) dar.

Die »Jüdische Kultur in Franken« war ursprünglich als Text- *und* Bilddokumentation konzipiert, wofür ich seit 1979 mehr als 2000 Fotos zusammengetragen habe. Jetzt heißt es endlich, zahlreichen Kollegen und Freunden für Informationen und tatkräftige Hilfe Dank abzustatten und sie zu bitten, ihn an die hier aus räumlichen Gründen nicht Genannten weiterzureichen: Margret Altenhöfer M. A., Dr. Hans Dünninger, Dr. Reinhard Worschech (Würzburg), Klaus Reffel (Miltenberg), Dr. Alois Döring (Bonn), den Archivaren des Bayerischen Staatsarchivs Würzburg und Dr. Friedrich Oswald (Amorbach).
Ein tiefes Erlebnis bedeutet es, daß mir die Arbeit an diesem Buch die Freundschaft mit Senator David Schuster, dem Vorsitzenden der Israelitischen Kultusgemeinde Würzburg, und mit seiner Ehefrau eingebracht hat.
Ohne einen großzügigen Zuschuß durch das Haus der Bayerischen Geschichte, München, hätte sich die Drucklegung sicherlich noch weiter verzögert. Hier gilt mein Dank insbesondere Prof. Dr. Claus Grimm und Dr. Manfred Treml.
In tiefer Schuld aber stehe ich bei Prof. Dr. Wolfgang Brückner, Würzburg, der über all die Jahre hinweg keine Mühe scheute, die Veröffentlichung zu beschleunigen. Es wäre daher mehr als gerechtfertigt, dieses Buch ihm, auch als sein Schüler, in Dankbarkeit zu widmen.
Im März 1988   *Christoph Daxelmüller*

ZUR EINFÜHRUNG

Dieses Buch ist geprägt von konventionellen, vor allem aber von volkskundlichen Interessen. Es handelt von Kultur und Alltag der fränkischen Juden, von Geschichte, Geschichten und Lebensweisen, soweit sie sich in exemplarischen Bildern darstellen lassen. Es betrachtet sich weder als Handbuch noch als in wissenschaftlichen Anmerkungen denkende Abhandlung, sondern als Beitrag zur Spurensicherung.

»Jüdische Kultur in Franken« ist aber vor allem ein zorniges Buch; die Menschen, von denen es handelt, sind nicht mehr am Leben, viele von ihnen wurden auf bestialische Weise umgebracht; ihr geistiges Erbe droht in Vergessenheit und Verfall zu geraten.

Dennoch räumt es bewußt der schlimmsten Zeit in der Geschichte des Judentums, dem Nationalsozialismus, nur wenig Raum ein. Es will nicht die Bilder von der Vernichtung menschlichen Lebens in den Konzentrationslagern zeigen, sondern die Ausmaße der Zerstörung einer Kultur sichtbar machen. Man entledigt sich der Verantwortung für die eigene Geschichte nicht durch literarisierte Schuldbekenntnisse, durch die museale Einrichtung der Konzentrationslager, auch nicht durch Teilnahme an der alljährlich stattfindenden Woche der Brüderlichkeit. Mögen die Bilder des Grauens als Mahnung wichtig sein, ebenso notwendig sind Bilder von der Bedeutung und Schönheit einstiger jüdischer Kultur. Die feinen Stickereien und Malereien der Thorawimpel, die silbernen Thorakronen und Rimmonim, die einfachen und doch oft prachtvoll ausgemalten Synagogen sind Äußerungen jüdischen Lebens, als es noch halbwegs in Ordnung war. Zeugnisse ihres Verfalls und ihrer Vernichtung sogar noch nach 1945 erregen Betroffenheit, warnen davor, nach dem Körper nun auch den Geist zu zerstören. Wir müssen uns immer von neuem vergegenwärtigen, daß der Verlust der Ehre und der Menschenwürde schlimmer ist als der Tod, daß der Nationalsozialismus an einem Volk zum Mörder wurde, das nicht nur Teil unserer eigenen Herkunft war, sondern uns die Bewahrung seines Erbes auch zur moralischen Pflicht gemacht hat. Dies ist um so bedrängender, als die fränkischen Juden ihre Kultur unter Bedingungen geschaffen hatten, an denen jeder christliche Künstler gescheitert wäre.

Daher will dieses Buch nicht durch die Bilder des Grauens, sondern durch die Rekonstruktion der historischen Kultur jüdisches Schicksal über den Untergang hinaus bewußt machen. Allerdings gerät es zum imaginären Museum; denn der Lebenszusammenhang, in dem hier die oft weitverstreuten Dinge noch einmal zusammenrücken, existiert nicht mehr. Die jüdische Welt, die es einst auch in Franken gab, ist – von blindem Fanatismus und Haß vernichtet – unwiederbringlich verloren.

JÜDISCHE KULTUR

Der Band ist dem Andenken an die jüdischen Opfer der nationalsozialistischen Gewaltherrschaft gewidmet, die als letzte die von ihren Vorfahren geschaffene Kultur mit Leben füllten. Doch es seien diejenigen nicht vergessen, die sich unter Lebensgefahr in entscheidenden Momenten für ihre jüdischen Mitbürger und deren Kulturgut einzusetzen wagten. Stellvertretend für sie sei der Ortspfarrer von Frankenwinheim (Lkr. Schweinfurt) genannt. 1938, am Sonntag nach der Reichskristallnacht, war er auf die Kanzel getreten und hatte sich öffentlich von den Ausschreitungen gegen die im Dorf lebenden Juden distanziert, nachdem etwa im Nachbarort Lülsfeld jüdische Frauen von SA-Leuten gezwungen worden waren, in Gebetsmänteln und Sterbegewändern sämtliche Möbel und Ritualien auf die Straße zu tragen und dort anzuzünden. Er tat dies mit einer Predigt über den Bibelvers »Liebe deinen Nächsten wie dich selbst«.

Wer heute die Geschichte jüdischen Lebens in Franken nachzuzeichnen versucht, stößt auf die Ruinen einer einst blühenden Kultur, wird sich rasch bewußt, daß das Ergebnis seiner Arbeit mehr Collage denn Gesamtbild, mehr Rekonstruktion denn Tatsachenbericht sein wird.
Zudem sind Inkonsequenzen vonnöten, um Zeit und Raum einzufangen. Auch wenn das Hauptaugenmerk der Zeitspanne zwischen dem späten 18. Jahrhundert und dem Beginn der nationalsozialistischen Diktatur gilt, so sind viele Entwicklungen nur dann zu verstehen, wenn den Ursprüngen im Mittelalter nachgespürt, die regionale Begrenzung auf Franken immer wieder aufgehoben und allgemeine Verläufe in Deutschland, ja in Mitteleuropa in die Betrachtung einbezogen werden. Eine Regionalisierung von Ereignissen würde die Wirklichkeit verfälschen, nicht jedoch die Äußerungen von Geschichte am Beispiel einer Region.
Die Schwierigkeiten im Umgang mit dem Thema aber stellen sich bereits in dem Augenblick ein, in dem man nach den Resten jüdischer Kultur in Franken zu suchen beginnt. Was dem Nationalsozialismus nicht mit brutaler Gewalt zu zerstören gelang, erreichten Verdrängung, Vergessen und falsches Wiedergutmachungsdenken der Nachkriegszeit. Nur zu gerne entledigte man sich plötzlich aufgetauchter Thorarollen, schaffte eine einzigartige Synagogenausstattung für im-

mer nach Israel, vergaß dabei, daß diese Dinge dort, wo sie geschaffen worden waren, mehr bewirken könnten als Mahn- und Gedenktafeln, als Lippenbekenntnisse von Schuld und vom Neubeginn der menschlichen Beziehungen, daß ohne die Rettung und Dokumentation historischer jüdischer Kultur das Geschichtsbild unvollkommen bleibt. Was sich dennoch erhielt, verfällt in erschreckendem Maße. Die Illustrationen dieses Buches tragen dem insofern Rechnung, als sie sich zweier Bildebenen bedienen: sie zeigen die Dinge, die einst Bestandteil jüdischen Lebens waren, und sie zeigen sie in dem oft verwahrlosten heutigen Zustand. So entsteht fernab aller Schönfärberei ein doppelter Eindruck, der es dem Betrachter ermöglichen soll, die ursprüngliche Faszination dieser Welt selbst zu entdecken. Daß an jüdischer Kultur nach 1945 vielleicht mehr zerstört wurde als in den Jahren zuvor, liegt allerdings nicht allein an der Nachlässigkeit und der Verantwortungslosigkeit der Gegenwart. Wo die Menschen fehlen, die in der Synagoge ihre Gottesdienste feiern, gehen die Gebäude zugrunde. Oft erwies sich der Umbau in ein Wohnhaus, die zweckentfremdete Benutzung als Stall oder Scheune als die den Umständen entsprechend beste Rettungsmaßnahme, die wenigstens die Bausubstanz bewahrte. Wo den Dingen ihr Sinn genommen ist, verschwinden sie.

Um die erschreckende Beraubung einer Landschaft zu rechtfertigen, sind aber auch die Gefühle derjenigen zu respektieren, die den Holocaust überlebten. Nationalisten vor 1933, wurden sie ihrer Identität als Deutsche beraubt. Juden selbst setzten sich für die Verlagerung ihres Kulturgutes in israelische und amerikanische Museen ein; denn eine Ritualie im fränkischen Heimatmuseum, vielleicht nur wenige Schritte von dem Platz entfernt, wo 1938 Thorarollen und Gebetbücher verbrannt worden waren, mag ihren Sinn verloren haben, nicht jedoch dort, wo man eine neue Heimat gefunden hat.

Was bleibt, zwingt den Forscher, eine Beinahegegenwart als Historiker, ja als Archäologe zu durchreisen. Obwohl seit dem Ende jüdischen Lebens in Franken kaum fünfzig Jahre vergangen sind, hat er sich bei seiner Arbeit durch unendlich fern erscheinende Zeitschichten durchzugraben und trotzdem mit der Zeitgeschichte auseinanderzusetzen. Daher wurde für dieses Buch mit Absicht die Zeitform der Vergangenheit gewählt, auch für Bereiche, die noch oder wieder Gegenwart sind. In Israel und Amerika, in den Großstädten Deutschlands wie in einzelnen Orten Frankens feiern die Juden heute Sabbat, Pessach und Chanukka, legen ihre Gebetskleidung an, halten Gottesdienste in den Synagogen, beerdigen ihre Toten nach den überkommenen Riten. Doch das Leben in den zahlreichen jüdischen Gemeinden Frankens wurde mit deutscher Gründlichkeit und Präzision vernichtet. Trotz bescheidener Neuansätze bleibt uns daher nur, das Kaddisch, das Totengebet über die Kultur der Dorf- und Kleinstadtjuden zu sprechen, die auch ein Teil unserer eigenen Geschichte war. Vergangenheit und Gegenwart vereinigen sich in den Bildern wie im Text dieses Buches, fordern auf, sich der Menschen zu besinnen, die diese

Kultur schufen, flehen darum, nicht auch noch die letzten Spuren zu vernichten. Es scheint von geradezu bedrängender Aktualität zu sein, was der große Zionist Max I. Bodenheimer 1903 unter dem Eindruck des fürchterlichen Pogroms von Kischinew im April 1903, bei dem es nach offiziellen Angaben 90 Tote und zahlreiche Verletzte gab, mit Großbuchstaben in sein Tagebuch notierte:
»KISCHINEW STEHT MIT BLUTIGEN LETTERN ALS EIN MAHNENDES MENETEKEL VOR UNSEREN AUGEN –
SORGEN WIR, DASS WIR UNSER ZIEL ERREICHEN, EHE DER ZEITPUNKT EINTRITT, WO WIR NACH LEICHENSTEINEN DIE STÄDTE BEZEICHNEN, WO EINST UNSERE JÜDISCHEN BRÜDER FÜR IHR VOLKSTUM UND IHRE RELIGION GESTRITTEN UND GELITTEN HABEN.«[1]

Jüdische Kultur zwischen Alltag und Fest

Eine jüdische Kultur in Bildern krankt an einem grundsätzlichen Mangel. Was ein Maler, Kupferstecher, Lithograph oder später die etablierten städtischen und umherziehenden dörflichen Portraitisten und Fotografen für abbildenswert hielten, war immer die Kultur des Besonderen, des Auffälligen, bisweilen sogar des Sensationellen. Auch was an Objekten die Zeiten überdauerte und heute bildlich erfaßbar ist, seien es Synagogen oder Friedhöfe, Kultgeräte oder Bücher, stellt die Besonderheit des Überlieferswerten dar. Der Alltag hingegen mit seinen Verrichtungen, die so oft wiederholt wurden, daß man sie gar nicht mehr als bemerkenswert wahrnahm, bleibt dabei ausgespart, es sei denn, man bettet ihn ein zwischen die Pole festtäglicher Kultur und betrachtet die Dinge des Festtages als Abbilder des täglichen Lebens.

Dadurch aber, daß sich die vorliegende Untersuchung vor allem dem religiös geprägten Bereich zuwendet, zudem verbal zwischen Juden und Nichtjuden, *Juden* und *Christen*, *jüdischer* Minderheit und *christlicher* Majorität unterscheidet, arbeitet sie mit einem durch die unzulässige Vereinfachung in dieser Form ungültigen Beschreibungsmodell. Denn ebensowenig wie jeder Bewohner der christlich-abendländischen Hemisphäre sich in seiner Überzeugung als gläubiger Christ versteht, so wenig jeder Jude auch tatsächlich als frommer Jude. Die Assimilation seit dem 19. Jahrhundert hatte viele Juden ihrer alten Tradition, den religiösen Bindungen und Verhaltensnormen entfremdet. Sie wurden zu Juden dem Namen und der Abstammung nach, viele konvertierten zum Christentum, und erst der Antisemitismus des 20. Jahrhunderts erinnerte sie in brutaler Weise an ihre einstige Gruppenzugehörigkeit.

Natürlich waren auch diese angepaßten Juden Teil jüdischer Kultur; doch indem sie sich weitgehend der Verhaltensweisen und Ausdrucksformen der gesellschaftlichen Majorität bedienten, waren sie außerstande, ihren Lebensbereich so zu prägen, daß er als jüdisch erkennbar geworden wäre. Jüdische Kultur hingegen äußert religiöse Überzeugung u. a. in Bauwerken und Kultgegen-

11

ständen; nicht die Visitfotografie im modischen Festtagsstaat, sondern erst das Bild des in seinen Gebetsmantel gehüllten Juden läßt ihn als solchen identifizieren. Schon deswegen muß sich diese Studie auf die Kultur der frommen, religiös gebundenen Juden beschränken, auch wenn staatliche und gesellschaftliche Mentalität nicht zwischen diesen und den liberalen, nichtreligiösen trennte.

Spurensicherung

Die Darstellung des Lebens vor allem der Dorf- und Landjuden bedarf heute, knapp hundert Jahre, nachdem überall neue Synagogen gebaut und alte restauriert worden waren, der archäologischen Spurensicherung. Die Mesusoth an den Türgewänden der Häuser sind weggenommen, die Gotteshäuser oft bis auf die Grundmauern niedergerissen.

Was aber für die Dingwelt der Gebäude und Ritualien gilt, trifft auch auf die schriftlichen Zeugnisse zu, die helfen könnten, die Geschichte besser zu rekonstruieren. Jüdische Akten und Archivalien verbrannten in den Bombennächten des Zweiten Weltkrieges, wurden nicht selten, als sich das Tausendjährige Reich nach nur wenigen Jahren seinem Ende zuneigte, von denen vernichtet, die nach 1945 belastet zu werden drohten. Viele Schriftstücke, die innerjüdische Angelegenheiten des Gemeindelebens beleuchten, etwa Synagogenordnungen oder Vereinsstatuten, befinden sich heute z. B. in The Central Archives for the History of the Jewish People in Jerusalem. Schließlich aber darf nicht vergessen werden, daß diejenigen, die ins Konzentrationslager geschafft wurden, selten die Möglichkeit besaßen, Familienurkunden, Tagebücher und Fotoalben, Zeugnisse ihrer persönlichen Geschichte also, zu retten.

Folglich ist nur schwer abzuschätzen, was zwischen 1933 und 1945 an jüdischem Kulturgut vernichtet wurde. Doch die Vernichtungspolitik setzte sich fort. Synagogen verfielen, Denkmalpflege und Denkmalschutz schienen (und scheinen) überfordert, wenn es um mehr ging als um Dorfkirchen, geraniengeschmückte Fachwerkfassaden und als Blumenbehälter zweckentfremdete Brunnen. Über die neue Idyllik des alten, heilen Dorfes als folkloristischem Freizeitziel waren die Juden und ihre Bauten, die ebenfalls das Leben und das Bild einer Ortschaft mitgestaltet hatten, in Vergessenheit geraten.

Dennoch ist der Reichtum dessen, was man in mühseliger Kleinarbeit und oft mit dem Glück des Zufalls wieder ans Tageslicht bringen kann, erstaunlich, überraschender noch das Ergebnis. Das Bild einer Landschaft und ihrer Menschen, in der auch der Jude seinen Platz hatte, entsteht neu, Modelle des Zusammenlebens und Verstehens, der Nachbarschaft und der alltäglichen Hilfe bis hin zur Symbiose werden spürbar, aber auch die Erkenntnis, daß diese Entwicklungen von der nationalsozialistischen Ideologie jäh unterbrochen wurden und uns damit eines Erfahrungsprozesses beraubten, den wir heute für unser Verhältnis gegenüber in Deutschland lebenden Minderheiten bitter benötigten.

Quellen, Zeugnisse, Erhebungen

Für eine Geschichte jüdischer Kultur in Franken sind wir weitgehend auf schriftliche und bildliche Quellen angewiesen, die allerdings zahlreiche Probleme aufwerfen. Dies betrifft sogar die noch relativ objektiven Archivalien; denn sie registrieren lediglich die von amtlichen Verordnungen, Anträgen, Beschwerden und Anzeigen geprägte Seite jüdischen Lebens. So schlugen sich in den Gebrechenamtsprotokollen die Bitten jüdischer Gemeinden nieder, ihnen z. B. den Bau einer Synagoge zu gestatten. Verordnungen regelten die äußeren Beziehungen, Pfarr- und Kirchenrechnungen verzeichneten die Namen der einer Pfarrei abgabepflichtigen jüdischen Familien. Nachlaßverzeichnisse, Handels- und Hausierordnungen, aber auch die oft nur durch Zufall auffindbaren privatrechtlichen Zeugnisse wie Niederschriften über Abschlüsse von Handelsgeschäften, Briefe u. a. m. kommen hinzu.

Fragen des inneren jüdischen Lebens berühren sie nur dann, wenn es zu – häufigen – Klagen Anlaß gab, so als 1667 der Jude Isaak in Biebelried »auf den heiligen Palmabendt [...] ein beschneidung gehabt, warauf seine gäst bezecht und frevelmüthig sowohl im dorf närrischer weis als im hof umbgelofen mit juchsen« und er für diese Ruhestörung Buße bezahlen mußte.

Im Gegensatz hierzu bezog sich die Aktenführung der jüdischen Gemeinden infolge eigener Rechtsfähigkeit etwa bei Eheschließungen und -scheidungen, Streitigkeiten unter Juden usw. sehr viel mehr auf den inneren Bereich. Dieses oft in hebräischer oder jüdischdeutscher Sprache angefertigte Schrifttum, dem zudem wichtige Informationen über die Verwaltung der Gemeinden, die Tätigkeit jüdischer Vereine oder das Schächt- und Koscherwesen zu entnehmen sind, ging zu einem beträchtlichen Teil verloren oder ist heute nurmehr schwer zugänglich.

Solche Lücken werden wenigstens teilweise durch gedruckte und handschriftliche jüdische Autobiographien geschlossen, die u. a. vom New Yorker Leo Baeck Institute systematisch gesammelt, wissenschaftlich ausgewertet und inzwischen von Monika Richarz in Auswahl veröffentlicht wurden. Eine makabre Fundgrube für Lebensläufe und Lebensschicksale von Juden stellen schließlich auch die Gestapo-Akten dar.

Einiger grundsätzlicher Überlegungen bedarf die gedruckte Literatur vor 1800. Seit dem Mittelalter übten die jüdische Theologie, die Zeremonien und die biblische Sprache des Hebräischen eine unbestreitbare Anziehungskraft auf christliche Theologen, später auch auf Orientalisten und Historiker aus. In ihren Augen waren die Juden das – verstoßene – Volk Gottes, das zu Gott zurückzuführen und es zu bekehren die Judenmission als ihre Hauptaufgabe betrachtete. Dies erforderte jedoch die intensive Auseinandersetzung mit dem jüdischen Schrifttum, dem Kult und den Bräuchen, wobei es galt, den Juden die eigenen »Irrtümer« vor Augen zu führen. Daraus entstand eine Reihe von Beschreibungen, denen Ausgewogenheit und Quellenwert nicht abzusprechen ist, so Johann Jacob Schudts »Jüdische Merckwürdigkeiten« (Frankfurt und Leipzig

1715) oder Johannes Lunds »Die Alten Jüdischen Heiligthümer, Gottesdienste und Gewohnheiten« (u. a. Hamburg 1738). Andere Autoren wie Sigismund Hosmann, Stadtprediger in Celle, und sein »Schwer zu bekehrendes Juden-Hertz« (Celle 1699), vor allem aber der Heidelberger Orientalist Johann Andreas Eisenmenger und sein »Entdecktes Judenthum« (Königsberg 1711) schossen weit über ihr Ziel hinaus; sie machten die Argumentation zur Schmähschrift mit bösartigen Folgen, die der Antisemitismus seit dem 19. Jahrhundert unreflektiert als historischen Frühbeleg heranzog, um seine Ideologie zu rechtfertigen.

Was Franken anbelangt, darf die Situation gedruckter Quellen als beinahe einzigartig bezeichnet werden. Dies ist zwei Werken zu verdanken, die für ihre Zeit nicht nur auffallend sachlich und zurückhaltend sind, sondern auch von mit fränkischen Verhältnissen vertrauten Verfassern stammen. Paul Christian Kirchner, einer der beiden und »Zum Evangelio Christi bekehrter Rabbiner«, ließ 1720 in Neustadt a. d. Aisch sein »Jüdisches Ceremoniel. Das ist: Allerhand Jüdische Gebräuche« erscheinen, das 1734, mit zahlreichen Illustrationen des um 1705 bis 1750 in Nürnberg tätigen Zeichners und Kupferstechers Johann Georg Puschner (auch Büschner oder Buschner) und mit den Anmerkungen von Sebastian Jacob Jungendres versehen, in Nürnberg nachgedruckt wurde. Über das Leben Kirchners ist recht wenig bekannt. In Frankfurt/Main als Joseph ben Jacob geboren, unterrichtete er am Reformierten Gymnasium in Halle Hebräisch, hielt sich 1716 in Heidelberg auf und trat wahrscheinlich anschließend in Breslau zum Protestantismus über. Als Taufjude kannte er die Materie, über die er schrieb, aus eigener Erfahrung. Auch wenn er in seiner Beschreibung auf das Motiv der Blutbeschuldigung nicht verzichten konnte, so enthielt er sich doch weitgehend jeder eifernder, gerade für einen Konvertiten verständlicher Polemik.

Der zweite Autor, Johann Christoph Georg Bodenschatz, wurde am 25. März 1717 im oberfränkischen Hof geboren. Nach dem Besuch der Ritterakademie in Erlangen und dem Studium der Theologie und der orientalischen Sprachen in Jena kehrte er nach Franken zurück und nahm Unterricht bei dem gelehrten Rabbi Aaron Michael von Bruck bei Erlangen. 1740 wurde er Pfarrer in Uttenreuth, 1764 in Frauenaurach und 1780 schließlich Superintendent in Baiersdorf. Der praktischen Seelsorge blieb er während seines gesamten Lebens treu, weswegen er auch einen Ruf als Professor für orientalische Sprachen sowie eine ihm von der an jüdischer Theologie interessierten Reichsgräfin Anna Constanze von Cosel (1670–1765) in Stolpe bei Dresden ange-

1 *Der Beobachter. Ein alter Jude erläutert Johann Christoph Georg Bodenschatz die synagogale und häusliche Sabbatfeier: den Gottesdienst, das Lichterbenschen an Erev Schabbat, den Kiddusch und die Hawdala-Zeremonie.*
(Kupferstich aus J. C. G. Bodenschatz, Aufrichtig Teutsch Redender Hebräer, 1756)

botene Stelle ablehnte. Für diese gelehrte Frau hatte er den Mischnatraktat Pirke Abot, das jüdische Gebetbuch und die Streitschrift Chissuq Emuna des Karäers Isaak ben Abraham Troki übersetzt. Bodenschatz starb am 4. Oktober 1797 in Baiersdorf.

Sein Hauptwerk wurde jedoch die 1748 auf eigene Kosten in Erlangen gedruckte und über die Buchhandelszentren Frankfurt und Leipzig vertriebene »Kirchliche Verfassung der heutigen Juden, sonderlich derer in Deutschland«, die 1756 unter dem Titel »Aufrichtig Teutsch Redender Hebräer« in Bamberg, Frankfurt und Leipzig ein weiteres Mal erschien. Diese Abhandlung beschreibt umfassend, akkurat und objektiv die jüdischen Zeremonien und darf mit Recht als die vorzüglichste Quelle für die Erscheinungsformen jüdischen Kultes in der ersten Hälfte des 18. Jahrhunderts gelten (Abb. 1).

Wie weit Kirchner direkten Einblick in die Verhältnisse der jüdischen Gemeinde zu Fürth besaß, bleibt dahingestellt. Bodenschatz verarbeitete sicherlich Eigenbeobachtungen, die sich ihm gerade im Landrabbinat Baiersdorf aufdrängen mußten. Dennoch sind beide Werke gemäß dem wissenschaftlichen Stil ihrer Zeit vor allem um die Auseinandersetzung mit bereits vorhandener Literatur bemüht, eine akademische Methode, die den Augenschein um der Glaubwürdigkeit willen in den Hintergrund drängte.

Doch über den gelehrten Text hinaus sind beide Bücher durch ihre Illustrationen von Bedeutung, die zu den seltenen nachmittelalterlichen Bildzeugnissen für das religiöse Brauchtum der Juden gehören und die wegen ihrer überraschenden Detailtreue auch heute noch unverzichtbar sind. Mit ihnen aber tritt der Bezug zu Franken zutage. Johann Georg Puschner, der Illustrator Kirchners und Jungendres', benutzte in vielen seiner Darstellungen die Außen- und Innenansicht der alten Fürther Synagoge, und alle Kupferstecher, die Bodenschatz für sein Traktat gewann, stammten aus Nürnberg oder waren dort tätig, so Georg Paul Nusbiegel (Nussbiegel, 1713–1776), Gottfried (Johann Gottfried) Eichler d. J. (1715–1770), gebürtiger Augsburger zwar, aber nach Aufenthalten in Wien und Nürnberg um 1743 zum Universitätszeichenmeister in Erlangen ernannt, und schließlich Christoph Melchior Roth, in Nürnberg geboren und dort als Kupferstecher tätig, seit 1761 in St. Petersburg und 1777 nach Nürnberg zurückgekehrt, wo er vor 1793 bzw. 1798 starb.

Ihre Stiche vergegenwärtigen zahlreiche Bereiche des religiösen Lebens der Juden um 1700. Die Bildkunst dieser Zeit wäre überfordert, verlangte man von ihr die realistische Schilderung ausschließlich fränkischer Verhältnisse; dazu war sie zu sehr den überlieferten Bildtopoi, den Bildkonventionen verhaftet. Doch so manche Einzelheit mag auch die Kultur fränkischer Juden wiedergeben, wie sie die Kupferstecher aus eigener Erfahrung kannten.

Eine fast vergessene, da bislang noch weitgehend unbearbeitete hebräische Quelle ist das Reisetagebuch des 1724 in Jerusalem geborenen, 1807 in Livorno verstorbenen Rabbi Chajim Joseph David Asulai. Eine Europareise führte ihn 1755 auch durch Franken, dessen jüdische Gemeinden und Menschen er beschrieb. Von Ansbach kam er über Fürth, Baiersdorf, Forchheim, Buttenheim, Retzat, Bamberg, Ebelsbach und Knetzgau nach Haßfurt, wo er mit der Mentalität des einfachen Dorfjuden Bekanntschaft machte:

»Wir verbrachten den Sabbat im Haus des Vorstehers Moses, der sich sehr über unseren Aufwand an Kleider aufregte: wer auf Reisen gehe, habe sich mit einem Anzug und zwei Hemden zu begnügen. Er war aber von gutmütiger Natur und es gefiel ihm, daß ich am Sabbat nur wenig aß, daß ich also wenigstens keine Veranlagung zum Schlemmen hatte, und so beruhigte er sich. Es war dort auch ein im Talmud bewanderter Mann, schlicht, aufrecht und gottesfürchtig, der mein Leid mitfühlte und sich mit sanfter Stimme für mich einsetzte.«

Von Haßfurt ging die Reise weiter über Schonungen nach Schweinfurt. Dort bekam Asulai die antijüdische Haltung der Bevölkerung zu spüren:

»Wir kamen zu Schiff in Schweinfurt an, einer breit angelegten Stadt, in der keine Juden wohnen. Während wir dort auf eine Kalesche zur Weiterfahrt warteten, scharten sich haufenweise Männer, Frauen und Kinder um uns, die unsere Kleider und Barttracht begafften, schrien und spotteten.«

Über Niederwerrn, Geldersheim, Arnstein, Thüngen, Himmelstadt, Laudenbach, Zellingen, Leinach, Greußenheim und Höchberg gelangte Asulai nach Heidingsfeld, wo er bei Rabbi Arje Löb Baruch Kohn Rapoport einkehrte, der ihm so manche Erklärung talmudischer Stellen gab. Nach dem Besuch der jüdischen Gemeinden in Neubrunn, Wertheim, Fechenbach, Freudenberg, Miltenberg, Heubach, Klingenberg, Wörth und Wallstadt endete der fränkische Teil seiner Reise schließlich in Aschaffenburg.

Schulchan Aruch und Minhagimbücher

Die Welt, die Asulai in Franken entdeckte, war vertraut und besaß dennoch ihre eigene, typische Prägung. Denn das Leben in der Diaspora, der oft unvereinbare Lebensrhythmus der Mehrheit der Gesellschaft, die sich ändernden Zeiten, Werte und Dinge zwangen immer wieder zur Akkulturation, zur Anpassung an die alltäglichen, nicht von Juden geschaffenen Bedingungen. Dabei gerieten die der jüdischen Ethik entstammenden Gebote, ob sie sich auf die Einhaltung und Gestaltung der Feiertage oder auf die täglichen Verrichtungen, auf das Essen oder die Kleider, auf die Religiosität oder den Gelderwerb bezogen, stets in Konflikt mit den Normen und dem Denken der Umwelt. Völlige Angleichung aber wäre gleichbedeutend mit dem Untergang als Gruppe gewesen. Um dies zu verhindern, mußten die unverzichtbaren Eckwerte jüdischen Selbstverständnisses dogmatisiert werden, was mittels des Schulchan Aruch und der Minhagimbücher geschah, die heute – ohne daß sie in dieser Absicht verfaßt worden wären – die wohl besten Schilderungen von Brauchformen und Brauchnormen darstellen und dadurch die ansonsten lückenhafte Quellenlage mehr als vollwertig ersetzen.

Der Schulchan Aruch (wörtlich »geordneter« oder »gedeckter Tisch«), ein Auszug aus Josef Karos (1488–1575) Kommentar zu den Turim, bildete den maßgebenden Ritual- und Rechtskodex des gesetzestreuen Judentums und blieb es mit seinen zahlreichen Kommentaren bis heute.

Er enthielt nicht nur die Vorschriften zu den Gebeten, zum Synagogenbesuch und zu den Festtagen, sondern auch zu den Dingen des täglichen Lebens bis hin zur körperlichen Reinheit und dem Verhältnis zum Sterbenden. Minuziös die Tage und die Jahre im Leben eines frommen Juden regelnd, galt er als Maßstab jüdischer Existenz.

Die Minhagimbücher (Minhag: »Brauch«) hingegen setzten sich beschreibend, begründend und normierend mit den synagogalen und häuslichreligiösen Bräuchen auseinander. Die Diskussion um die Übernahme neuer Verhaltensweisen meist christlichen Ursprungs entschieden die Theologen mit verpflichtenden Minhagim-Entscheidungen; denn nur zu oft geriet traditionelles Verständnis in Gefahr, neuen Moden weichen zu müssen. Ob man Blumenschmuck statt der herkömmlichen Steinchen an den Gräbern niederlegen dürfe, war eines von zahllosen Problemen der Minhagim.

In großer Zahl gedruckt, fehlten sie in kaum einer Rabbinerbibliothek. Größere Gemeinden, wie z. B. Fürth, besaßen ihren eigenen Minhag, dem dann auch einzelne Dorfgemeinden folgten. Wie sensibel man bisweilen Abweichungen und lokale Sonderformen registrierte, zeigt ein Beispiel aus Niederstetten, dessen Juden dem Fürther Minhag folgten. Bei der Reinigung des Hauses von allem Sauerteig und Gesäuertem am Vorabend des Pessachfestes, dem Chomezbattel, legte die Hausfrau einige Stückchen Brot auf den Tisch, die dann vom Hausvater mit einem Federwisch in eine Tüte gekehrt wurden. Diese symbolische Handlung entsprach allerdings nicht der Interpretation der religiösen Überlieferung durch den unter dem Einfluß der Frankfurter Orthodoxie stehenden jüdischen Lehrer des Ortes, der auf sorgfältige Säuberung des Hauses drängte.

Trotz solcher vereinzelten Belege für die Entwicklung regionaler Brauchhandlungen wirkte die normierende Kraft von Schulchan Aruch und Minhagimliteratur der Entstehung gebietsspezifischer Eigenheiten weitgehend entgegen, war Grund dafür, daß sich die fränkischen Juden dort, wo sie sich in ihren ureigensten, religiösen Bereich zurückzogen, nicht anders verhielten als ihre Glaubensgenossen in anderen Gegenden Deutschlands, ja Mitteleuropas. Denn wie sehr diese Literatur das Leben nicht nur formte, sondern auch in den rasch dahineilenden Zeitläuften stabilisierte, geht aus einem weiteren, unten näher zu erläuternden Beispiel hervor: Ein in seiner einfachen Technik mehr ornamental denn gegenständlich erscheinender Holzschnitt aus einem Amsterdamer Minhagimbuch von 1707 zeigt beinahe in allen Einzelheiten den Vorgang des Chomezbattel, wie ihn Bruno Stern mehr als zweihundert Jahre später in seinen Jugenderinnerungen schildern sollte (Abb. 2).

Bilder und Bildquellen

Von Bildern war bereits mehrmals die Rede, insbesondere von den Illustrationen in den Werken Kirchners und Bodenschatz', nicht jedoch von den Schwierigkeiten, die sich bei der Erhebung und Deutung des Materials ergeben. Sie betref-

2 Entfernung des Sauerteigs (Chomez) vor Pessach. (Holzschnitt aus einem Amsterdamer Minhagim-Buch von 1707)

fen nämlich gleichermaßen alle Medien von der mittelalterlichen Miniatur über Drucke bis hin zur Fotografie. Maßgeblich hierfür ist zum einen die Ablehnung des Bildes und der gegenständlichen Darstellung durch das orthodoxe Judentum. Es war streng untersagt, in der Synagoge Bilder anzubringen und die Schriftrollen zu illuminieren, ausgenommen hiervon waren lediglich die – dafür um so reicher ausgeschmückten –

Megilloth sowie die häuslichen Gebet- und Erbauungsbücher (Machsor, Haggada) mit ihren Szenen aus dem häuslichen und festtäglichen Leben. Allerdings ist hinsichtlich des Quellenwertes dieser Bildzeugnisse Vorsicht geboten, da ein Großteil der Miniaturen von christlichen Künstlern stammt, die nicht nur – im Gegensatz zu den Juden – mit der Technologie der Buchmalerei vertraut waren, sondern auch den ihnen geläufigen, d.h. nichtjüdischen Bildkonventionen folgten. Andererseits aber spricht für sie der Umstand, daß das Ergebnis von den jüdischen Auftraggebern akzeptiert und damit gutgeheißen wurde.

Dies gilt u.a. für das berühmte Darmstädter Machsor, so benannt nach seinem jetzigen Aufbewahrungsort, das zwischen 1347 und 1348 entstand und im unterfränkischen Hammelburg in Gebrauch war. Der erste Besitzer (Chatan Thora »Bräutigam«) dieses Gebetbuchs, das zahlreiche Piutim (»poetische Einschaltungen«) enthält, war Meir ben Elia, der es vermutlich seinem Sohn Elia ben Meir (Chatan Bereschit) vererbte. Letzterer nahm laut einer Randglosse »das Märtyrertum auf sich [...] zwischen Würzburg und Karlstadt«. Einige der zahlreichen Illustrationen beziehen sich auf die Festliturgie und Festvorbereitung; so zeigen sie u.a. die Zubereitung der Mazza (Bl. 73b) und einen Schofarbläser (Bl. 187b).

Hingegen versah vielleicht der Schreiber, laut Kolophon Elieser, Sohn des Märtyrers Rabbi Mordechai, ein 1590 entstandenes, heute im Besitz des Germanischen Nationalmuseums Nürnberg befindliches liturgisches Buch voller Tischgebete, Sabbatgesänge, Chanukka-, Purim- und Hochzeitslieder, Lobsprüche für Trauung, Beschneidung usw. selbst mit unbeholfenen, dennoch reizvollen Bildern zum Festleben, darunter zum ansonsten selten dargestellten Hollekreisch, der Zeremonie bei der Namensgebung (Abb. 3). Ähnlich reich illustriert, doch weniger von seinen Bildern als vielmehr von seinem Text her bedeutsam ist eine weitere Handschrift, das Sefer haevronoth, das Juda ben Samuel Reutlingen Mehler (oder Meila) aus Fulda 1649 in Bingen für seinen Sohn Josef fertiggestellt hatte und das u. a. Kalenderregeln und eine Liste der Jahrmärkte enthält (s. S. 78–79) (s. Abb. 18).

Der Quellenwert solcher Darstellungen ist natürlich, trotz zahlreicher realistischer Schilderungen etwa von Tisch- und Eßsitten oder Trachtbestandteilen, begrenzt. Auch die oft maßlos überschätzte frühe Fotografie verbesserte die Qualität

3 *Brautpaar unter der Chuppa. Illustration aus einer Handschrift des Elieser, Sohn des Märtyrers Rabbi Mordechai, von 1590 mit Gebeten und Liedern.* (Germanisches Nationalmuseum Nürnberg, Hs. 7058; Foto: Germanisches Nationalmuseum Nürnberg)

der bildlichen Aussagekraft nicht wesentlich. Mangelnde technische Ausstattung und teure Apparaturen standen zu Beginn der populären Privatfotografie im Wege, professionelle Fotografen begnügten sich meist mit standardisierten Situationen. Die Geschehnisse des häuslichen Bereichs blieben hiervon weitgehend ausgespart, wobei die Scheu vor der Ablichtung der religiösen Intimsphäre ihr übriges tat. Fotografien von der Sabbatfeier oder vom Laubhüttenfest gehören deswegen zu den seltenen Kostbarkeiten. Etwas besser läßt sich allerdings das öffentliche Leben, die Teilnahme an Arbeit und Geselligkeit im Dorf, dokumentieren; zahlreiche Bilddokumente hierzu befinden sich heute in Privatbesitz.

Kulturelle Sprachlosigkeiten

Eine letzte Möglichkeit, die Reste jüdischer Kultur in Franken aufzuspüren, scheint die Erinnerung der Menschen zu sein, die selbst noch mit Juden zusammenlebten, die Hoffnung, daß die Toten im Andenken der Überlebenden noch gegenwärtig seien. Jahrelange Beschäftigung mit dem Thema stellte dies als Irrtum heraus. Denn Hunderte von Gesprächen mit älteren Dorfbewohnern zeigten die Wertlosigkeit der Datenerhebung durch mündliche Information; nicht zur Spurensicherung, sondern zu einer Geschichte des Unwissens, des Gerüchts und der Vorurteile hätte die Auswertung dieses Materials beigetragen.

Doch hier ist zwischen einem äußeren und einem inneren Kreis zu differenzieren. Aussagen, die sich auf das äußere, gemeinsame Leben bezogen, auf Namen, Berufe und Wohnhäuser von Juden, waren korrekt, während Beschreibungen der inneren Sphäre, des häuslichen und religiösen Lebens, sich als Halbwahrheiten, Fehleinschätzungen und Irreführungen erwiesen: Der Rabbiner sei ein »Bischof« (Frankenwinheim, Lkr. Schweinfurt), in der Synagoge befinde sich ein »Tabernakel« (Goßmannsdorf, Lkr. Würzburg), das »Judenhörnle« (Schofarhorn) werde an »hohen Festtagen« geblasen (Mainstockheim, Lkr. Kitzingen), in der Laubhütte »bekreuzige« der Hausherr das Brot (Goßmannsdorf, Lkr. Würzburg). Mazzen waren offensichtlich die Leibspeise der Dorfjugend während des gesamten Jahres. Die Liste solcher Informationen ließe sich beliebig verlängern.

Dabei hätte es für die Zeugen mehr als eine Möglichkeit gegeben, sich mit den Äußerungen jüdischen Lebens besser vertraut zu machen. Man ging zusammen mit den Juden in die Schule, feilschte um Viehpreise, ließ im jüdischen Kolonialwarenladen anschreiben, saß im Wirtshaus beisammen, war gemeinsam bei der Feuerwehr und im Sportverein tätig. Man besaß Einblick in die Sabbatruhe, wenn man als Schabbesgoj zum Öffnen eines Briefes, zum Anzünden von Licht und Feuer ins Haus gebeten und dafür mit Süßigkeiten oder einem kleinen Trinkgeld belohnt wurde. Junge Mädchen arbeiteten als Dienstboten bei jüdischen Familien und hätten aus nächster Nähe beobachten können, was sich während des Jahres abspielte. Man sah die Laubhütten in den Gärten und neben der Synagoge, in

die man aus Neugierde ging und die »komische Sprache des Hebräischen« (Mainbernheim, Lkr. Kitzingen) hörte, und man gab den jüdischen Freunden Geleit auf ihrem letzten Gang zum Friedhof außerhalb des Ortes.
Doch man blieb an dessen Ummauerung zurück, und diese Mauer scheint symptomatisch zu sein für die Grenze des eigenen Beobachtungswillens. Hinter ihr begann das Fremde, das Unverständliche, und nicht nur Tod und Beerdigung eines Juden sind heute von Vorstellungen betroffen, deren Dummheit sprachlos macht.
Es bedarf vieler Filter, um aus den gewonnenen Informationen ein einigermaßen der Wirklichkeit entsprechendes Bild zu zeichnen, das sich mehr oder weniger auf eine einzige Aussage reduzieren läßt: Zwei verschiedenartige Kulturen existierten im Dorf nebeneinander; sie besaßen Gemeinsamkeiten in der Öffentlichkeit auf der Grundlage zweckorientierten Zusammenlebens, blieben aber im religiösen und familiären Bereich strikt getrennt. So wußten die Menschen, die sich noch an den einen oder anderen Dorfjuden erinnern konnten, auffallend wenig von Geburt, Beschneidung, Bar Mizwa, Verlobung und Hochzeiten, jenen zentralen Bestandteilen sowohl des individuellen wie des öffentlichen Lebens, waren nach eigener Angabe auch niemals zu einem solchen Fest eingeladen worden. Juden hätten auswärts geheiratet, lautet die nachgeschobene Begründung, um den gerade in der dörflichen Gesellschaft schmerzhaften Ausschluß von Festen mit Allgemeincharakter zu rechtfertigen. Beide Gruppen gingen ihre eigenen Wege, Kontakte beschränkten sich auf den Alltag, Mischehen waren selten.

Die Erinnerungen moderner »Augenzeugen« unterlagen zudem Veränderungen, Beeinflussungen, Bearbeitungen und dem bis heute nicht abgeschlossenen Rechtfertigungsprozeß für das an Juden verübte Unrecht. Unter den zahlreichen Informanten, die für diese Studie befragt worden waren, machten nur zwei aus ihrer antisemitischen Einstellung kein Hehl. Ansonsten, resümiert man die Berichte, waren die fränkischen Dörfer Widerstandszentren gegen den Nationalsozialismus, die den Herrschenden das Regieren eigentlich recht schwer, den Abtransport der letzten Dorfjuden in die Konzentrationslager unmöglich gemacht haben müßten. Es wäre naheliegend, daraus das Bild einer verschworenen christlich-jüdischen Gemeinschaft ableiten zu wollen.
In Lülsfeld (Lkr. Schweinfurt) beschloß eine alte Frau ihre Erzählung mit dem Satz: »*Wir* in diesem Dorf können nichts Nachteiliges über unsere Juden sagen.« Unbewußt hatte sie damit den Punkt benannt, der am Beginn fehlgeleiteter Erinnerung steht. Denn was sie und ihre Mitbürger mit eigenen Augen im täglichen Umgang mit Juden beobachten konnten, war nur ein Teil der Wirklichkeit, die an der Dorfgrenze endete. Doch von außen, von der Welt, die man oft nur vom Hörensagen kannte, in der aber ebenfalls Juden lebten, drangen Gerüchte ein, Schilderungen von betrügerischen Viehjuden, von nicht aufgeklärten Morden, vom fremdartigen Verhalten, die am Wirtshaustisch oder auf dem Dorfplatz

weiter exotisiert wurden. Die Realität der eigenen Erfahrung konkurrierte mit den aus den Nachbarorten kolportierten Nachrichten; daraus entstand jenes vermeintliche Wissen, an dem man immer wieder seine Einstellung zum Juden korrigierte.
Am Komplex der Erinnerungsbildung aber waren maßgeblich auch persönliche Schuldgefühle beteiligt, die in ursächlichem Zusammenhang mit der intakten dörflichen Religiosität stehen. Diese hatte einerseits wesentlich dazu beigetragen, sich vereinzelt – auch unter Gefährdung der eigenen Person – für jüdisches Leben einzusetzen, andererseits erkennen lassen, daß sich die atheistischen Machthaber nicht allein gegen die Juden, sondern gegen jede religiöse Überzeugung wenden würden, daß die Plünderung und Zerstörung von Synagogen und Friedhöfen einen sakralen Bereich betraf, der wie die Dorfkirche vor Zugriffen geschützt werden müßte. Dieses Bewußtsein des unrechtmäßigen Handelns an sakralem Gut, dem man oft tatenlos zugesehen hatte, blieb bis heute lebendig, ja trug zu einem Erzähltopos bei, der in zahlreichen anderen historischen Sagen und Erzählungen in ähnlicher Form belegbar ist: es bringe kein Glück, in profanisierten, zweckentfremdeten Sakralbauten zu leben. Ein Bewohner der ehemaligen Synagoge im mittelfränkischen E... sei schwer verunglückt, in der Synagoge im oberfränkischen A... seien Menschen untergebracht, die im Dorf gemieden würden, und die als Scheune genutzte Judenschule in Pretzfeld (Lkr. Ebermannstadt), von der nur noch einige wenige Mauerreste erhalten sind, sei mehrmals abgebrannt, ihr Besitzer frühzeitig gestorben. Daß diese Art von Bewältigung neue Außenseiter im Dorf schafft, liegt auf der Hand.
Bei der Erhebung mündlicher Daten ist auch das Alter der Gewährsleute zu berücksichtigen. Sie waren Kinder, als sie sich ihr Wissen aus einer Mischung von neugieriger Beobachtung, Erzählungen der Erwachsenen und Unverständnis aneigneten. Keine der beiden Gruppen, weder Juden noch Christen, war – aus welchen Gründen auch immer – dazu fähig gewesen, Verständnis für die eigene Kultur, für das eigene Denken zu wecken. Weder Rabbiner und jüdischer Lehrer noch Dorfpfarrer, Katechet und Schullehrer hatten es für notwendig erachtet, Aufklärung zu betreiben; dabei wäre es, wie die Folgen zeigen sollten, besser gewesen, hätten »sich der Landpfarrer und der jüdische Dorflehrer«, so Jacob Katz, »über ihre Erziehungsprobleme beraten«[2]. Keine der befragten Personen konnte sich erinnern, daß im Schulunterricht auch einmal ein jüdischer Brauch oder Wesensmerkmale der jüdischen Religion, mit der man ja das Alte Testament gemeinsam hatte, erläutert worden wären. Gegenstand des nationalorientierten Geschichts- und Heimatkundeunterrichts waren die Juden ohnehin nicht.
Solche Vorwürfe aus heutiger Sicht geraten allerdings leicht in die Gefahr der Einseitigkeit. Denn jüdische Kultur – dies bedeutete auch eine fremde Welt, für die man keine Entsprechung besaß und deren Geistigkeit niemand verstand, weil keiner sie zu erklären versuchte. Mißverständnisse und Vorurteile, aber auch wohlmei-

nende Hilflosigkeit sind Ergebnis einer kulturellen Sprachlosigkeit, die eine ältere Frau aus Mainstockheim dazu veranlaßte, die Gemeindelaubhütte mit den Begriffen ihrer eigenen Erlebniswelt zu beschreiben: die Sukka sei »wie ein Christbaum mit Tannenzweigen und Glaskugeln geschmückt gewesen«.

Diese Beschreibungsschwierigkeiten besitzen allerdings Tradition. Mit ihnen quälten sich die Gemeindeschreiber herum, suchten nach falschen Analogien, sprachen von Taufe, wo sie eine Beschneidung, vom Judenkarneval, wo sie Purim meinten. Selbst beim Magēn David, dem heute zum offiziellen Symbol des Judentums gewordenen Davidsstern rang man nach Worten und griff schließlich auf einen ebenso einleuchtenden wie befremdlichen Vergleich zurück: »Das Kahls Siegel [Siegel der Gemeinde]«, so schrieb Andreas Würfel 1754 in seiner Geschichte der Fürther Judengemeinde, »siehet einem Bierzeichen [...] nicht ungleich.«

Der Beobachter

Dieses Beispiel zeigt, wie schwer es auch für den Gelehrten war, eine fremde Welt in die Begriffe der eigenen Kultur zu übersetzen. Nichtjüdische Zeugnisse versperren eher den Zugang zum Verständnis für die Erscheinungsformen jüdischer Kultur als daß sie ihn erleichtern. Für die vorliegende Untersuchung ergaben sich daraus Konsequenzen, indem es vor allem anhand jüdischer Quellen galt, die äußere Mauer zu durchbrechen, sich in die jüdische Geistigkeit einzuleben und zumindest vom Rande des Zentrums aus Beobachtungen anzustellen, wie es Bodenschatz auf einem Kupferstich abbilden ließ. Auf ihm ist zu sehen, wie am rechten Bildrand ein vornehm gekleideter, durch die fehlende Kopfbedeckung als Nichtjude, durch den Halskragen als protestantischer Geistlicher ausgewiesener Herr, niemand anderer als Bodenschatz selbst, sich *in* der Synagoge von einem Juden die Sabbatzeremonien deuten läßt (Abb. 1).

Man muß zumindest so weit wie auf diesem Bild in die Synagoge eingetreten sein, um jüdisches Leben in Franken und anderswo verstehen und dadurch auch beschreiben zu können.

JUDEN IN FRANKEN
Bedingungen, Geschichte, Verläufe

Die wechselvolle Geschichte der Juden in Franken läßt sich, auf wenige Seiten zusammengedrängt, niemals befriedigend darstellen, auch nicht in groben Umrissen skizzieren. Sie kann weder losgelöst von den Ereignissen im gesamteuropäischen Raum noch als lose Abfolge spezieller Daten geschrieben werden; denn es bedürfte sowohl der Methoden einer globalen Historiographie wie zugleich der differenzierten Analyse der unterschiedlichen Entwicklungen in einer Region, die sich aus reichsunmittelbaren Städten, Hochstiften und den Territorien der Reichsritterschaft zusammensetzte, konfessionell mit den katholischen Gebieten Bambergs, Würzburgs, Fuldas und Eichstätts, den protestantischen Ländern der Markgrafschaften Ansbachs und Bayreuths ebenso vielgestaltig wie andersartig kulturell geprägt. Aufklärung, Säkularisierung, die Neuordnung des politischen Gebildes Bayern bis hin zur Einteilung, wie sie Artikel II der »Allerhöchsten Verordnung vom 29. November 1837, die Eintheilung des Königreiches Bayern betreffend« vorschrieb, als die modernen Regierungs- und Verwaltungsbezirke Ober-, Mittel- und Unterfranken endgültig überkommene Strukturen ablösten, verlangten gleichfalls eine sehr viel umfassendere Darstellung, als dies hier möglich ist.

Doch auch dies kann und darf dem an der Geschichte der Juden in Nordbayern Interessierten nicht genügen. Wo Übersichten über einen solchermaßen regional bereits eingegrenzten Raum immer noch auf Grundzüge und Verallgemeinerungen angewiesen sind, schaffen letztlich nur auf einzelne Judenorte beschränkte Monographien Abhilfe. Hier steht inzwischen der Forschung eine Reihe teilweise vorzüglicher, auch älterer Studien zur Verfügung, allerdings immer noch zu wenige, um aus Mosaiksteinen ein Gesamtbild zu schaffen. Es bleibt daher im folgenden nur der Versuch, den Bedingungen nachzuspüren, von denen jüdische Existenz geprägt wurde. Dies aber erfordert, sich weit zurück ins Mittelalter zu begeben, das jenen Rahmen schuf, der jüdisches Leben bis weit ins 19. Jahrhundert hinein prägen sollte.

Das frühe Mittelalter

Dabei hatte sich vor der Jahrtausendwende alles noch recht friedlich ausgenommen. Der Jude Isaak wirkte am Hofe Karls des Großen (768–814), Juden waren im Fernhandel tätig und versorgten die Oberschicht mit Luxusgütern aus fernen Ländern. Sie lebten weitgehend unbehelligt; ihr Glaube und ihr Umgang mit den Heiligen Schriften übten eine spürbare Anziehungskraft auf christliche Theologen aus; im Rhein-

25

land schufen sie sich ihr geistiges, wirtschaftliches und kulturelles Zentrum; Worms besaß etwa bereits zu Beginn des 11. Jahrhunderts eine eigene Synagoge. Auch für den süddeutschen Raum fehlen frühe Belege nicht; so verlangte Erzbischof Arno von Salzburg (798–821) ausdrücklich nach einem jüdischen oder slawischen Arzt, und die Zollordnung von Raffelstetten a. d. Enns (903/906) bezeugt Juden als Händler.

Zeugnisse mittelalterlicher jüdischer Kultur in Franken

Durch die Mainregion zogen jedoch nicht nur die jüdischen Handelsreisenden aus Mainz, Worms oder Speyer auf ihrem Weg in den Süden. Im 12. Jahrhundert konnte etwa Benjamin von Tudela in sein Tagebuch notieren, daß in Würzburg und Bamberg »viele Israeliten« wohnten, »weise und reiche Leute«. Vor der großen Judenverfolgung von 1349 bestanden am Untermain und in dessen näherem Einzugsgebiet jüdische Gemeinden in Klingenberg, Freudenberg, Tauberbischofsheim, Grünsfeld, Königheim und Lauda. In Würzburg war der Jude Jechiel als Münzmeister des Bischofs Otto von Lobdeburg (1207–1223) tätig und schlug für ihn einen Würzburger Pfennig, der auf der Vorderseite den Namen des Bischofs (Oto Episcopus) und unter einem Kirchengebäude den Jechiels in hebräischen Quadratbuchstaben trägt. 1949 wurde im Anwesen Augustinerstraße 5, Würzburg, zusammen mit fünf weiteren Fragmenten ein heute im Besitz des Mainfränkischen Museums befindlicher Grabstein von 1339 gefunden, dessen Inschrift besagt: »Hier ist bestattet der Greis, Herr Jakob, Sohn des Herrn Moses, und er wurde begraben am 9. Elul, einem Dienstag, 99 der kleinen Zeitrechnung [= 14. August 1339]. Seine Seele ruhe im Garten Eden.« In Bamberg besteht noch in ihrer architektonischen Grundstruktur die mittelalterliche Synagoge (Abb. 4), ebenso in Miltenberg (Abb. 5). Von dort stammt auch ein einzigartiges Denkmal: die Reste des vielleicht noch ins 13. Jahrhundert datierbaren Thoraschreines, die in der im 19. Jahrhundert neu errichteten Synagoge wiederverwendet wurden und heute im Museum der Stadt Miltenberg aufbewahrt werden (Abb. 6).

Bedingungen

Bis 1096 konnte sich jüdisches Leben in Deutschland also weitgehend unbehindert entfalten; Judenvertreibungen, so 1012 aus Mainz durch Kaiser Heinrich II., fanden nur vereinzelt statt. Mit dem ersten Kreuzzug (1096–1099) jedoch begannen die Jahrhunderte des Leidens. Denn erst das Hochmittelalter schuf die sozialen und rechtlichen Bedingungen, innerhalb derer sich jüdisches Leben fortan vollziehen sollte. Dabei bedurfte es lediglich der Besinnung auf den Codex Theodosianus von 438 n. Chr., in dem Kaiser Theodosius II. im Gegensatz zum Edikt Kaiser Konstantins von 331 die Juden von allen öffentlichen Ämtern und Würden des Staates ausgeschlossen und ihnen zudem verboten hatte, Freie und Sklaven zum Abfall vom Christentum zu bewegen.

4 Bamberg, Reste der mittelalterlichen Synagoge (heutiger Zustand). Nach der Judenverfolgung von 1349 zur Marienkapelle umgebaut, diente der Bau ab 1803 als Kornmagazin und Turnhalle. Seit 1946 wird er von der Baptistengemeinde im Bund der Evangelischen Freikirchlichen Gemeinden als Gotteshaus benutzt.

Spätantike Rechtspraxis bildet damit eine der wesentlichen Grundlagen für die mittelalterliche Formulierung des gesellschaftlichen Status der Juden, für die Idee der Judenknechtschaft, die sie rechtlich den Christen untertan machte, für den Judenschutz, der sie dem König unterstellte, diesem aber auch auslieferte, für die sich daran schließende Kammerknechtschaft und schließlich für das Verbot der Zinsnahme durch Christen, das Juden in dieses ungeliebte und für sie besonders folgenschwere Geschäft drängte.

Unter Berufung auf Genesis 25,23 betrachtete man die Juden als Knechte der Christen (servitus Judaeorum). Sie bildeten eine Sekte ohne gesellschaftliche Rechte, standen unter Fremdenrecht, doch damit auch unter dem Schutz einer besonderen Rechtsordnung, dem »Judenschutz«, der sie unmittelbar dem König unterstellte. Jüdische Eigeninteressen blieben insoweit gewahrt, als sie vor Zwangstaufe geschützt waren und christliche Dienstboten beschäftigen konnten. Als Gegenleistung für den Schutz hatten die Juden Abgaben an den König zu entrichten und ihm die gewünschten Waren zu liefern. Die Doppelbödigkeit dieser Situation erwies sich durch die Übertragbarkeit des Rechtes auf Lehensleute; der Jude wurde zum Spielball politischer und wirtschaftlicher Interessen der Herrschenden. Judenvertreibungen und die niemals selbstlose Ansiedlungspolitik späterer Zeiten sollten dies beweisen. Ebenso war der Judenschutz nicht einmal dazu geeignet, die Juden vor den Greueln, denen sie während und nach dem ersten Kreuzzug ausgesetzt waren, zu schützen. Nicht nur die Zerstö-

5 *Miltenberg, Synagoge, erbaut Ende 13. Jahrhundert; Ostwand mit Okulusfenster (Zustand 1980). Der Bau wird heute von der Kaltloch-Brauerei als Abstellraum benutzt.*

rung der Grabeskirche in Jerusalem 1010 durch Kalif El Hakim, sondern auch Naturkatastrophen, Seuchen und Hungersnöte hatten die öffentliche Stimmung gegen die Juden gekehrt, sie im ausgehenden 11. Jahrhundert endgültig zu Menschen zweiter Klasse gemacht. Man sprach ihnen die Waffenfähigkeit ab, ihre bisherige Domäne, der Fernhandel, ging in die Hände christlicher, weitgehend italienischer Kauffahrer über. Die Folge war der notgedrungene Rückzug ins Geld- und Pfandleihgeschäft. Damit schuf das Mittelalter die Bedingungen nicht nur für die Jahrhunderte überdauernde Berufssituation, sondern auch für Entstehung und Fortbestand der städtischen und ländlichen jüdischen Gemeinden, indem es u. a. den Juden den bis dahin gestatteten Erwerb von Grundbesitz bis zur Unmöglichkeit erschwerte.

Die fortschreitende Entrechtung führte zunehmend zum sozialen und wirtschaftlichen Niedergang des europäischen Judentums; Auswanderung aus Deutschland war eine der Folgen. Obwohl es im zweiten Kreuzzug (1146–1147) mit Ausnahme von Würzburg zu keinen größeren Ausschreitungen gegen die Juden mehr kam, verstärkte sich der christlich-jüdische Antagonismus weiter. Zu einer radikalen Verschlechterung der Lebensbedingungen kam es unter dem Pontifikat des antijüdischen Papstes Innozenz III. (1198–1216), der unter Berufung auf Augustinus die Idee von der Knechtschaft der Juden neu belebte, 1215 durch das IV. Laterankonzil den Christen verbot, Zins für verliehenes Geld zu nehmen und dieses Geschäft den Juden überließ. Als 1235 die Juden von Fulda zu Unrecht, wie es sich während der späteren Untersuchung herausstellte, beschuldigt wurden, die Kinder eines Müllers getötet zu haben und 34 Glaubensgenossen dem sich anschließenden Pogrom zum Opfer fielen, stellte Kaiser Friedrich II. (1210–1245) für alle Juden des Reiches einen sich an das Wormser Judenprivileg von 1157 anlehnenden Schutzbrief aus und erklärte sie zu »servi camerae imperialis«.

Was anfangs Schutz versprach, legte spätestens seit dem Interregnum (1254–1273) seine ganze

Gefährlichkeit offen; denn die Juden wurden nun in fast unvorstellbarem Maße ausbeutbar, die Nutzungsrechte an ihnen zu wichtigen Einnahmequellen für die Herrschenden. Die Aufnahme in die Kammerknechtschaft war nämlich mit einer nicht unbedeutenden jährlichen Steuerzahlung verbunden, zudem wurde der Judenschutz dadurch unberechenbar, da er an Parteigänger verschenkt werden konnte. So sprach die Goldene Bulle von 1356 das Recht der Judenaufnahme und damit den Judenschutz allen Kurfürsten als Sonderrecht zu.

Die Folgen in spät- und nachmittelalterlicher Zeit

Der bis ins späte 18. Jahrhundert hinein gültige rechtliche Rahmen war somit gesteckt. Die in den mittelalterlichen Königs- und Bischofsstädten vor allem im Bankwesen tätigen Judengemeinden gingen um die Mitte des 14. Jahrhunderts unter. Mit den Deutschland seit 1348 treffenden Pestwellen und makabren Blutbeschuldigungen rechtfertigte man Pogrome, um sich der Schuldenlast bei Juden zu entziehen. Das Judentum blutete aus; Martin Luthers (1485–1546) Stellung gegen die Zinsnahme und seine antisemitischen Ausfälle ließen Argumentationsweisen entstehen und das feindlich-aggressive Verhältnis gegenüber Juden moralisch begründen. Die Obrigkeit der geistlichen und weltlichen Territorien vertrieb ihre jüdischen Untertanen und trat eventuellen Niederlassungswünschen vehement entgegen. Auch wenn im 15. Jahrhundert die Ausweisungen zwar weitgehend gewaltlos erfolgten,

6 *Miltenberg, Neue Synagoge (eingeweiht 16. Juli 1903); Rekonstruktion des mittelalterlichen Thoraschreins mit der Inschrift: »Wisse, vor wem du stehst.«* (Foto: Krautheimer 1927)

so als 1499 die Juden endgültig die Reichsstadt Nürnberg verlassen mußten, das seitdem – wie auch Würzburg – bis ins 19. Jahrhundert hinein »judenfrei« war, wenn Residenz- und Amtsstädte ihnen nur gegen Entrichtung hoher, diskriminierender Leibzölle den Aufenthalt innerhalb der Mauern untertags gestatteten, ist es auch heute noch nicht abzuschätzen, messen, was diese Politik für das Schicksal des einzelnen Juden bedeutete.

»Friedliche« Vertreibungen

Ob Judenprivileg oder Vertreibung, der Jude blieb den – meist wirtschaftlichen – Launen seiner Herren ausgesetzt. Spätestens mit Beginn der Neuzeit jedoch läßt sich die Geschichte der Juden in Franken nur mehr vor dem Hintergrund der historischen Bevölkerungsbewegungen und des Wechselspiels von Niederlassung und Vertreibung in und aus den *einzelnen* Territorien und Orten schreiben. Jüdische Geschichte, dies bedeutet vor allem für das Nachmittelalter, eine lange Liste der Entstehung und der Durchführung von Ausweisungsbestimmungen zu erstellen, die durchwegs den wirtschaftlichen Neid breiter Bevölkerungskreise, aber auch pekuniäre Interessen des Territorialherren spiegeln; so mußte das bedeutende jüdische Zentrum Baiersdorf, zeitweise auch Landesrabbinat, im »Unterländischen« der Markgrafschaft Ansbach-Bayreuth um seine Existenz bangen, als am 9. Februar 1609 der Landtag in einer Beschwerdeschrift die Ausweisung der Juden forderte, Markgraf Christian von Bayreuth jedoch am Privileg für die dort lebenden Juden festhielt, wobei es zu bedenken gab, »obs nicht Nutzen und Sr. fürstl. Gnaden einträglich« sei.

Bei solchen Überlegungen, die den Juden zum Spielball individueller und gesellschaftlicher Planspiele machten, fand sich nur selten ein Fürsprecher wie Ahron Oppenheim aus Frankfurt/Main, von dem das Baiersdorfer Memorbuch berichtet:

»Im Jahre 5440 [= 1680] war eine Zeit der Noth für die unter dem Fürsten von Bayreuth stehenden Juden. Dieser hatte nämlich die Absicht, dem Wunsche seiner Unterthanen entsprechend, sämmtliche Juden aus seinem Lande zu verjagen. Gott aber, der nicht schläft und nicht schlummert, dessen Barmherzigkeit uns bisher geholfen, und dessen Gnade nicht von uns gewichen, sandte einen rettenden Engel, d. i. Ahron Oppenheim aus Frankfurt a. M., den berühmten, angesehenen und vornehmen Schtadlan, der Gunst in den Augen des Fürsten fand, und die Zurücknahme jenes Beschlusses veranlasste; möge ihm hiefür Gottes Lohn zu theil werden, möge er und seine Nachkommen lange leben in Israel. Amen. Wir haben deshalb auf uns genommen, für den genannten Retter jeden Sabbath in allen Synagogen des Fürstenthums den göttlichen Segen zu erflehen, dafür, dass er die Vertreibung der Juden aus unserer Gegend verhinderte und die Abschaffung des Armenzolles veranlasste.«[3]

Steuern und Abgaben

Der Umstand, daß die Juden bei allen Beschränkungen zu einem wichtigen ökonomischen Faktor geworden waren, half, die Kontinuität ihrer Existenz zu sichern. Nicht, daß sie selbst zu Reichtum und Ehren gelangt wären, man kalkulierte vielmehr mit den zahllosen Abgaben, durch die sie sich Sicherheit und Wohnrecht zu erkaufen hatten. Ob es sich um den goldenen Opferpfennig handelte, den Ludwig der Bayer 1342 erhob, um Krönungssteuern, Buß-, Straf- und Besserungsgelder, Beiträge für Reichstage und Konzilien, um den Zehnten und Neujahrsgelder an die Kirche, so noch im 19. Jahrhundert in Franken, um Abgaben beim Einzug eines Fürsten in die Stadt, um Wachgeld wie im 15. Jahrhundert in Nördlingen, Grabgeld zum Ausbau des Stadtgrabens, Reisgeld zur Deckung der städtischen Kriegskosten oder um den in Ansbach seit 1473 bezeugten, bis ins 19. Jahrhundert hinein erhobenen Leibzoll, es wurde kaum eine Gelegenheit ausgelassen, um nicht an der ungeliebten Minderheit zu profitieren. Im mittelfränkischen Gunzenhausen bezahlten die Juden einen jährlichen Beitrag von acht Gulden an die Schützengesellschaft. Bisweilen nahmen solche Abgaben nicht nur diskriminierenden, sondern aus heutiger Sicht sogar unsinnigen Charakter an. So hatten die Juden in Hof alljährlich am Karfreitag an die dortigen Bürgersöhne Geld zu entrichten, das diese dann zur Feier des Osterfestes im Wirtshaus vertranken; begründet wurde die Sondersteuer mit dem Vorwurf, die Vorfahren der Juden hätten Christus umgebracht. Als sie 1515 die Zahlung verweigerten, kam es zu Ausschreitungen: »Obwol aber den juden an gelt und gut ein merklicher schaden geschahe, schrien sie doch nur und baten für ihr gesetz uf pergamen geschrieben und uf ein waltzen gedrehet, sepher thora genannt, am allermeisten, was ihnen aber nichts half.«

In Bayreuth zahlten die Juden eine Gänsesteuer. Besonders teuer war das Sterben. Um in dem territorial stark zergliederten Franken eine Leiche zu dem oft weit entfernten Friedhof zu schaffen, mußten für das Durchqueren der einzelnen Herrschaftsgebiete immer wieder Geleitgelder entrichtet werden, und am Begräbnisort angelangt, war man nicht selten um eine stattliche Summe erleichtert.

Allgemeine Verarmung und individueller Aufstieg: Kriminalität und Hoffaktorentum

Eine der Folgen dieser Ausbeutung (nicht nur) der fränkischen Juden in nachmittelalterlicher Zeit war Verarmung. Das von der Obrigkeit mit unterschiedlichem Erfolg bekämpfte Unwesen der Schnorr-, Bettel- und Hausierjuden entstand, nicht wenige gerieten an den Rand der Illegalität. Diese Ärmsten der Armen wurden sogar für die jüdischen Gemeinden selbst, die ihre karitativen Aufgaben mit eigenen Mitteln zu bestreiten hatten, zum Problem. Wohltätigkeit und Nächstenliebe, die wohl hervorragendsten ethischen Kennzeichen jüdischer Kultur in der Diaspora, geboten Unterbringung und Verpflegung solcher sozial entwurzelten Wanderjuden, nicht unwillkommen, wenn kleine Gemeinden mit ihrer Hilfe vorübergehend den Minjan, die vorgeschriebene Versammlung von mindestens zehn erwachsenen Männern, bilden konnten, die erforderlich waren, um Sabbat- und Festtagsgottesdienste abhalten zu können. Doch im 18. Jahrhundert nahm diese jüdische Unterschicht in einem Maße überhand, daß die daraus entstehenden Lasten kaum mehr zu tragen waren. Mutige Stimmen verlangten nach Verbesserung der Situation mittels staatlicher Hilfe. 1791 legte der Gochsheimer Buchhändler Joseph Isaak seine »Unmaßgeblichen Gedanken über Betteljuden und ihre bessere und zweckmäßigere Versorgung« den »menschenfreundlichen Regenten und Vorstehern zur weitern Prüfung« in einer in Nürnberg erschienenen Schrift vor, in der er u. a. auf die wirtschaftliche Notlage der Gemeinden aufmerksam machte. Doch alle Fürsorge und Hilfe fruchtete nichts; so manchen zwang die Not, sich durch Hehlerei und andere Delikte ein Auskommen zu suchen. Juden schlossen sich bestehenden Diebsbanden an oder bildeten eigene kriminelle Gruppen. Wie der »Entdeckte Jüdische Baldober, Oder Sachsen-Coburgische Acta Criminalia wider eine Jüdische Diebs- und Rauber-Bande« (Coburg 1737) berichtet, saß etwa in Coburg der kleinere Teil einer in ganz Deutschland tätigen Bande ein, andere wurden steckbrieflich gesucht, wie ein im Germanischen Nationalmuseum Nürnberg aufbewahrtes Fahndungsblatt nach fünf jüdischen Räubern bezeugt. Kriminalität war die letzte verzweifelte Reaktion auf eine gesellschaftliche Situation, in der sich nicht alle Juden behaupten konnten.

Die Kriegswirren und Folgen des Dreißigjährigen Krieges (1618–1648) hatten die Gesamtbevölkerung, besonders aber die Juden betroffen. Den Schäden im ausgebluteten Franken versuchte man durch gezielte Ansiedlungspolitik beizukommen. Dabei erwies sich aus jüdischer Sicht das besondere territoriale Gebilde Franken als Vorteil, das von Herrschaftsgebieten, Dörfern und Flecken der reichsfreien unmittelbaren Ritterschaft durchzogen war. Diese hatte im 15. Jahrhundert das Judenschutzregal des römischen Königs gewonnen, vermochte somit, Juden in ihre Besitzungen aufzunehmen und Steuern und Abgaben zu erheben. Zwar weiterhin von wichtigen Rechten wie dem Erwerb und der agrarischen Nutzung von Landbesitz ausgeschlossen, trugen Juden als Geld-, Vieh- und Kleinhändler dazu bei, sich als Finanziers der Luxusansprüche und der Kriegskosten ihrer Herren unentbehrlich zu machen. Auch wenn die Mehrheit in den ländlichen jüdischen Gemeinden mehr recht als schlecht dahinvegetierte, einige gelangten durch das etwas einträglichere Kreditgeschäft zu bescheidenem Wohlstand, wenige machten als Hoffaktoren Karriere. Diese neue jüdische Oberschicht erreichte zweierlei: Sie trug einerseits zum zwiespältigen Ansehen innerhalb der breiten Bevölkerung bei, andererseits schuf sie durch ihr Ansehen an den Höfen die Grundlagen für eine Veränderung des staatlichen Verhältnisses gegenüber Juden, für eine Entwicklung also, die mit der staatsbürgerlichen Emanzipation abgeschlossen werden sollte. Einer dieser Hoffaktoren war der aus Gaukönigshofen gebürtige Jacob Hirsch (1764–1841), seit 1800 als Bankier in Ansbach reich geworden, einer der großen Finanziers des bayerischen Staates. Er wurde Hofbankier des Großherzogs von Würzburg, lieferte Pferde an die bayerischen Garnisonen in Franken und rüstete 1813 auf eigene Kosten 75 Männer für den Befreiungskrieg aus, was ihm 1818 das Adelsprädikat »Jacob von Hirsch auf Gereuth«

einbrachte. 1819 siedelte er wegen der antisemitischen Ausschreitungen der Hep[p]-Hep[p]-Hetze nach München um, während sein älterer Sohn Joel Jakob von Hirsch weiterhin das Würzburger Haus leitete.

Wenn sich heute fränkische Kultur in zahlreichen hoch- und spätbarocken Kirchen, Schlössern und Palais äußert, dann ist dies auch den jüdischen Hoffaktoren und Finanziers zu verdanken, denen mit einer Figur in der Zwergengalerie des Schloßparks zu Weikersheim ein kurioses Denkmal gesetzt wurde. Nicht nur Synagogen, Friedhöfe und Kultgegenstände, auch diese Bauten sind – wenngleich indirekte – Zeugnisse jüdischer Kultur in Franken.

Der Weg zur Gleichberechtigung

Die Ideen des ausgehenden 18. Jahrhunderts brachten eine liberalere Haltung gegenüber den Juden. Sie waren zwar noch immer weitgehend aus den Städten verbannt und von den Vorformen staatsbürgerlicher Rechte ausgeschlossen, nominell nicht mehr »Untertane«, sondern »Schutzverwandte«, doch dem Gedankengut der Aufklärung und der Französischen Revolution konnten sich schließlich auch die staatlichen Stellen nur mehr schwer entziehen. Erste praktische Auswirkungen lassen sich im Mainzischen Toleranzedikt vom 27. September 1784 erkennen, das sich in einer zeitgenössischen Abschrift im Stadtarchiv Miltenberg befindet. Es gestattete, »daß die Juden [...] Christenschulen besuchen und daß sie sich dort zu tüchtigen Kurfürstl. Unterthanen bilden werden [...], daß die Judenkinder an Schulgeld in keinem Falle mehr bezahlen sollen als die christlichen Kinder, und daß die Schullehrer sowohl als die christliche Schuljugend, worauf die Lehrer insonderheit zu sehen hätten, den jüdischen Schulkindern ja nicht mit Verachtung, sondern mit gleicher Rücksicht begegnen, und daß beide, die jüdische Jugend vorzüglich liebreich behandeln sollen«. Ferner wird jedem »in den Kurlanden befindlichen Juden« erlaubt, »liegende Gründe, und Imobilien, wie dieselben heißen mögen, an[zu]kaufen, in dieselben sich inmittiren [zu] laßen, und sie [zu] besitzen, und Ackerbau treiben [zu] dürfen, eben wie christliche Unterth[anen] ohne irgend einem weiteren Abtriebe, [...] auch daß Juden, welche in anderen Gemarkungen, wo bisher kein[e] Juden angesessen waren, Imobilien ankaufen wollen, zwar einer besonder[en] Bestätigung bedürfen, daß jedoch ohn[e] erhebliche Ursache diese Bestätigung nicht verweigert werden solle«.

Ähnlich erklärte 1800 der Kurfürst und spätere bayerische König Maximilian IV. Joseph in einer Resolution, daß man die Juden, deren Vertreibung ebenso grausam wie ungerecht sei, allmählich zu »nützlichen Staatsbürgern« erziehen müsse, worauf die Juden des Fürstbistums Würzburg den Antrag auf Gleichberechtigung stellten. Auch wenn dem nicht stattgegeben wurde, es war ein Stein ins Rollen gebracht. Die Verordnung vom 18. Juni 1804 gestattete ihnen den Zutritt zu öffentlichen Schulen, ab 1805 konnten sie in die Bürgermiliz aufgenommen werden, 1808 wurde der Leibzoll abgeschafft.

Inzwischen hatte Bayern begonnen, seine heutige Gestalt anzunehmen. Die Hochstifte Bamberg und Würzburg, schließlich 1806 die Markgrafschaft Ansbach, die auch die ehemaligen Reichsstädte Weißenburg und Dinkelsbühl einschloß, fielen an Bayern. Da sich damit die Zahl der Juden schlagartig vermehrte – die ansbachische Judenkorporation z. B. umfaßte mehr als 1200, die Fürther Judenschaft 569 Familien –, konnten konkrete Schritte zur Besserstellung nicht ausbleiben. Die Konstitution von 1808 hob die alten Real- und Besitzrechtlergemeinden auf und schuf die moderne Einwohnergemeinde, im selben Jahr wurde der Grundsatz der Religions- und Gewissensfreiheit formuliert. Das Edikt vom 16., später auf den 10. Juni 1813 zurückdatiert, erklärte die Juden hinsichtlich ihrer Pflichten zu Bürgern, verlieh ihnen jedoch noch nicht die vollen Rechte; die Möglichkeit der freien Niederlassung blieb weiterhin erschwert, die Familiengründung bedurfte der ausdrücklichen Genehmigung durch die Kreisregierung. Ferner schloß noch die Verfassung vom 26. Mai 1818 Juden von der ständischen Vertretung aus. 1819 kam die vom Landtag in Angriff genommene Revision des Edikts von 1813 durch die Hep[p]-Hep[p]-Hetze erst einmal zum Erliegen. Auch eine Petition der drei jüdischen Gemeinden Ansbach, Fürth und Würzburg vom Mai 1831 erzielte bei der Regierung nicht den erhofften Erfolg. Darin hieß es:

»Fünfzigtausend Einwohner des Reiches, welche mit den christlichen Glaubensgenossen und Staatsbürgern ganz gleiche Lasten tragen und alle Staatsbürgerpflichten erfüllen, entbehren noch immer des Genusses, nicht nur der Staatsbürgerrechte sondern sogar der wichtigsten, heiligsten und an sich unverletzbaren Menschenrechte, bloß darum, weil sie zu einer Confession sich bekennen, welche die Mutter der christlichen ist, ungeachtet beide Confessionen das Gebot der Liebe predigen und ungeachtet die auch von den jüdischen Glaubensgenossen beschworene Verfassungsurkunde vom Jahre 1818 nicht nur Freiheit der Gewissen sondern auch gleiches Recht Eingeborenen und Gleichheit der Gesetze und vor dem Gesetz proklamiert. Fünfzigtausend Einwohner des Reiches seufzen unter dem schweren Drucke, Marter und ungerechter Ausnahmegesetze, deren Abänderung und Aufhebung seit 12 Jahren feierlich zugesichert und seither oft, aber vergeblich von der Staatsregierung erfleht worden ist.«[4]

Auch nach der Revolution von 1848 verbesserte sich die Rechtslage der Juden nur schrittweise. Endlich, am 10. November 1861, fiel das Matrikelgesetz, das den Juden Ansässigmachung und Gewerbeausübung wesentlich erschwert hatte, und schließlich brachte das Jahr 1871 die volle Gleichberechtigung: »Alle noch bestehenden, aus der Verschiedenheit des religiösen Bekenntnisses hergeleiteten Beschränkungen der bürgerlichen und staatspolitischen Rechte sind aufgehoben«, verkündete das Gesetz vom 3. Juli 1869, das durch das Reichsgesetz vom 22. April 1871 in Bayern eingeführt wurde. Seitdem durfte in Bayern nicht mehr zwischen Juden und Nichtjuden unterschieden werden.

Doch die alltägliche Wirklichkeit sah anders aus. Zwar stand nun den Juden nicht nur der Weg in die Städte, sondern auch in Staatsämter und Beamtenstellungen offen, doch der jahrhundertelange Leidensweg war nicht beendet; diskriminierende Schranken bestanden weiter. Kein Jude konnte an der Universität einen ordentlichen Lehrstuhl besetzen, ohne sich vorher taufen zu lassen; vieles erwies sich als papierenes Recht, und schließlich setzte der sich in den achtziger Jahren des 19. Jahrhunderts wieder verstärkende Antisemitismus die konstante historische Entwicklungslinie fort. Aus dem Juden als Menschen zweiter Klasse war lediglich der Staatsbürger zweiter Klasse geworden.

Stimmen gegen die Emanzipation

Über mehr als ein halbes Jahrhundert hatte sich das Ringen der Juden um staatsbürgerliche Gleichstellung hingezogen. Gesetzesvorlagen waren nicht selten verschleppt worden, da sich nur zu oft Gegenstimmen erhoben hatten. Doch die Realität der Verordnungen und Erlasse deckt sich nicht mit der des täglichen Lebens; denn der Vollzug von Gesetzen heißt, Mentalitäten zu ändern, mühsam alte Vorurteile abzubauen. Seit 1871 besaßen nun die Juden volle Rechte; daß sie diese in allen Paragraphen genießen konnten, war hingegen selten der Fall. Von der breiten Masse des Volkes verlangten nämlich die von einer elitären Oberschicht gemachten und verordneten Gesetze nicht nur Umdenken, sondern auch Umsetzung veränderter Verhaltensweisen in die Tat.

Von Beginn an war die schrittweise Emanzipation der Juden von Bedenken und Widerständen begleitet. Auf besonders widerliche Art und Weise verlieh der gebürtige Nürnberger Jurist und spätere Landrichter in Gräfenberg, Johann Friedrich Sigmund Freiherr von Holzschuher (1796–1861), Sproß einer alten Patrizierfamilie, seinem Mißfallen Ausdruck. Es wirft nicht gerade ein gutes Licht auf diesen Verfasser, wenn er sich für seine Elaborate der verschiedensten Pseudonyme bediente, was ihn immer wieder mit dem Wunsiedler Mundartdichter und Schöpfer des Weihnachtsliedes »O du fröhliche, o du selige ...« Heinrich Holzschuher (1798–1847) verwechseln ließ. Denn unter dem Decknamen Itzig Feitel Stern veröffentlichte er eine Reihe antijüdischer Machwerke, die er, sich in der Technik der Verschleierung überbietend, oft einem zusätzlichen imaginären Autor zuschrieb. Ihm, dem auch ein jüdisch-deutsches »Lexicon der jüdischen Geschäfts- und Umgangssprache« (Zwei Theile, Leipzig/Meißen/Riesa [1833]) zu verdanken ist, sind sicherlich rudimentäre Kenntnisse jüdischer Kultur nicht abzusprechen, doch gerade diese Schrift als ein »wertvolles Zeugnis der kulturellen Eigenständigkeit der Israeliten« einzustufen[5] hieße, die infamen Absichten Holzschuhers zu verkennen.

Auch mit der aus seiner Sicht drohenden Emanzipation glaubte sich Holzschuher auseinandersetzen zu müssen. Als neunten Teil (!) der Schriften eines Itzig Feitel Stern veröffentlichte er 1834 in Leipzig, Meißen und Riesa in (pseudo-)jüdisch-deutscher Mundart das Heft »Die Manzepaziuhn der houchlöbliche kieniglich bayerische Jüdenschaft. En Edress an die houchverehrliche Harren Landständ, ousgestodirt vun Schächter Eisig Schmuhl in Kriegshaber, unn drücken gelosst vun Itzig Feitel Stern«. Nicht genug der literarischen Perfidie, daß er seine Pseudoautoren sich immer wieder mit den Ansichten anderer Personen rechtfertigen läßt, er schreibt Juden selbst die Argumente gegen die Gleichberechtigung in den Mund. Doch die Infamie dieser Methode beläßt es nicht bei den verwendeten Namen wie »Itzig«, »Feitel« und »Schmuhl«, deren antisemitischer Spottcharakter auch dem unbedarften Leser bewußt gewesen sein muß. Vielmehr bezieht sich Holzschuher alias Stern mit dem Hinweis auf den »Schächter Eisig Schmuhl« auf das in der Öffentlichkeit heftig umstrittene Schächten, das zu vielen Vorurteilen und Fehlinterpretationen beigetragen hatte und über das es zu dieser Zeit auch unter den Juden Meinungsverschiedenheiten gab.

Dieses bereits aus dem Titelblatt ablesbare feinmaschige Netz plump wie diffizil vorgebrachter Antijudaismen findet seinen Höhepunkt, wenn der Schächter Eisig Schmuhl seinen imaginären Freund Cusel Salmele Mahy zitiert:

»Vun wiegen der Manzepaziuhn bin ich gor neth dermit eihnverstanden. Worum, dorum. Fer die Gojim [= Nichtjuden] unn fer die Staatsregierung wär es bey meiner Muhne [= Ehre] e grousser Nutzen unn Sigen, ober neth fer die houchlöbliche Jüdenschaft. Mer wahs es, überol wu unnere Leut zo Ehren kumme, hieben se nix dervuhn. Jo, was thu ich mit der Ehr! Ich will kahn Ehr neth haben! Ass sie wär, die Ehr, vun Zihn [= Zinn], vun Eisen, vun Kupfer, vun Silber unn Gold; ass mer sie könnt befühlen, bitasten, ahngreifen, ass mer sie könnt eihnschmelzen unn verkunjen [= verkaufen], ass sie en Kors [= Kurs] hätt, jo, wärs eppes Anderschts. Und viel Massematten [= Geschäfte] müssen onterbleiben dorch de Manzepaziuhn! dorum loss es seyhn, Schmule! Woos hoste fer en Effentahsch dervuhn?«

Es sei, so fährt Schmuhl fort, schließlich von Gnaden und Gefallen der Juden, wenn sie die Emanzipation überhaupt annehmen sollten:

»Eppes e Rorität vun deutscher jüdischer Klassischkeit! Jo, mer thuns wahs Gott neth wiegen en Nutzen; mir thuns blos wiegen die Repotirlichkeit, unn lossen uns manzepiren, weil mer petriotisch gesinnt senn unn grousse More [= Ehrerbietung] unn Ehrforchterlichkeit haben vor die kienigliche Staatsregierung [sic!] unn die Haaren Landständ, die dermit meperes [= schwanger] senn. Uns liegt user Eppes drahn, öb mir gemanzepirt wern ouder neth! Ober die Zeit hots ousgiohren, unn mir streiten neth dermit; mir senn gehorsame Onterthane, unn nehme de Manzepiring ahn. Zon Beweis wern mir aach fer die Harren Landständ eppes e guts Sasseres [= Trinkgeld] bereit haben, unn af e poor silbrige Becherlich [= Becher] kumts uns aach neth drauf ahn.«

Holzschuher konnte mit seiner satirischen Schmähschrift die Emanzipation nicht verhindern. Doch solche populären Machwerke, in denen die festgefügten Bilder von der Überheblichkeit, Unterwürfigkeit und Bestechlichkeit der Juden unentwegt überliefert und verbreitet wurden, schmälerten das mit der Gleichberechtigung Erreichte. Denn hätte diese tatsächlich etwas fundamental zu verändern vermocht, die Vernichtung der Juden während der nationalsozialistischen Gewaltherrschaft hätte niemals stattgefunden.

JUDENORTE, JÜDISCHE DÖRFER

Zwischen den beiden unterfränkischen Gemeinden Ober- und Unteraltertheim liegen nur wenige Kilometer; doch in beiden Orten bestanden einst blühende israelitische Kultusgemeinden, deren Synagogen sich bis heute erhalten haben, nun genutzt als Feuerwehr- bzw. als Lagerhaus. Angesichts dieses auch andernorts in Franken zu bestätigenden Befundes verleiten die einst zahlreichen ländlichen jüdischen Gemeinden, von Nordbayern als dem Galizien Deutschlands zu sprechen.

Dies bedarf der Rechtfertigung durch Zahlen, die allerdings erst mit Beginn des 19. Jahrhunderts in statistisch auswertbarer und damit aussagekräftiger Form vorliegen. Denn vor diesem Zeitpunkt erschweren die unregelmäßigen Erhebungen exakte Angaben zur allgemeinen wie zur jüdischen Bevölkerungsentwicklung, macht zudem die wechselnde Vertreibungs- und Ansiedlungspolitik der Territorialherren die Beobachtung der Populationsprozesse über einen längeren Zeitraum hinweg unmöglich. So ergibt etwa die Auswertung populärwissenschaftlicher Ortschroniken und -monographien eine sehr viel höhere als tatsächlich nachweisbare Anzahl jüdischer Gemeinden, was dem oft leichtfertigen Vertrauen auf Archivalien zu verdanken ist; für eine jüdische Familie, einen durchreisenden Händler oder einen heimatlosen, aus Osteuropa vertriebenen Juden war es nämlich dank der Gesetze, der Praxis der zahlreichen Zölle und Gebühren und nicht zuletzt des stets wachsamen Auges der Obrigkeit nicht allzu schwer, aktenkundig zu werden. Ein Aufenthaltsrecht läßt sich in vielen Fällen nicht erschließen.

Statistik

Mit der aufgeklärten Politik der Nationalökonomen und Kameralwissenschaftler wird die regelmäßige Bevölkerungszählung zum Instrument staatlicher Bedarfsplanung. In Bayern, das die Einheitlichkeit amtlicher Statistik durch die königlichen Verordnungen vom 26. Dezember 1806, vom 17. Juli 1808 und schließlich vom 27. September 1809 vorschrieb und hierfür beim Ministerium des Innern eine Zentralstelle schuf, bei der alle Jahresberichte der Generalkommissare ausgewertet werden sollten, ist dieses Unternehmen untrennbar mit dem Namen des Ministers Maximilian Graf von Montgelas verbunden, dessen Statistik nicht nur Auskunft über den Umfang der Gesamtbevölkerung, sondern auch über die Stärke der einzelnen Religionsgemeinschaften gibt.

Der Anteil und die Bedeutung der jüdischen Bevölkerungsgruppe speziell in den 1837 eingerichteten Regierungsbezirken Ober-, Mittel- und Unterfranken wird allerdings erst durch den Vergleich mit der Gesamtentwicklung deutlich. Zwischen 1840 und 1933 stieg die Bevölkerung in Mittelfranken von 510 261 auf 1 036 710 (Zuwachs: 103,2%), in Oberfranken von 489 859 auf 786 409 (Zuwachs: 60,5%) und in Unterfranken von 584 710 auf 796 043 Einwohner (Zuwachs: 36,1%). Dieser Aufwärtstrend, der in den Städten ungleich steiler verlief als auf dem Land – Würzburg wuchs zwischen 1840 von 26 814 auf 101 003 Einwohner im Jahre 1933 –, stagnierte zwischen 1867 und 1871, zwischen 1880 und 1890, was vor allem Unterfranken betraf, und während des Ersten Weltkriegs (1914–1918); hinter nüchternen Zahlen spiegeln sich Kriegswirren, die von der Hoffnung auf besseren und bequemeren Verdienst getriebene Flucht in die sich industrialisierenden Städte und schließlich Auswanderungswellen aus den Armutsgebieten Frankens.

Die jüdische Bevölkerung

Vor diesem Hintergrund lassen sich Zahl und Verteilung der Juden in Franken besser deuten, wobei schon ein erster, oberflächlicher Blick zeigt, daß im Obermainkreis (später Oberfranken) auffallend wenige Juden leben, die Entwicklung zwischen 1813 und 1848 sogar rückläufig ist (s. Tab. 1).

Judenorte

Doch diese Zahlen sind zu differenzieren. Laut dem von Landesdirektionsrat Philipp Heffner verfaßten Bericht über das Etatsjahr 1814/15 leb-

Verteilung der Juden auf die einzelnen Regierungsbezirke 1813–1848

Kreis	1813	1822	1826	1829	1832	1848
Rezatkreis	11 872	14 191	14 706	14 617	14 528	
Obermainkreis	7 400	6 246	6 602	6 672	6 666	
Untermainkreis	–	17 017	17 301	17 769	17 914	
Mittelfranken						11 451
Oberfranken						6 017
Unterfranken						16 255

Tab. 1

ten im Gebiet des Königlich-Bayerischen Großherzogtums Würzburg insgesamt 13 854 Juden, was annähernd 4% der Gesamtbevölkerung entspricht, davon jedoch die wenigsten in den Städten und größeren Marktorten. Bischofsheim, Ebern, Eltmann, Euerdorf, Fladungen, Hilders, Hofheim, Karlstadt, Kitzingen, Mainberg, Münnerstadt, Ochsenfurt, Prölsdorf, Röttingen und Sulzheim waren judenfrei, in Schweinfurt wurde ein einziger Jude verzeichnet (0,0% der Gesamteinwohnerzahl der Stadt). Aber auch innerhalb eines Distriktes oder Bezirkes verteilten sich die Juden nicht etwa gleichmäßig auf alle Ortschaften, sondern auf wenige, häufig einst reichsritterschaftliche Siedlungen, die dann allerdings einen relativ hohen Anteil von Juden aufwiesen, so Bi[e]bergau (Lkr. Kitzingen) mit 26,3%, Maroldsweisach (Lkr. Haßberge) mit 26,5%, Memmelsdorf (Lkr. Ebern/Haßberge) mit 30,7%, Westheim (Lkr. Hammelburg) mit 35,4%, Hessdorf (Lkr. Gemünden/Lohr) mit 40,4%, Kleinsteinach (Lkr. Haßberge) mit 41,3% oder Neuhaus (Lkr. Bad Neustadt a. d. Saale) gar mit 42,7%. Gleiches gilt für die beiden anderen Kreise. Wenn im Obermainkreis die Zahl der Juden insgesamt geringer war, dann lag dies u. a. an den wirtschaftlich unterentwickelten Regionen des Frankenwaldes und des Fichtelgebirges, in denen kaum ein Jude seinen Lebensunterhalt fand. Dennoch finden sich in anderen Teilen Oberfrankens Dörfer, wo die christliche Bevölkerung in der Minderheit war, so Hagenbach (Lkr. Ebermannstadt) mit 59,4% und Demmelsdorf (Lkr. Bamberg) mit 65,7% Juden. Dort klagten sogar Vertreter der christlichen Gemeinde »sonderbar wegen anwuchs deren Juden-Familien und Vermehrung deren gemeinrechten« und erreichten von der Regierung eine Dorf- und Gemeindeordnung, die am 8. Juni 1739 in Kraft trat; sie gestattete zwar sechs jüdischen Familien Gemeinderecht und – unerhört für die damalige Zeit – sogar Zutritt zu den Gemeindeversammlungen, verbot aber den Juden, Häuser zu erwerben, und schob dadurch dem Zuzug weiterer Juden einen Riegel vor. Das benachbarte Zeckendorf, mit dem sich die Demmelsdorfer Juden den Friedhof teilten, hatte immerhin noch einen Anteil von 49,6% Juden.

Unter den Städten nimmt lediglich Fürth eine Sonderstellung ein, wo ein Teil der aus dem benachbarten Nürnberg vertriebenen Juden auf domkapitelisch-bambergischem, Besitz Zuflucht und Auskommen gefunden hatte. Da auf die Interessen der nürnbergischen Zünfte Rücksicht genommen werden mußte, waren sie dort von zahlreichen, vor allem die Gewerbeausübung betreffenden Verboten betroffen; immerhin aber hatte ihnen die Obrigkeit angesichts der strengen jüdischen Kleidervorschriften gestattet, »zwei oder drey Jüdische Schneider bey sich anzusetzen, weil mit besondern Fleiß die Einnähung der wollenen und leinenen Fäden in ihre Kleider, muß beobachtet werden [...]. Doch darf sich kein Judenschneider unterstehen den Christen etwas zu verfertigen, so wenig als ihr Barbier und Musicanten die Christen bedienen sollen«.

Trotz aller Einschränkungen aber schafften es die Juden, Fürth zu einem über Deutschland hinaus berühmten Mittelpunkt jüdischer Kultur zu machen, mit mehreren Synagogen, von denen 1754 Andreas Würfel vor allem die kostbar ausgestattete »Altschule« zu rühmen wußte: »Die, welche wegen ihrer Größe und schönen Gebäudes, am meisten in die Augen fället, soll wegen des Alters, auch die erste in der Beschreibung seyn. Sie wird genennet die Haupt- oder Altschul und ist von einem großen Umfang, aus hartem Stein seit 376. (Ao. 1616) erbauet. Ihr Alter lehren die Worte, welche an einer Säulen zwischen den Stern und Ausgang der Schulen eingehauen sind. Sie heissen also aus Ps. 29,11. entlehnet:

Der HErr wird sein Volk seegnen mit Frieden. Bey der alten Haupt-Schul sind zwo Weiber-Schulen. Die obere ist vielleicht wegen anwuchs der Gemeinde etwas später gebauet worden, als die untere.«

	1855		1867		1871		1880		1890		1895		1900		1905	
	Zahl	%	Zahl	%	Zahl	%	Zahl	%	Zahl	%	Zahl	%	Zahl	%	Zahl	%
Land	7 159	67,1	5 442	51,7	5 268	48,6	4 610	39,4	4 000	32,5	3 690	30,0	3 347	25,5	3 127	22,9
Stadt	3 500	32,9	5 080	48,3	5 562	51,4	7 079	60,6	8 294	67,5	8 601	70,0	9 764	74,5	10 548	77,1
Mittelfranken insgesamt	10 659	100,0	10 522	100,0	10 830	100,0	11 689	100,0	12 294	100,0	12 291	100,0	13 111	100,0	13 675	100,0

Tab. 2

Zudem arbeiteten in Fürth nicht nur bedeutende jüdische Druckereien, es befand sich dort auch eine weithin bekannte Jeschiva (Talmudhochschule), die an Ansehen den gleichen Bildungsinstitutionen in Frankfurt/Main und Prag nicht nachstand. Um 1800 lebten in dieser Stadt etwa 2500 Juden (20% der Gesamteinwohnerzahl), in Nürnberg kein einziger.

Dennoch sahen es die Städte aus wirtschaftlichen Gründen nicht ungern, wenn sich Juden in Randgemeinden niederließen, wenn sich etwa vor den Toren Würzburgs mit Höchberg (Anteil der Juden 1814/15: 22,5%) und dem Bezirksrabbinat Heidingsfeld (Anteil der Juden 1814/15: 18,8%) bedeutende jüdische Gemeinden entwickeln konnten.

Bis weit in die zweite Hälfte des 19. Jahrhunderts hinein änderte sich an dieser Situation wenig, war jüdische Kultur identisch mit dem Dorfjudentum. Dies änderte sich schlagartig nach 1848, als einerseits Grundbesitz durch die Aufhebung der Gebundenheit bäuerlicher Güter und damit des agrarisch nutzbaren Bodens auch in das Eigentum des jüdischen Gläubigers übergehen konnte, was den Landjuden mit dem Acker- und Weinbau neue berufliche und ökonomische Perspektiven eröffnete, andererseits die Städte im Zuge der sich liberalisierenden Haltung gegenüber den Juden ihre Aufenthalts- und Wohnrechtsbestimmungen lockerten. Zuerst langsam, dann verstärkt um 1870 setzte die jüdische Landflucht ein. Eindrucksvoll bestätigen die Zahlen aus Mittelfranken den Rückgang der dörflichen jüdischen Bevölkerung zwischen 1855 und 1933 (s. Tab. 2).

In gleichem Maße stieg, wie das Beispiel Nürnbergs beweist, die Zahl der Juden in der Stadt (s. Tab. 3).

Ähnlich verlief die Entwicklung in Städten wie Würzburg, Bamberg, Kitzingen oder Erlangen, wo – mit Ausnahme von Kitzingen – auch heute wieder Israelitische Kultusgemeinden bestehen. Damit aber war ein neues Kapitel in der Geschichte des fränkischen Judentums aufgeschlagen, begann für viele Juden das Leben in der Stadt als formal gleichberechtigtes Mitglied der

	1910		1925		1933		
	Zahl	%	Zahl	%	Zahl	%	
	2 771	19,5	2 008	14,6	1 632	14,1	Land
	11 448	80,5	11 711	85,4	9 989	85,9	Stadt
	14 219	100,0	13 719	100,0	11 621	100,0	Mittelfranken insgesamt

Jahr	Gesamteinwohnerzahl	Juden	Prozentualer Anteil
1800	ca. 26 000	0	0,0 %
1812	26 569	1	0,0 %
1850	47 276	87	0,2 %
1868	72 138	1254	1,7 %
1870	81 290	1831	2,3 %
1880	98 870	3032	3,1 %
1885	112 760	3738	3,3 %
1895	159 530	4737	3,0 %
1900*	254 180	5956	2,3 %
1905	289 760	6881	2,4 %
1910	326 750	7819	2,4 %
1920	360 165	9050	2,5 %
* nach Eingemeindungen			

Tab. 3

bürgerlichen Gesellschaft. Doch der Verlust des alten, keinesfalls immer intakten Lebensraumes auf dem Dorf fand dadurch keinen Ersatz. Die Landflucht führte zur kulturellen, die Assimilation, das Streben um Anerkennung bei den nichtjüdischen Mitbürgern, denen Respekt nicht nur vor dem neuen Status des Juden, sondern vor ihm als Mensch und Nachbarn einzuflößen der Staat über die Emanzipationsgesetzgebung vergessen hatte, zur geistigen Entwurzelung. Die Folge war um und nach der Jahrhundertwende die Entfremdung von der eigenen Tradition, die wie ein Band die Gruppe zusammengehalten und ihr Überleben garantiert hatte, für viele sogar der Verlust der Identität und damit die schwere Krise des neuen Selbstverständnisses. Jakob Wassermann (1873–1934), in Fürth geborener Schriftsteller, faßte die Unvereinbarkeit, Deutscher *und* Jude zu sein, in seiner Autobiographie »Mein Weg als Deutscher und Jude« 1921 in eindrucksvollen, beinahe erschütternden Worten zusammen:

»Der Sabbat hatte noch einen Rest seines urtümlichen Gehalts, die Gesetze für die Küche wurden noch geachtet. Aber mit der wachsenden Schwere des Brotkampfes und dem Eindringen der neuen Zeit verloren sich auch diese Gebote einer von der Andersgläubigen unterschiedenen Führung. Man wagte die Fessel nicht ganz abzustreifen; man bekannte sich zu den Religionsgenossen, obwohl von Genossenschaft wie von Religion kaum noch Spuren geblieben waren. Genau betrachtet war man Jude nur dem Namen nach und durch die Feindseligkeit, Fremdheit oder Ablehnung der christlichen Umwelt, die sich ihrerseits hierzu auch nur auf ein Wort, auf Phrase, auf falschen Tatbestand stützte. Wozu war man also noch Jude, und was war der Sinn davon? Diese Frage wurde immer unabweisbarer für mich, und niemand konnte sie beantworten.«

Auch die Folgen dieses neuen Lebens beschrieb Wassermann:

»In Kleidung, Sprache und Lebensform war die Anpassung durchaus vollzogen. Die Schule, die ich besuchte, war staatlich und öffentlich. Man wohnte unter Christen, verkehrte mit Christen, und für die fortgeschrittenen Juden, zu denen mein Vater sich zählte, gab es eine jüdische Gemeinde nur im Sinne des Kultus und der Tradition; jener wich vor dem verführerischen und mächtigen modernen Wesen mehr und mehr ins Konventikelhafte zurück, in heimliche, abgekehrte, frenetische Gruppen; diese wurde Sage, schließlich nur Wort und leere Hülse [...] Ein Nichtdeutscher kann sich unmöglich eine Vorstellung davon machen, in welcher herzbeengenden Lage ein deutscher Jude ist. Deutscher Jude; nehmen sie die beiden Worte mit vollem Nachdruck. Nehmen Sie sie als die letzte Entfaltung eines langwierigen Entwicklungsganges. Mit seiner Doppelliebe und seinem Kampf nach zwei Fronten ist er hart an den Schlund der Verzweiflung gedrängt. Der Deutsche und der Jude: ich habe einmal ein Gleichnis geträumt, ich weiß aber nicht, ob es verständlich ist. Ich legte die Tafeln zweier Spiegel widereinander, und es war mir zumute, als müßten die in beiden Spiegeln enthaltenen und bewahrten Menschenbilder einander zerfleischen.«

Monumentale Synagogen, wie sie zu Jakob Wassermanns Zeiten in Bamberg, Nürnberg und Würzburg errichtet wurden, beweisen, daß sich jüdische Kultur in der Stadt fortsetzte; doch die eigentliche jüdische Welt, die wenigstens noch halbwegs in Ordnung war, ist in den Dörfern Frankens zu finden.

Folgen der Landflucht

Der Niedergang zahlreicher ländlicher jüdischer Gemeinden und der gleichzeitige Aufstieg des städtischen Judentums blieb auch für den einstigen Lebensraum nicht ohne Folgen. Vergleicht man nämlich Orte mit relativ hohem jüdischen Bevölkerungsanteil mit Gemeinden gleicher Größe, in denen keine Juden lebten, stellt man völlig unterschiedliche Entwicklungen fest. Zu letzteren gehörten Zell (Lkr. Haßberge; 1840: 485 Einwohner), Gössenheim (Lkr. Lohr; 1840: 596 Einwohner) und Prappach (Lkr. Haßberge; 1840: 453 Einwohner). Sie paßten sich zwischen 1840 und 1933 dem allgemeinen Bevölkerungszuwachs an; in Zell stieg die Zahl der Einwohner um 22,5%, in Gössenheim um 13,4% und in Prappach immerhin noch um 3,8%. Rückläufig entwickelten sich hingegen ehemalige Judenorte; in Hessdorf (Lkr. Lohr; 1840: 505 Einwohner, noch 1900 36,1% Juden) verminderte sich die Einwohnerzahl bis 1933 um 29,3%, in Kleinsteinach (Lkr. Haßberge; 1840: 445 Einwohner; jüdischer Bevölkerungsanteil 1814: 41,3%; 1871: 28,4%) um 11,9%.

Es wäre unzulässig, diese Beispiele zu verallgemeinern, da am Bevölkerungszuwachs oder -rückgang in Orten ohne bzw. mit jüdischen Einwohnern auch andere Faktoren beteiligt waren. Doch nüchterne Zahlen lassen nicht nur erkennen, daß sich der Wegzug der Juden nachteilig auf die spätere Entwicklung einzelner Gemeinden auswirkte, sie verdeutlichen auch, welch integrales Element die jüdische Minderheit für die wirtschaftliche Struktur dieser Orte und nicht zuletzt als Partner einer Symbiose bildete, die ihren Ausdruck im Alltag beider Konfessionsgrup-

7 *Tüchersfeld, Judenhof (heute Fränkisches-Schweiz-Museum); Zustand während der Restaurierungsmaßnahmen 1983.*

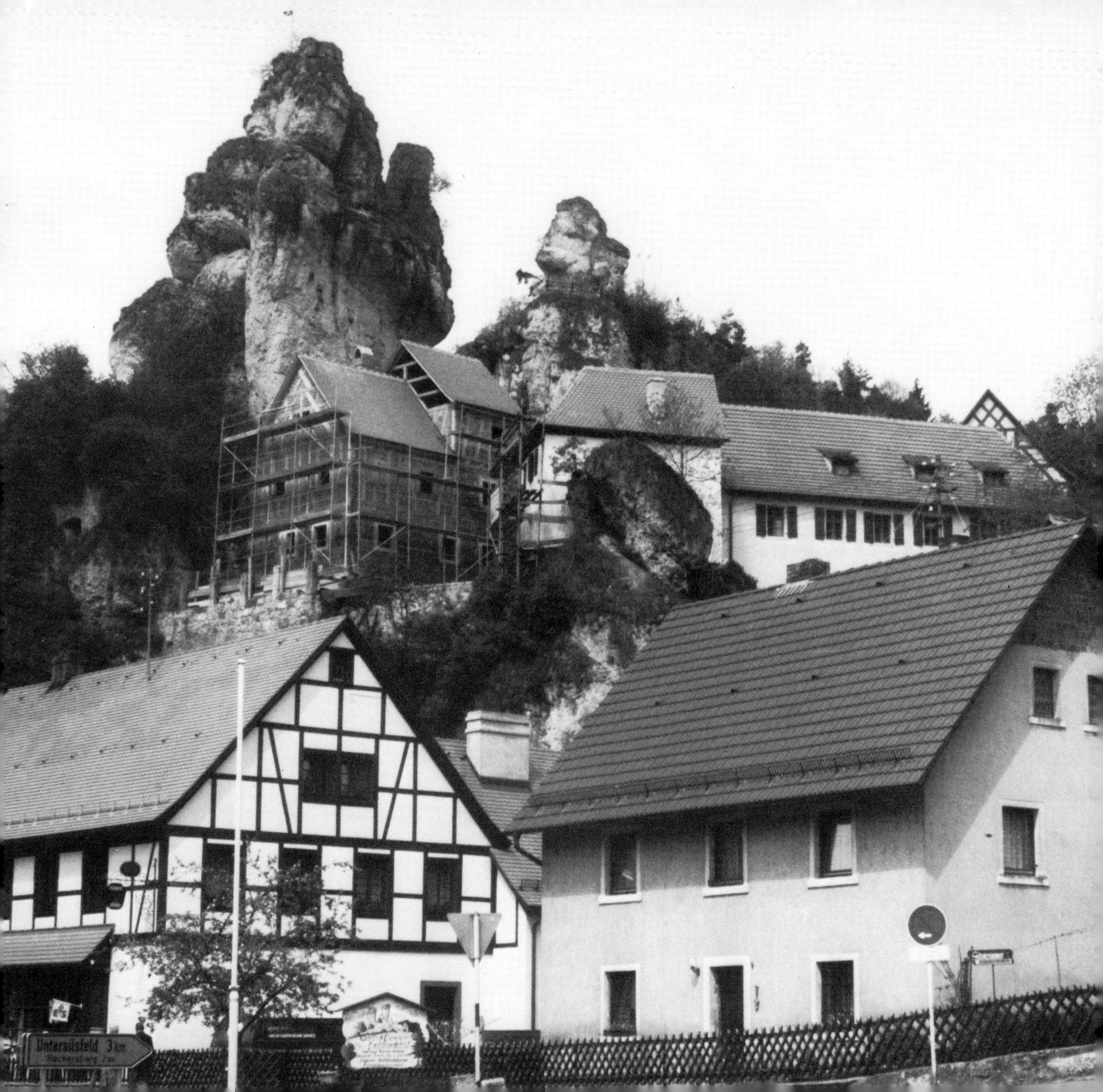

pen und damit auch in der geistigen Kultur des Dorfes fand. Die Landflucht der Juden löste gewachsene Verflechtungen auf, zwang zur Änderung von Gewohnheiten, zur Umstellung des eingespielten Rhythmus, bedeutete u. a. aber auch, auf Steuereinnahmen zu verzichten. Die Umsiedlung der jüdischen Inhaberin eines kleinen Kolonialwarenladens, des Viehhändlers in die Stadt zerbrach eine menschliche Erfahrungskette, was schwerer wog als wirtschaftliche und bevölkerungspolitische Aspekte. Ein wichtiges Kapitel in der Sozialgeschichte des fränkischen Dorfes ging in den letzten Jahrzehnten des 19. Jahrhunderts seinem Ende entgegen.

Das jüdische Dorf

Der zahlenmäßig hohe Anteil von Juden in einzelnen Gemeinden Frankens verleitet dazu, eine neue Betrachtungsebene einzuführen: das jüdische Dorf, das sich noch heute im Ortsbild abzeichnet, wenn man dieses nur richtig zu lesen versteht. Plötzlich aber steht damit die Vorstellung vom Ghetto im Raum, vom hermetisch abgeschlossenen Lebensraum, von Bewegungsunfreiheit und jahrhundertelanger Diskriminierung, von Warschau und den unbeschreiblichen Leiden der Juden in der Zeit des Nationalsozialismus.

Ghetto oder Judenviertel

Doch in diesem strengen Sinne des Wortes fehlen in Franken die Ghettos, ist eher von Judenvierteln zu sprechen, in denen Juden getrennt von Christen lebten. Bamberg besaß vor 1349 ein »vicus Judaeorum« am Fuß von Kaul- und Stephansberg, in Nürnberg befand sich nach 1349 das Wohngebiet der Juden im »Taschental«, für Würzburg ist 1182 ein »platea Judaeorum«, 1197 ein »vicus Judaeorum« in der Nähe des heutigen Marktplatzes bezeugt; wo einst die Synagogen standen, erheben sich heute in Nürnberg die Liebfrauenkirche, in Würzburg die Marienkapelle.

Am ehesten erwecken vielleicht die komplexen, bisweilen sogar festungsartig angelegten nachmittelalterlichen »Judenhöfe«, die man den Juden in Zeiten zuwies, als ihnen der Erwerb von Haus- und Grundbesitz noch nicht möglich war, und in denen sie auf engem Raum mehr schlecht als recht lebten, den Eindruck geschlossener Ghettos. Fürth, wo sich um 1800 rund 2500 Juden in hundert kleinen und kleinsten Häusern zusammendrängen mußten, vermittelt eine Vorstellung von den Lebensbedingungen. In Ebelsbach (Lkr. Haßberge), Altenkunstadt (Lkr. Lichtenfels) und Untermerzbach (Lkr. Haßberge) haben sich solche Judenhöfe bis heute erhalten. Der bekannteste, da malerisch gelegene, ist der von Tüchersfeld in der Fränkischen Schweiz, der Joseph Heller (1798–1849), dem touristischen Entdecker dieser Region, 1829 in seinem Buch »Muggendorf und seine Umgebungen oder die fränkische Schweiz« immerhin einer Erwähnung wert ist: »Tüchersfeld [...] hat 200 Einw[ohner], eine Judenschule und ein gutes Wirtshaus. Seine Lage ist höchst romantisch, und in dieser Hinsicht allen anderen Orten um Muggendorf vorzuziehen« (Abb. 7).⁶ Die Judenhöfe bildeten mit ihren Synagogen oder zumindest Beträumen, Ritualbädern und anderen Gebäuden eine Welt für sich, doch sie waren nicht ummauert, behinderten nicht den Kontakt mit der Umwelt.

Dennoch besteht ein Rest von Unbehagen weiter, verneint man für Franken die Existenz von Ghettos, wo doch zahlreiche Erlasse bezeugen, wie peinlich man darauf bedacht war, Juden von Christen zu trennen, und die Geschlossenheit des dezentralen, vom Ortskern entfernten Judenviertels, die Seite an Seite stehenden Judenhäuser scheinen eines besseren zu belehren. Die Vorstellung vom Leben einer Minderheit im Abseits ist allerdings spätestens dann zu modifizieren, wenn man das fränkische Dorfbild nicht aus dem Blickwinkel der herkömmlichen Dreieinigkeit von Kirche, Rats- und Wirtshaus, sondern von der Synagoge als zentralem geistigen Bezugspunkt jüdischen Daseins aus analysiert.

Noch heute ist die ehemalige Synagoge von Schnodsenbach (Lkr. Scheinfeld) das letzte Gebäude am Dorfausgang, offenkundiges Zeichen dafür, daß man die andersartige, da andersgläubige Gruppe buchstäblich an den Rand der eigenen Erfahrungswelt zu drängen versucht hatte (s. Abb. 31). Doch in dem Augenblick, in dem man sich die Frage insofern anders stellt, als man die Errichtung von Synagogen nicht für selbstverständlich hält, eröffnet sich eine neue Sichtweise. Denn in der Gefolgschaft der Aufklärung, die im 18. Jahrhundert das Band zwischen Kirche und Staat zerrissen und die Gesellschaft säkularisiert hatte, änderte sich die Haltung gegenüber religiösen Minderheiten. Sie an der Ausübung ihres Kultus zu hindern, widersprach dem neuen Verständnis, das jetzt nicht mehr gestattete, die bis dahin oft unmöglich gemachte Errichtung eigener Gotteshäuser zu verweigern. Trotzdem stand ein Rest des alten Bewußtseins der völligen Freizügigkeit im Wege: die Erlaubnis zum Synagogenbau war mit erheblichen Auflagen verbunden, die durchwegs die äußere Gestaltung und vor allem die Lage innerhalb des Ortes betrafen.

Von der Schwierigkeit, eine Synagoge zu bauen

Ein typisches Beispiel hierfür bietet der Bau der Synagoge von Rimpar (Lkr. Würzburg), wo bis 1791 die Gottesdienste in einer baufällig gewordenen Betstube in einem Privathaus abgehalten werden mußten. Der Kauf einer abgelegenen Scheune des Juden Seeligmann, »die niemanden im Ort belästige«, veranlaßte die Vertreter der vierzehn jüdischen Haushaltungen am 5. August 1791 zu der schriftlichen Bitte, diese in eine Synagoge verwandeln zu dürfen. Der Augenschein vom 17. September 1791 erbrachte daraufhin, daß die alte »Betstube« im Sommer der Hitze, im Winter der Kälte ausgesetzt sei. Angesichts der schlechten Verhältnisse wurde der Amtskeller verständigt, daß Kauf und Anbau grundsätzlich den Juden bewilligt werden könnten, »doch sollten dieselben abwarten, ob und was allenfalls von dem Pfarrer zu Rimpar hingegen eingeredet werden könne«. Am 9. Oktober 1791 wurde dann der Ausbau der Scheune zu einer Synagoge unter

Auflagen gestattet: »es ist aber dafür zu sorgen, daß nicht wieder Kirchenfenster an dem Gebäude angebracht werden«; sie sollte demnach keinesfalls als Kultraum in Erscheinung treten. Da aber auch der Ortspfarrer ein Wort mitzureden hatte, dauerte es bis zum 30. Oktober 1791, als der Amtskeller in seinem Bericht niederschrieb, der Geistliche hätte ihm mitgeteilt, »daß er gar nicht gegen das Begehren der Juden« einzuwenden habe; denn der Platz, der für den Bau der Synagoge vorgesehen war, sei rechts und links von Judenhäusern umgeben, hieße ohnehin der »Judenplatz«, sei von der Gasse abgesetzt und hinter ihm begännen bereits die Felder. Die offizielle Bestätigung, daß seitens der Pfarrei keine Bedenken mehr bestünden, erfolgte schließlich am 2. Januar 1792; erst jetzt konnte mit der Errichtung der Synagoge begonnen werden.

Dieser Aktenvorgang zeigt exemplarisch die Situation gegen Ende des 18. Jahrhunderts, als zwar in vielen Gemeinden Synagogen entstanden, sie jedoch an den Ortsrand verbannt wurden, wo sie niemanden störten.

Der Mittelpunkt des jüdischen Dorfes

Mögen daher die Synagogen als Beweise des liberalen, wenn auch noch begrenzten Wohlwollens kirchlicher und weltlicher Herren gelten, trotz der von diesen verordneten abseitigen Lage erhielt das fränkische Dorf einen zweiten Mittelpunkt. Denn um sie gruppierten sich nicht nur die Wohnhäuser der Juden und ihres Rabbiners, sondern auch die Schule, Schächthaus, Metzgerei und Mazzenbäckerei, Ritualbad und all die anderen Gebäude, in denen sich das geistige, soziale und wirtschaftliche Leben der jüdischen Gemeinde vollzog. Noch heute ist im unterfränkischen Urspringen ein solcher Baukomplex in weitgehend ursprünglichem Zustand erhalten; er umschließt einen winzigen Platz vor der Synagoge, an dem sich einst die Juden vor und nach dem Gottesdienst trafen, wo sie miteinander sprachen und wo sie diejenigen Feiern abhalten konnten, die entsprechend der zeremoniellen Vorschriften unter freiem Himmel stattfinden sollten: dort wurden Trauungen vollzogen und die Sukkah am Laubhüttenfest errichtet. Was wie ein Ghetto wirkt, ist eher Ausdruck des religiösen Verhaltens.

Dies wird vor allem am Beispiel des strengen Arbeitsverbotes am Sabbat und an den Feiertagen deutlich, an denen die Bewegungsmöglichkeit auf eine genau festgelegte Wegstrecke von 2000 Ellen, die auch beim Gang zur Synagoge nicht überschritten werden durfte, beschränkt war. Wie die Entwicklung in den Städten der Nachkriegszeit gezeigt hat, entstanden neue, in der Mehrzahl von Juden bewohnte Viertel eben in diesem Bannkreis der Synagoge. Schließlich aber werden bei der Frage, ob Ghetto oder Judenviertel, immer wieder menschliche Aspekte übersehen, der Wunsch etwa, unter Glaubensgenossen leben und sich in der Gemeinschaft gegen die Außenwelt schützen zu können.

Das jüdische Dorf, Bestandteil des fränkischen Ortsbildes, war einst zwar eine in sich geschlossene Welt und dennoch nach außen hin offen für Freundschaften und Anfeindungen, niemals aber Ghetto. Daß seine prägende Struktur noch heute sichtbar ist, gehört vielleicht zu den imponierendsten Leistungen des fränkischen Judentums.

Die jüdische Gemeinde

Die sich im jüdischen Dorf vollziehende Autarkie des Lebens fand ihren Ausdruck auch in der Organisation und dem rechtlichen Status der jüdischen Gemeinde. Sie war in inneren Belangen weitgehend autonom, abhängig jedoch in allen Bereichen, die dem Kontakt mit der Majorität entstammten. Dieser Status zwischen Selbständigkeit und Ausgeliefertsein bildete in sich keinen Gegensatz, sondern ergänzte sich zu einer historischen Konsequenz, die man mit »Profit für Staat und Gesellschaft« zu umschreiben geneigt ist.

Rabbinate, Rabbiner, Barnossen

Das religiöse Leben gestaltete sich weitgehend unangetastet. Bis ins 19. Jahrhundert hinein oblagen Wahl, Anstellung und Bezahlung der Rabbiner der Verantwortung der einzelnen Gemeinden, lediglich die Bestätigung erfolgte durch staatliche Stellen. Die Oberrabbinate, die sich im 18. Jahrhundert in Bamberg für die hochstiftischen, in Ansbach für die markgräflichen Juden befanden, bildeten die oberste Kultusbehörde; Fürth besaß einen eigenen Oberrabbiner. Bedeutende Landrabbinate bestanden in den mittelfränkischen Orten Schnaittach und Baiersdorf sowie im unterfränkischen Heidingsfeld, wohin 1798 der berühmte Frankfurter Rabbiner Abraham Bing (1752–1841), ein Schüler des Begründers des westjüdischen »Frankfurter Chassidismus«, Nathan Adler (1741–1800), berufen wurde, und unter dessen Federführung 1813 der Rabbinatssitz nach Würzburg verlegt wurde. Im Gefolge der Emanzipation und der Neuordnung der Verwaltung in Bayern lösten im 19. Jahrhundert die Bezirksrabbinate die alte Einteilung ab. Solche existierten bis 1933 in Bamberg und Bayreuth für Oberfranken, in Ansbach, Fürth und Nürnberg, sowie bis 1932 in Schwabach für Mittelfranken und in Aschaffenburg, Burgpreppach, Kissingen, Kitzingen, Schweinfurt und Würzburg für Unterfranken. Die jüdische Gemeinde von Coburg war selbständig und keinem Bezirksrabbinat zugeordnet.

Bis in die ersten Jahrzehnte des 19. Jahrhunderts hinein hielt sich der Staat weitgehend aus den inneren Belangen der Gemeinden wie aus der Diskussion um Person, Herkunft und Ausbildung des Rabbiners heraus. Denn dessen Aufgabe war neben der Sorge um das religiöse Leben die Entscheidung ausschließlich innerjüdischer Angelegenheiten nach talmudischem Recht. Ihm unterstand z. B. in Fürth im 18. Jahrhundert die geistliche Gerichtsbarkeit, die u. a. Eheschließungen und Scheidungen betraf; bei Rechtsfällen weltlicher, d. h. dem politisch-kirchlichen Charakter der Korporation entsprechend im Grunde genommen gemischter Natur, bedurfte er als Vorsitzender der Zivilkammer des Rabbinatsgerichts

47

des Einvernehmens der weltlichen Organe der Körperschaft. Es liegt auf der Hand, daß diese, für die nichtjüdische Öffentlichkeit wenig relevanten Tätigkeiten des Rabbiners als geistiges Oberhaupt einer Gemeinde gleichbedeutend sein konnten mit einer mangelhaften, da nur auf jüdisches Wissen, oft sogar nur auf rudimentäre Kenntnisse des hebräischen sowie des jüdischen Rechts reduzierten Bildung, von der geringe Anregungen für den kulturellen Aufschwung innerhalb einer an anderen Bildungswerten orientierten Gesellschaft zu erwarten waren. Den Staat kümmerte die schlechte, da einseitige Ausbildung des Großteils der vor allem für die ländlichen Gemeinden verantwortlichen Rabbiner so lange reichlich wenig, bis er in seine Überlegungen zur Hebung der Bildung breiter Bevölkerungsschichten auch die Juden einschloß. Als ersten Schritt hierzu führte er die offizielle Rabbinatsprüfung ein, und zu denen, die sich ihr zu unterziehen hatten, gehörte der berühmte, in Wiesenbronn geborene, 1840/41 als Nachfolger Abraham Bings auf das Würzburger Rabbinat berufene, streng orthodoxe Seligmann Bär (Isaak Dov) Bamberger (1807–1878), zu dessen großen Leistungen u. a. die Gründung der Israelitischen Lehrerbildungsanstalt in Würzburg 1864 gehörte.

Vor Antritt seiner Rabbinatsstelle hatte er am 1. Juli 1839 vor der Kammer des Inneren der Königlichen Regierung von Unterfranken und Aschaffenburg eine Prüfung abzuleisten, über deren Ergebnis das Zeugnis vom 18. Januar 1840 in höchst aufschlußreicher Weise informiert.

Demnach bestand Bamberger

»1. Staatskirchenrecht mit II sehr gut
2. Kenntniss der Bestimmung des Edicts vom 10 July 1813 über die Verh[ältnisse] d[er] Isr[aeliten] im K[önigreich] B[aiern] mit N. II sehr gut
3. Didaktik und Methodik V gering
4. Allgemeine Religions- und Sittenlehre III gut
5. Hebräische Grammatik III gut
6. Übersetzung aus der Bibel III gut
7. Jüdische Theologie I vorzüglich
8. Beredsamkeit V gering
9. Katechese IV ad V hinlänglich ad gering
10. Pädagogik V gering.
Von der Prüfung aus den allgemeinen Wissenschaften wurde derselbe allerhöchst dispensirt. Hierüber wird dem Obengenannten gegenwärtiges Zeugnis zu einer Legitimation ausgestellt.«[7]

Es fällt auf, wie sehr dieses Zeugnis Bamberger als den bis dahin traditionellen Typus des Rabbiners ausweist. Denn in allen Fächern, die sich ausschließlich auf jüdisches Bildungsgut bezogen, schnitt er hervorragend ab, während die anderen Disziplinen, die darüber hinausgingen oder zu denen es vergleichbare Bewertungskriterien aus dem nichtjüdischen Ausbildungssystem gab, mit durchschnittlichen oder gar schlechten Noten bedacht wurden.

Der Rabbiner repräsentierte als Kultusbeamter die in sich geschlossene geistige Welt der jüdischen Gemeinde, die Ortsbarnossen als gewählte Vorstände deren meist nicht einfache Verbindung zur Außenwelt. Bis zur Auflösung der Judenkorporationen 1806 für Bamberg, 1808 für Ansbach waren die fränkischen Juden in der Landjudenschaft mit körperschaftlicher Verfassung zusammengeschlossen und von den Kreisbarnossen vertreten gewesen. Diesen waren die

Ortsbarnossen untergeordnet, die richterliche Befugnisse bei Streitigkeiten unter Juden besaßen, sich um den Steuereinzug und die Rechnungsführung, grundsätzlich also um die Wahrung der inneren Ordnung kümmerten. Als Verwaltungsbeamte, in älteren Quellen auch als »Judenvögte« bezeichnet, vertraten sie die jüdischen Interessen vor ihrer jeweiligen Herrschaft, über sie gestaltete sich das Verhältnis der Gemeinden zur nichtjüdischen Umwelt.

*Das Leben mit zwei Rechten.
Judeneid, Arbeitspflicht und Neugierde am Tod*

Denn häufiger und einschneidender als jüdisches regelte nichtjüdisches Recht das Leben der Minderheit, stritten obrigkeitliche und eigene Interessen an alltäglichen Gewohnheiten miteinander, bemühte sich der Staat um die Wahrung seiner Ansprüche, und dies bedeutete nur zu oft: um den Fortbestand seiner Profitmöglichkeiten an den Juden.
Im Mittelalter hatte die doppelbödige Situation des Juden als Rechtsperson u. a. den bisweilen in diskriminierender Weise vollzogenen Judeneid geschaffen, der zu Beweiszwecken bei Rechtsstreitigkeiten mit Christen auf die Thora zu leisten war. Eine von zahlreichen Formeln überliefert das Nürnberger Ratschlagbuch vom Ende des 15. Jahrhunderts:

»Item so ainem juden ain aide aufgelegt wirdet, so sol er zuvoran, ee er den aid thut, vor handen und augen haben ain buch, darinnen die gebot gottes, die Moysi uff dem perg Synay von gott geschriben gegeben sind, und sol darauf den juden mit den worten bereden und besweren:

Ich beswer dich jud bei got dem allmechtigen und bei seiner ee, die er gab hern Moysi auf dem perg Synay, das du wollest warlich sagen und verjehen, ob dis buch sei das buch, daruff ain jude ainem cristen oder ain jude dem andern einen rechten geburlichen aide tun und vollfüren muge.«[8]

Ähnlich lautet der Kitzinger Judeneid (Gerichts- und Achtsbuch von Kitzingen 1452–1497).[9]
In allen Situationen des täglichen Lebens waren die Juden Objekt zweier Rechtsauffassungen, und selten kamen die gesellschaftlichen dem Kanon der eigenen, althergebrachten Normen so entgegen wie beim Schwur auf die »fünff bücher Moysi«, die »Doran« (Thora). Denn außerhalb des Gemeindelebens traf auf sie ein anderes als das eigene Recht zu und zwang sie zu Kompromissen und damit zu Abstrichen an ihrer Identität. Dabei läßt die Analyse der zahlreichen Sonderregelungen immer wieder den Wunsch der Rechtsherren entdecken, auch dann noch aus den Juden Nutzen zu ziehen, wenn Geld gar nicht im Spiel war; Profit entstand nämlich ebenfalls, wo die aus Abgaben und Steuern eingenommenen Gelder nicht mehr in Form von Zuschüssen an die Betroffenen zurückflossen. Mit der Entrichtung von Schutzgeldern sicherten sich die Juden lediglich das nackte Recht am Leben; es bedeutete schon viel, wenn mit der – kostenlosen – Erlaubnis zum Synagogen- oder Schulbau Entgegenkommen gezeigt wurde; aber für alles andere, für die Bau- und Unterhaltungskosten, für den Lebensunterhalt von Rabbinern, Lehrern und Synagogenpersonal, für die dringendsten Aufgaben der Sozial- und Gesundheitsfürsorge wie für allgemeine kulturelle Belange hatten die Juden selbst aufzukommen. Den Gemeindeetat

bettelte man über viele Jahrhunderte hinweg in der Almosenbüchse zusammen (s. Abb. 37).
Ferner verdiente die Gesellschaft indirekt, indem sie Juden zu Arbeiten für das Gemeinwohl heranzog. Dies bedeutete keinesfalls die Integration der religiösen Minderheit in die Aufgaben der gesamten Dorfgemeinschaft, sondern Verteilung der unangenehmen gemeinsamen Arbeiten und Pflichten auf alle, die im Dorf lebten. Die Juden besaßen die Möglichkeit, sich der Teilnahme an der Gemeindefron durch Geldabgaben zu entziehen, die sich dann allerdings nur zu leicht in wiederholbare Sondersteuern verwandeln konnten. So verzeichnete 1673 das Rechnungsbuch der oberfränkischen Gemeinde Frensdorf: »6 fl. gibt und zalt die ganze gemein juden einer ganzen gemein allhier für ihr fron und wacht«, was auch 1678 der Fall war; lediglich »Die andern, als Moises jued, Ätzig jued und Salomann jued haben gearbeitet«. Aus ähnlichen Abschlags- und Strafzahlungen, etwa wenn ein Jude nicht zur Arbeit erschienen war, vertrank man 1707 in Zeckendorf, sicherlich unter Ausschluß der Juden, eine stattliche Menge Bier. Die Pflichten oblagen allen, die Rechte – und in diesem Falle auch das Vergnügen – betrafen jedoch nur den christlichen Bevölkerungskern.

Aus dieser Sicht gestaltete sich das Zugeständnis der inneren Autonomie der jüdischen Gemeinden auch als bequemes Mittel zur Wahrung obrigkeitlicher Interessen, die in dem Augenblick in die religiöse Sphäre hineinragten, wenn etwa fiskalische Probleme zu lösen waren. Ein Beispiel hierfür sind vermögens- und erbrechtliche Ansprüche, die beim Tode eines Juden entstanden, sowie Unsicherheiten, wer für die Aufzeichnung des hinterlassenen Besitzes zuständig sei.

So herrschte 1788 in Heidingsfeld Unklarheit darüber, wie bei der »Amtlich obsignatur bey Jüdischen Sterbfällen wo minderjährige oder abwesende Erben vorhanden« zu verfahren sei. Laut früherer Praxis sollte nämlich »obsigniert, di[e] theilungen und übrige Erb-Geschäften aber gleichenohne von dem Rabbiner [...] vorgenommen und am Ende der justiz Stelle ad inspiciendum [...] vorgeleget werden«. Nun aber sei der Amtsvorgänger »in casu simili nihmahlen obsigniret worden«, weshalb am 31. Januar 1788 bei der Kanzlei Franz Ludwigs, des Fürstbischofs von Bamberg und Würzburg, angefragt wurde, ob denn Heidingsfeld eine Ausnahme darstelle und sich der Rabbiner allein um die Feststellung der Erbmasse kümmern dürfe. Daraufhin erfolgte am 16. Februar 1788 die Bestimmung, daß gemäß Anordnung vom 14. August 1750 zu verfahren und die Obsignatur von amtens vorzunehmen sei.

Daß die Heidingsfelder Amtspersonen bis 1788 so gleichgültig verfahren waren und die Erfassung des hinterlassenen Vermögens der jüdischen Schutzverwandten nicht wahrgenommen, sondern dies offenbar als innerjüdische Angelegenheit betrachtet hatten, mag als freizügige Nachlässigkeit der Verwaltung gedeutet werden; und dennoch drängt sich der Verdacht auf, daß diese Verfahrensweise indirekt bezeugt, wie wenig Vermögen grundsätzlich bei den Juden vorhanden war, um das zu streiten sich gelohnt hätte.

HAUS UND HAUSHALTUNG

Noch heute kennen ältere Dorfbewohner die Häuser, in denen jüdische Familien bis zum Holocaust wohnten, erinnern sich sogar der Namen und erzählen von den Nachfahren der Überlebenden, die vereinzelt zu Besuch in ihre verlorene Heimat kommen. Manchmal sind diese Berichte von schlechtem Gewissen begleitet, weil die Häuser nach der letzten, endgültigen Vertreibung der Juden für spottbilligen Preis zum Verkauf anstanden, aber auch von betroffenem Unverständnis, weil hierfür nach 1945 ein zweites Mal, nun im Zuge der Wiedergutmachung, zur Kasse gebeten wurde.

Jedes der ehemaligen Judenhäuser erzählt seine eigene Geschichte; doch wer in ihnen das besondere, das »Jüdische« erwartet, sieht sich bald enttäuscht. Denn von ihrer Bausubstanz her fallen sie kaum ins Auge; klein, unscheinbar, geduckt stehen sie traufseitig zur Straße, reihen sich in den Judengassen nebeneinander, besondere Merkmale, etwa hebräische Inschriften und Segenssprüche wie am einstigen Wohnhaus des Schächters neben der Synagoge zu Burgsinn (Lkr. Main-Spessart) gehören zu den kostbaren Seltenheiten.

Mesusa

Und doch haben sich – nur für den Eingeweihten deutbare – Spuren erhalten, die Auskunft über die früheren Hausbewohner geben (Abb. 8). An der rechten Seite vieler Türgewände ist nämlich ein kleiner, schräg von links oben nach rechts unten verlaufender, heute sorgfältig verputzter Strich zu erkennen, der die Stelle bezeichnet, wo einstmals die Mesusa angebracht war, deren Funktion Theodor Dassovius (1648–1721) mit gelehrten lateinischen Worten beschrieb: »Scilicet in postibus aedium Mesusae apparent, diligenter scriptae, convolutaequae & modis omnibus custoditae.«[10] Ein zylinderförmiges Gehäuse aus Holz oder Metall umschloß eine kleine, aus der Haut eines reinen Tieres angefertigte und sehr sorgfältig mit den beiden ersten Abschnitten des Schᵉmaʿ Jisraʾel (Höre, Israel) beschriebene Pergamentrolle, mit jenen Worten also, die laut 5 Mos 6, 4–9 und 11, 13–21 an den Hauspfosten zu stehen hatten. Eine kleine Öffnung in der Kapsel ließ lediglich das Wort Schaddaj (Allmächtiger) frei. Der fromme Jude berührte die Mesusa beim Betreten und Verlassen des Hauses; sie sollte ihn an Gott erinnern und, so die Umdeutung in talmudischer Zeit, vor Sünden und Verfehlungen beschützen. Damit wurde sie zum jüdischen Haussegen schlechthin (Abb. 9).

Die Wohnung

Tritt man an der Mesusa vorbei in das Innere eines jüdischen Hauses ein, wird man von der

8 *Spuren der Mesusa an einem ehemaligen Judenhaus in Aufseß.*

Vertrautheit überrascht. Den Besucher erwartet keine exotische Welt voller religiöser Eigenheiten, sondern die Erkenntnis von der Unsinnigkeit vermeintlicher kultureller Besonderheiten. Denn auf der Suche nach den Manifestationen jüdischer Kultur wird nur zu gerne übersehen, daß die Dinge des täglichen Gebrauchs die gleichen waren wie die des christlichen Nachbarn, man die gleichen Zeitungen las, sich mit den gleichen Möbeln ausstattete, die auch die anderen beim Dorfschreiner in Auftrag gaben oder aus der Stadt herbeischaffen ließen. Dabei gaben nicht die konfessionelle Zugehörigkeit, sondern Notwendigkeit, Geschmack, Modezwänge und nicht zuletzt der Inhalt des Geldbeutels den Ausschlag. Eine Reihe von Nachlaßinventaren der ersten Hälfte des 19. Jahrhunderts vermittelt uns ein recht gutes, wenn auch noch nicht repräsentatives Bild, wie ein jüdischer Haushalt dieser Zeit ausgesehen haben mag. Warum es überhaupt zur offiziellen Aufzeichnung jüdischen Privatbesitzes gekommen und warum sich dieses Verfahren trotz Regelung durch die obrigkeitliche Rechtspraxis nicht nachteilig für die Juden ausgewirkt hatte, schilderte Johann Jodocus Beck in seinem »Tractatus de Juribus Judaeorum« (Nürnberg 1741):

»Damit die Erben in Antrettung der Erbschafft nicht Schaden leiden, so haben die Lagislatores [sic!], mit Aufhebung anderer sonsten gebräuchlich gewesenen Mittel, zwey remedia juris eingeführt, nemlichen das Jus deliberandi und das beneficium Inventarii, welches letztere das beste, sicherste, und in mehrern Gebrauch, anbey diesen Effect hat, daß der Erb, wann er das Inventarium, nach der in denen Rechten vorgeschriebenen Form, errichtet, nicht schuldig dessen Credidoribus ein mehrers zu zahlen, als das inventierte Vermögen des Verstorbenen ausweiset; dahingegen selbiger, in Unterlassung dessen, alle Schulden des defuncti aus seinen eigenen Mitteln zu zahlen verbunden bleibt.
Weilen nun dieses beneficium allen und jeden gemein, so können sich dessen die Juden, welche nach den Römischen Gesetzen leben, ebenfalls bedienen, da zumahln ihrenthalben nichts anders und besonders hiervon verordnet zu finden. Wann dannenhero ein Jud eine Erbschafft cum beneficio Legis & Inventarii angetreten, und er hiervon Schaden leidet, so muß ihme sothanes beneficium, nicht nur wider Juden, sondern auch wider Christen, und sonsten einen jedweden, zu statten kommen.«

In solchen Inventaren sucht man weitgehend vergeblich nach Objekten, die für jüdisches Leben charakteristisch sind, und wo man glaubt, sie nachweisen zu können, bleibt immer ein Rest von Spekulation. Einer der Gründe hierfür ist sicherlich auch die normierte Sprache wie die Unfähigkeit der Schreiber und Amtspersonen, mit dem Fremden, ihnen Unverständlichen jüdischen Kultes verbal umzugehen; so kann sich durchaus hinter einem Holzbehältnis oder einer Silberdose die Besomimbüchse verbergen, hinter Zinntellern das spezielle Sabbat-, Pessach- oder Purimgeschirr. Dies ist auch bei einem Besitzverzeichnis zu berücksichtigen, das gerade durch seine Herkunft all die für einen jüdischen Haushalt typischen Dinge erwarten ließe und dennoch – abgesehen von einer kleinen Bibliothek hebräischer Bücher (s. S. 119–121) – nur zeigt, daß es im Hause eines Rabbiners nicht grundsätzlich anders aussah als in allen anderen Häusern des Dorfes.

Der Haushalt eines Rabbiners

Gemäß einer testamentarischen Verfügung vom 24. Juli 1820 wurde am 31. März 1822 die Hinterlassenschaft der Hendel Traub, der Witwe des Sommerhauseer Rabbiners Seligmann Traub, aufgezeichnet. Der Besitz umfaßte:

9 *Reste der Mesusa am Tor der einstigen Israelitischen Lehrerbildungs-Anstalt in Würzburg, die 1864 von Rabbi Seligmann Bär (Dov) Bamberger (1807–1878) gegründet worden war.*

»1) an Silber
  Ein Satz becher Augsburgerprobe, weigand 8⅛ Loth, dieser ist bey dem Vorsteher auf abschlägliche Begräbnißkisten zu Allersheim deponirt.
  Ein sogenaňter Schwiṁbecher Augsburgerprobe 3¹¹⁄₁₆ Loth.
  Ein Salzfaß Ausländischerprobe 3⅝ Loth.
  Ein Kaffeelöffel 1¼ Loth, daň
  Drey Subenlöffel zu 9¼ Loth
  beyde Augsburgerprobe,
2) an Zinn
  Sechs Subenteller.
  Sieben Flacheteller.
  Zwey Schüßeln.
  Zwey Blatten.
  Ein Handfaß mit Waschbacken (sic!)
  Ein Nachtlicht, und
  Zwey Salzfäßchen, sämtliches verschiedene Probe.

3) an Messing
   Zwey große, und Eine kleine Pfanne,
   Eine Lampe,
   Zwey Leuchter,
   Ein kleiner Wandleichter, und
   Ein Schisselring.
4) an Kupfer
   Eine Theekanne,
   Ein kleines Kaffeekeßelchen,
   Ein kleines Waschbecken,
   Ein Kugelhafen, und
   Ein kleines Pfänlein.
5) an Betten
   In der Wohnstube,
   Ein barchends Oberbett,
   Vier dto. Kopfkissen,
   Ein dto. Pfülben,
   In der Stubenkam̄er,
   ein ingfedtr Oberbett [wohl: Oberbett mit Federn]
   Vier barchendt Kopfkißen,
   Ein ingfedtres Unterbett,
   Ein dto. Pfülben,
6) an Weisenzeug,
   Zwey Stücke Flächsetuch, davon das Eine circa 24 und das Ander circa 21 Ell[en] mißt, Ersteres soll nach Angaben der Bunla Haie eigenthümlich zugehören,
   16 Ellen werkenes Tischtücherzeig,
   9 Meter theils flächsene theils werkene Leiltücher, wobey die 2 St[ü]ck welche eingebett sind, mit eingerechnet sind
   5 Stück Tischtücher, dabey 4 Wirkene und 1 Flächses.
   6 Handtücher, dabey 1 roth Geblumtes.
   1 blaugestreift leinene[r] Bettüberzug, in 2 Kopfkißen, und 1 Oberbettüberzug bestehend.
   1 rothgestreifter leinenen Bettüberzug, in 2 Kopfkissen und Oberbettzige bestehend.
   1 ander gestreifter Bettüberzug, mit 2 Kopfkissen, ferner,
   1 alter Bettüberzug mit 1 Kopfkissenziche in der Wohnstube, dann
   1 besserer Überzug mit einer Kopfkissenziche in der Stubenkam̄er, sämtliche von gestreiftem Leinzeige.
   1 alter rothgestreifter Bettüberzug ohne Kissen wiederum, 1 blaugetruckt alter Bettüberzug.
   1 Vorhang in 3 Blätter mit einem Kranz.
   8 St[ü]ck Frauen-Hemten.
   3 St[ü]ck. Kopfkissenüberzüg.
7) an Kleidungsst[ü]cken
   1 grüner getruckter Oberrock.
   1 weiß parchendts Kleid, in einem Rock und Mutzen bestehend.
   1 weiß moißlin Kleid in Mutzen & Rock bstehend.
   1 alt gestreifter taffendter Oberrock.
   1 dunkelrother Taffendtrock.
   1 hellroth Taffendtmutzen.
   1 Kottun Mutzen.
   1 weiß geblumtes moißlin Halstuch.
   1 schwarz seidenes Halstuch,
   2 baumwollne Halstücher,
   2 paar dto. &
   1 dto. wollene Strümpfe
   1 weiß geblumt moißliner und
   3 gestreift leinene Schürzen.
8) an Schreinerzeug.
   3 Stühle,
   1 Bänklein
   1 Wasserstänter,
   1 Wasserbutte,
   4 Gelten,
   2 Bettladn,
   1 Spiegel,
   2 alte Spinnräther,
   1 Säßel von Æmder (?),
   2 Tische,
   3 Truen,
   1 Kichen-Halter,
   1 Nutel-Brett,
9) an Eisen
   2 alte Pfannen,
   1 Handbeil,
   1 Dreyfuß,«

Nach einer Liste hebräischer Bücher (s. S. ⊠) folgt dann »Endlich 11) an Geflügel 4 St[ü]ck. Hüner«.

Von »Bechern, Leuchtern und Ofenplatten«

Es gelingt nur schwer, mit dem beschränkten Fachvokabular dieses wie anderer fränkischer Inventare die für häusliche religiöse Feiern erforderlichen Gegenstände zu bestimmen, die ja einen zentralen Bereich jüdischen Lebens verdinglichen. Erst Vergleiche mit anderen Besitzverzeichnissen wie dem unten ausführlicher zu behandelnden Erbteilungsinventar der Witwe des Fuchsstadter »Handels Juden« Salamon (sic!) Strauß von 1826 oder dem Nachlaß der Rosina Reis aus Hörstein (Lkr. Aschaffenburg) von 1844 ergeben Hinweise auf die tatsächliche Verwendung einzelner Gegenstände; da fällt einerseits die regelmäßig hohe Zahl des Silber- und Zinngeschirrs auf, etwa die Silberbecher Seligmann Traubs, hinter denen man Kiddúschbecher vermuten könnte, oder das »Handfaß mit Waschbacken«, das zu den vorgeschriebenen Reinigungen gedient haben mag. Im Erbe des Salamon Strauß befanden sich unter den »Pretiosen« nicht weniger als »9²/₁₆. Loth goldene Borden« und »6. Loth silberne Borden«, die vielleicht als Saum am Kopfstück des Gebetsmantels (Tallith) verwendet worden waren.

Fast eine kleine Schatzkammer bildet das Heiratsgut, das Rebecca Bär, Tochter des Breslauer Gemeindevorstehers Liebmann Bär, 1785 in die Ehe mit dem Bayreuther Hoffaktor David Baruch einbrachte. Auch hier finden sich als Kultgegenstände interpretierbare Objekte wie ein »Becher von Silber, von Augsburger Prob und vergoldet, mit 3 Stollen und einem Deckel, am Gewicht 31¾ Loth, das Loth à 1 rh., thut ... 48 fl. 7½ kr.« und »Ein Paar silberne Leuchter, Nürnberger Prob, am Gewicht 26¼ Loth, à 1 fl. fr., thut ... 33 fl. 40 kr.«, vielleicht Sabbat- oder Chanukka-Leuchter, ferner Eßgeschirr, das für mehrere Haushalte ausgereicht hätte. Denn das Inventar verzeichnet »An Zinne und Kupfer« immerhin »1) Sieben Dutzend ausgezackte auf Silber Art gearbeitete Teller. 2) Sechs flache dergleichen ausgezackte grosse Schüsseln. 3) Drey lange dergleichen ausgezackte Briten-Schüsseln. 4) Drey dito grosse von der nämlichen Façon. 5) Drey ganz grosse eben dergleichen. 6) Sechs Salatire-Schüsseln von eben der Façon. 7) Zwey grosse Suppen-Schüsseln. Diese 7 Artikel sind sämmtlich von feinen Englischen Zinn«. Kein Zweifel kann allerdings über einen Gegenstand herrschen, der von den Taxatoren mit 250 Gulden am höchsten eingeschätzt wurde, über eine Thorarolle: »Ein 10 Gebot, von feinem Jungfer Pergament, sehr künstlich geschrieben, mit massiven silbernen Rollen, eine silberne vergoldete Cron, dann ein gross silbernes Schild, worauf der Namen Liepmann Breslau sich befindet, dann 1 silberner Griffel [wohl der Thorazeiger] und ein reiches Gewand, nebst Vorhang.«[11]

In krassem Gegensatz zu diesem Reichtum steht der 1844 aufgezeichnete, ärmliche Besitz der Rosina Reis aus Hörstein, und dennoch erlaubt er die interessantesten Rückschlüsse. Die gesamte, auf 48 Gulden und 49 Kreuzer geschätzte Habe umfaßte das, was auch bei Nichtjuden vergleichbarer Vermögensstruktur vorhanden war: bescheidenes Mobiliar, das sich aus einem Kirschbaumtisch, einem kleinen Tischchen, drei Stühlen, zwei Küchenschränken, drei Truhen, zwei alten Bettladen und einem Spinnrad mit Haspel zusammensetzte, die notwendigsten Werkzeuge, Küchengeräte sowie Haushaltsgeschirr. Angesichts dieser Bescheidenheit unerwartet umfang-

10 *Schabbesofen zum Warmhalten der Speisen über Sabbat und Kessel zur Reinigung des Geschirrs.* (Kupferstich aus J. C. G. Bodenschatz, Aufrichtig Teutsch Redender Hebräer, 1756)

reich ist jedoch der Kleiderbestand (s. S. 87–89) und wiederum das Eßservice aus wertvollem Zinn: sechs tiefe und ein flacher Zinnteller, eine große und eine kleine flache Zinnschüssel, eine tiefe Zinnschüssel und ein Tischkesselchen aus Messing. Kein Zweifel kann hinsichtlich der Verwendung des als solchen bezeichneten »Sabbatleuchters« im Werte von zwei Gulden bestehen, auch nicht über eine »Gewürzschachtel aus Zinn« (Besomimbüchse). Von hier aus aber bietet sich auch die Lösung für drei Gegenstände an, deren Aufzeichnung im Vergleich zu anderen Inventaren ebenso rätselhaft wie einmalig ist: eine Ofentüre und zwei eiserne Ofenplatten. Denn Ofen und Herd waren gewöhnlich fest in das Haus eingebaut und wurden daher den nicht näher spezifizierten Immobilien zugerechnet, die zusammen mit dem Haus in den Besitz der Erben übergingen. Daß es sich um gußeiserne Ofenplatten handelte, wie sie heute begehrte Museums- und Sammlerobjekte darstellen, ist wenig wahrscheinlich. Vielmehr handelte es sich wohl um ein mobiles Wärmegerät, bei dem sich die Bestimmung als Sabbatofen geradezu aufdrängt. Da am Sabbat kein Feuer entzündet werden durfte, dienten solche Behälter dazu, die bereits am Freitag vor Sabbatbeginn fertiggekochten Speisen während des Feiertages warm zu halten (Abb. 10).

Diese Beispiele zeigen, daß sich hinter gewöhnlich erscheinenden, alltäglichen Dingen durchaus jene speziellen, zum würdigen Vollzug der Festtagszeremonien erforderlichen Hilfsmittel verbergen können. Vielleicht besaßen Rosina Reis und andere Juden, deren Hinterlassenschaftsinventare erhalten sind, sogar mehr davon; denn es ist nicht auszuschließen, daß so manches von den Inventarisatoren unterschlagen wurde, weil sie es nicht zu benennen und zu deuten wußten. Knapp hundert Jahre später, in der schrecklichsten Zeit innerhalb der Geschichte des deutschen und mitteleuropäischen Judentums, wurde der persönliche Besitz erneut amtlich erfaßt; doch nun requirierten die nationalsozialistischen Machthaber alles, was ihnen materiell wertvoll und ideologisch bedeutsam erschien. Vor allem richteten sie ihr Augenmerk auf jüdische Kultgegenstände, die sie systematisch zu erfassen begannen, um sie einmal – analog zur Münchener Ausstellung »Entartete Kunst« 1937 – als Zeugnisse ihrer Anschauungen über die Minderwertigkeit des jüdischen Menschen und seiner Kultur propagandistisch einsetzen zu können. Dieser Zugriff auf das Eigentum betraf auch diejenigen, die sich noch rechtzeitig durch Auswanderung dem sicheren Tod in den Konzentrationslagern entziehen konnten. Unter ihnen war auch die am 21. August 1875 geborene Klara Klein aus Miltenberg, die am 3. September 1940 in die Vereinigten Staaten emigriert war. Ein Teil ihres Umzugsgutes lagerte bei der Aschaffenburger Spedition Birkart und erregte dort das Interesse der Geheimen Staatspolizei. Michael Völkl von der Würzburger Gestapo berichtete darüber nicht nur mit der verbalen Hilflosigkeit früherer Dorfschreiber, sondern auch mit beinahe schon zynischer Ignoranz:

»Die im Umzugsgut beigepackten Sachen ein Porzellanteller mit hebräischer Aufschrift, eine Gebetmühle aus Holz [sic! gemeint ist sicherlich eine Besomimbüchse], ein jüdischer Haussegen (Bild mit Rahmen) und acht alte jüdische Schriften wurden am 8. 9. 41 dem Fränkischen Museum in Würzburg unentgeltlich übergeben; die sonstigen jüdischen Bilder und Bücher wurden vernichtet.«[12]

Misrach

Mit dem »jüdischen Haussegen« kann Völkl nur die Misrach im Sinn gehabt haben, die in keinem frommen jüdischen Haushalt fehlen durfte (Abb. 11). Das strenge jüdische Bilderverbot untersagte jene üppigen Formen religiösen Wandschmucks, wie sie aus katholischen und protestantischen Heimen als Hinterglasbilder oder Öldrucke nur zu vertraut sind. Ausgenommen hiervon war die an der Ostwand eines Zimmers aufgehängte Misrach, welche die Richtung hin zum Tempel in Jerusalem wies und oft nur aus dem Wort »Misrach« (wörtlich: Sonnenaufgang, Osten) bestand und bisweilen kalligraphisch oder – wie in Polen – als kunstvoller Scherenschnitt ausgestaltet war. Solche Einzelstücke wurden im 19. Jahrhundert durch populäre Drucke mit Sinnsprüchen, biblischen Szenen und Darstellungen Jerusalems und seines Tempels verdrängt, dessen man in der Ferne mit Wehmut und Sehnsucht gedachte.

Das Haus des Hänlein Salomon Kohn

Mag das Bild vom jüdischen Haus, wie es die Inventare vermitteln, auch korrekt sein, die trockene Amtssprache zerstört die Stimmung, die herrschte, als dort noch Menschen wohnten. Die von Rabbiner Dr. Feuchtwang verfaßte Biographie des Hänlein Salomon Kohn (1803–1880) aus dem mittelfränkischen Wassertrüdingen läßt uns heute wenigstens durch einen kleinen Spalt in der Türe einen Blick in diese verschwundene Welt werfen, in das Haus eines durch Handelsgeschäfte wohlhabend gewordenen jüdischen Franken, der seinen dreizehn Kindern immerhin 130 000 Gulden hinterlassen hatte:

»Reb Hihnle hatte sein Haus zwar nicht in der vornehmsten, aber doch in einer schönen Straße am unteren Stadttore. Ein einstöckiges, wohlgebautes, biederes Haus, dem man es anmerkte, daß es auf festem Grund stehe. Es hatte sogar einen Blitzableiter, dessen goldene Spitze weithin glitzerte. die breite Front sah vornehm aus, obzwar die Fenster nicht groß waren. An der Rückseite plätscherte melodisch ein uralter Laufbrunnen, an dessen steinernem Troge Reb Hihnles Pferde und Kühe morgens und abends ein Stelldichein hatten.

11 *Misrach; Lithographie, 19. Jahrhundert, Imagerie Wentzel (Weissenburg, Elsaß). Aus der Gegend von Amorbach, später im Besitz von Max Walter, Amorbach.*

Über eine stark ausgetretene Steinschwelle trat man durch die massive Haustür, in deren Sturzpfosten eine Mesusa von ungewöhnlicher Dimension eingelassen war, in einen kühlen, mit blanken Steinplatten belegten Flur, von dem aus nach rechts die Schreibstube des Herrn, nach links die Wohnräume und nach vorn das ›Stüble‹ lagen; das ›Stüble‹ ist der Inbegriff aller patriarchalischen Biederkeit und Treue. Ein quadratisches Zimmer mit bebälkter Decke; ein riesiger brauner Kachelofen steht in der Ecke, kein gewöhnlicher, sondern von meisterlicher Hand gebaut. In der Mitte ein robuster Eichentisch mit Elefantenbeinen; ringsherum Bänke und Stühle, die zu rücken, kräftige Hände gehören. In die Wände eingelassen sind Schränke. In diesem ›Stüble‹ aßen Knechte und Mägde ihr Mittag zur gleichen Zeit wie die Herrnleute im Zimmer nebenan. Im ersten Stock sind die Feiertagsräume, die fast nie benützt werden; ein Paradezimmer mit gepolsterten, großgeblümten Möbeln, ein blinkender Glasschrank mit feinem Silber und Porzellan; ein Paradeschlafzimmer; die Kinderzimmer; Kammern und Vorratsräume und die Sukka, die gleichzeitig Haussynagoge war. Im kühlen Keller gab es stets reichlichen Vorrat an Wein, namentlich feine Kiddusch-Weine. Denn seit Jahrzehnten lieferte Reb Hihnle für die Synagoge den Wein, und die wenigen Bedürftigen der kleinen Gemeinde erhielten jahraus, jahrein ihren Bedarf von ihm; besonders zu Pessach. Die neue Synagoge war von Reb Hihnle gegründet worden, wie denn die ganze Gemeinde von ihm zusammengehalten wurde.«

Das Haushalten

Die Dinge des täglichen Gebrauchs, wie sie die oben behandelten Zeugnisse beschrieben, reflektieren nur zu einem winzigen Teil die Eigenheiten jüdischen Lebens. Erst der Umgang mit diesen unterschied den frommen jüdischen Haushalt grundsätzlich von dem seines christlichen Nachbarn. Hier prägten die strengen jüdischen Reinheits- und Speisegesetze das Verhalten von der Benutzung des Geschirrs bis hin zur Auswahl und Zubereitung der werk- und festtäglichen Speisen in einem Maße, das über den familiären Bereich hinaus auch die persönlichen Kontakte mit der Umwelt betraf. Denn einem Juden, der alle rituellen Anweisungen befolgte, war es so gut wie unmöglich, von einem Nichtjuden zum Essen eingeladen zu werden. Andererseits waren Sinn und geistiger Gehalt der Speisegebote bei der Dorfbevölkerung weitgehend unbekannt und unverständlich und führten daher nicht selten zu Mißverständnissen, Vorwürfen und Vorurteilen. Noch heute hört man in Bütthart (Lkr. Würzburg) mit leisem, spottendem Unterton, wegen des besseren Geschmacks hätten die Juden [an Pessach] ihre Mazzen gegen Sauerteigbrot eingetauscht, es habe dort sogar einen Juden gegeben, der während seines Lebens mehr Schweinefleisch als ein Christ gegessen und sich auch immer als erster zur Schlachtschüssel hingesetzt habe.

In solchen Beispielen moderner Sagenbildung steckt ein kleines Körnchen Wahrheit, auch wenn hier individuelle Beobachtungen unzulässig verallgemeinert wurden. Denn die rigorosen Speisevorschriften gerieten in einem sich rasch säkularisierenden Judentum immer häufiger in Gefahr, halbherzig und nur an bestimmten Festtagen befolgt oder gar ignoriert zu werden, scheiterte ihre Einhaltungen an den Bedingungen der Umgebung, sei es, daß man sich ihr angleichen mußte, sei es, daß man auf deren Warenangebot angewiesen war. Oft ging dabei mit der täglichen Notwendigkeit auch das Bewußtsein um den Sinn alter Traditionen verloren, bemühten sich orthodoxe Gelehrte, so Ludwig Stern, Direktor der Israelitischen Schule zu Würzburg, in den »Vorschriften der Thora welche Israel in der Zerstreuung zu beobachten hat« (Frankfurt/Main ²1886), es neu zu wecken.

Die Trennung von Fleisch- und Milchspeisen

Ein zentrales Koscher-Gebot bezog sich auf die strikte Trennung von Fleisch- und Milchspeisen, des dafür verwendeten Eßgeräts, seiner Reinigung und Aufbewahrung. Daher benötigte der jüdische Haushalt eine doppelte Ausstattung mit Geschirr, das häufig, um jede Gefahr der Verwechslung auszuschließen, mit den hebräischen Worten בשר (basar »Fleisch«) und חלב (chalav »Milch«) gekennzeichnet war, in gesonderten Schränken aufbewahrt und sogar – wo dies die Küchenausstattung ermöglichte – sorgfältig in jeweils dafür bestimmten Spülen gereinigt wurde. Denn Fleisch- und Milchreste durften keinesfalls miteinander in Berührung kommen. Gab es z.B. mittags ein Fleischgericht und sollte anschließend, bürgerlichen Tischsitten folgend, Kaffee gereicht werden, ersetzte man Milch oder Sahne durch geschlagenen Eischnee. Was hier dem Nichtjuden in der radikalen Befolgung der Gesetze unsinnig erscheint, so wenn »der Genuß von Milchspeisen [...] erst bei der nächstfolgenden Mahlzeit, und wie dringend eingeschärft wird, nach sechs Stunden gestattet« ist, offenbart in Wirklichkeit eine hohe ethische Lebenseinstellung, da die Milch von der Mutter des Kälbchens stammen könnte, das man kurz zuvor verzehrt hatte (2 Mos 23, 19 u. ö.).

Das tägliche Eßgeschirr

Diese in einer nichtjüdischen Kultur nur unter erschwerten Bedingungen einzuhaltenden Gebote zwangen zu Kompromissen, aber auch zum Verzicht auf einen beträchtlichen Teil des Angebots in den Geschäften. Die Folge davon war der Versuch, in zahlreichen Lebenslagen autark zu werden. Käse werde, so Ludwig Stern, »allgemein durch Beimischung von verbotenen Stoffen« und in verunreinigten Gefäßen hergestellt; daher sei »nur der Genuß solchen Käses gestattet, welcher unter Aufsicht eines vertrauenswürdigen Israeliten ohne solche Beimischung bereitet worden ist«.

Das Haushaltsgeschirr aber gehörte zu den Dingen, die Juden bei Christen, bei dem im Dorf ansässigen Häfner, kauften, naturgemäß »trefer« (unrein) waren und erst nach bestimmten Prozeduren, nach »Glühen, Auskochen, Ausbrühen oder Ausspülen« benutzbar wurden; so konnte sich ein Töpfer aus Schöllkrippen erinnern, Juden hätten ihr Geschirr »zum Ausglühen« in die Werkstatt gebracht, wenn ein Brand stattgefunden hatte.[13] Ähnlich korrekt gibt ein Bericht, den im Mai 1962 der Töpfermeister Wilhelm Fertig aus Buchen im Odenwald Max Walter gab, den Sachverhalt wieder; denn jüdischen Vorschriften gemäß konnte die Reinigung auch durch Untertauchen in einem Bach, Fluß, See oder in der Mikwa erfolgen: Noch um 1930 seien alljährlich kurz vor Ostern (Pessach) die beiden Frauen aus den Familien Bär und Strauß in seinen Laden gekommen, um sich »österliches Geschirr« auszusuchen. Sie hätten ausdrücklich darum gebeten, es selbst auswählen und aus den Regalen nehmen zu dürfen. Mit den erworbenen kleinen Schüsseln seien sie dann zum gegenüberliegenden Bach gegangen und hätten sie dort unter Beten im fließenden Wasser gewaschen. Darauf angesprochen, daß das Bachwasser doch schmutzig sei, erwiderten sie, zu Hause würde das Geschirr nochmals gründlich gereinigt.[14] (Abb. 12)

Chomezbattel, oder: der Frühjahrsputz

Das Pessachfest erforderte überhaupt besonders gründliche Reinigungen, die das gesamte Haus betrafen. Es war nämlich verboten, Gesäuertes (Chomez) oder damit Vermischtes während dieser Zeit in der Wohnung aufzubewahren, geschweige denn zu essen. Als solches galten die »nach dem Abschneiden der Halme vor oder nach dem Dreschen durch Wasser naß gewordenen Körner aller Arten von Weizen, Dinkel, Roggen, Gerste und Hafer«. Was davon betroffen war, mußte vernichtet oder weggeschafft, konnte aber auch an einen Nichtjuden veräußert werden. Mit der sorgfältigen Säuberung des Hauses sollte am Abend des 13. Nisan bei Kerzenlicht begonnen, am Vormittag des 14. Nisan dann der Chomez in einem eigens dazu angezündeten Feuer verbrannt werden.

12 *»Wie man sol kaschern.« Reinigung von Haushaltsgegenständen.*
(Holzschnitt aus einem Amsterdamer Minhagim-Buch von 1707)

In vielen jüdischen Haushalten war der Chomezbattel gleichbedeutend mit dem großen Frühjahrsputz (Abb. 2). Bruno Stern beschrieb in den Erinnerungen an seine Kindheit im württembergischen, bei Bad Mergentheim gelegenen Niederstetten, wie diese Pessachvorbereitungen im Hause seiner Eltern vonstatten gingen, wie bereits nach Chanukka die Mutter den Malermeister bestellte, wie dann das gesamte Haus auf den

61

Kopf und alles, was Chomez enthielt, beiseite gestellt, eine Woche vor Pessach das Jontefftige Geschirr hervorgeholt und das Chomeztige auf den Dachboden gebracht wurde, wie am Vorabend von Erev Pessach die versammelte Familie, ein Kind mit der Laterne voran, Zimmer für Zimmer nach Gesäuertem durchsuchte, wie man dieses am nächsten Morgen im Chomez-Feuer verbrannte und wie der Vater Jahr für Jahr alles, was an Chomeztigen Vorräten noch vorhanden war, an den Gemeindediener veräußerte.

Mazzen und Koscherwein

Auf vielen, heutzutage auch hier erhältlichen israelischen Lebensmittelprodukten findet sich der Aufdruck »Koscher lə-Pessach« (Koscher für Pessach). Der gründliche Hausputz vor diesem Fest aber verband sich mit der Befolgung spezieller Vorschriften für die Art, Zusammensetzung und Zubereitung der Speisen zu einer geistigen Ebene, die weit mehr bedeutete als körperliche Sättigung. Denn auch das Essen war Erinnerung und Vergegenwärtigung des Schicksals des jüdischen Volkes, war Ausdruck der Sehnsucht nach dem fernen Jerusalem. In besonderem Maße galt dies für die traditionellen Pessachspeisen; der Heidingsfelder Gemeindediener Jakob ben Joel (1763–64/5524 – 1836/26. Ijjar 5596) notierte das, was hierfür erforderlich war, sowie die jeweiligen Preise, zwischen 1806/07 (5567) und 1811/12 (5572) säuberlich in sein Tagebuch: 1 Zentner Mehl für Mazzoth zu 6 Gulden 10 Kreuzer, 1 Pfund Fleisch für 6 Kreuzer, Gänseschmalz für 30 Kreuzer, Zucker für 2 Gulden, Kaffee für 1 Gulden 20 Kreuzer, so die Ausgaben zu Pessach 5569 (1809).

Das in eigenen, besonders gereinigten Mühlen unter strenger Sorgfalt gemahlene Mazzenmehl diente dabei für die wohl bekannteste Festtagsspeise, die Mazze, einst begehrtes Objekt der Neugierde der christlichen Dorfjugend, die damit für kleine Dienstleistungen entlohnt wurde, wohlschmeckend durch ihre Fremdartigkeit, gegenwärtig in der Erinnerung, als hätte man gerade das letzte Stückchen davon gegessen.

Die vorschriftsmäßige Herstellung der Mazzen war nicht einfach, da alles vermieden werden mußte, was zur Gärung hätte führen können: Mehl, Wasser und Teig durften keiner Wärme ausgesetzt werden, das Backen hatte schnell und bei starker Hitze vor sich zu gehen, Instrumente und Geräte waren nach Gebrauch gründlich zu reinigen. Daher buken die wenigsten jüdischen Familien ihre Mazzen selbst, da sie entweder hierfür einen eigenen Ofen, der niemals mit Gesäuertem in Berührung gekommen war, benötigt hätten, oder aber der Herd »nach Belehrung eines Thorakundigen gründlich ausgeglüht oder mit neuem Lehm bestrichen werden« mußte. So gehörte der Mazzenbäcker, der an Pessach eine Gemeinde mit Mazzoth versorgte, zu den traditionellen Berufen jüdischer Infrastruktur. Als diese durch die Landflucht zusammenbrach, hielten jüdische Bäcker aus den Städten die Versorgung der noch in den Dörfern verbliebenen Juden aufrecht; so bezogen die Juden in Mainstockheim (Lkr. Kitzingen) ihre Mazzen aus Kitzingen, die von Prichsenstadt aus dem benachbarten Gerolzhofen.

Im Gegensatz zu vielen anderen Essenswaren unterlag ein weiteres Grundnahrungsmittel, der Wein, keinen Beschränkungen, solange er nicht von anderen Religionsgemeinschaften in deren Gottesdienst verwendet wurde (vgl. 5 Mos 32,38); dies galt ausschließlich für Meßweine. Besondere Regelungen bezogen sich lediglich auf die Kidduschweine. Da jedoch der Verwendungszweck der von christlichen Winzern gekelterten Weine nie mit letzter Sicherheit festzustellen war, begannen die Juden bereits im Mittelalter, eigene Weine anzubauen. Für solche Kosherweine bürgerten sich nach und nach spezielle Vorschriften ein, die etwa Schimon Koppel Fränkel, von 1699 bis 1724 Rabbiner in Heidingsfeld, in achtzehn, in westjiddischer (jüdischdeutscher) Sprache verfaßten Punkten zusammenstellte und 1717 in Wilhermsdorf drucken ließ.

In diesem von der Obrigkeit weitgehend unangetasteten Freiraum, der den Juden die Einhaltung der Reinheits- und Speisegebote gestattete, entwickelte sich mit der Erlaubnis, Kosherwein für den Eigenbedarf herzustellen, indirekt auch ein bescheidener Weinhandel. Doch sobald Nichtjuden Geschäftskonkurrenz witterten, kam es zu Auseinandersetzungen. Denn obwohl das Dekret Georg Karls, Bischof von Würzburg, vom 27. September 1801 der Judenschaft des Hochstifts gestattet hatte, vier bis fünf Fuder Kosher most für die privaten Haushaltungen herzustellen, untersagte ihnen das Landgericht zu Schwanfeld den unbeschränkten Handel mit ungekoschertem Wein.

Zu solchen Verboten, Einschränkungen oder Behinderungen führten allerdings nicht nur Konkurrenzdenken, sondern auch argwöhnisches Mißtrauen gegen den jüdischen Lebensmittelhandel und gegen jüdische Lebensmittelprodukte: koschere Essenswaren seien zwar unbedenklich, doch das, was die Juden als trefer betrachteten und dennoch auf den Markt brachten, minderwertig, verdorben oder gar vergiftet. Kaum eines der Speisegebote aber war von derart dummen, teilweise sogar bösartigen Vorurteilen betroffen wie der Fleischgenuß und das Schächten.

Schächten, Schächter, Fleischläden

Die jüdischen Speisevorschriften unterscheiden gemäß 3 Mos 11,1–47 und 5 Mos 14,3–21 zwischen reinen und unreinen Tieren und damit zwischen erlaubten und verbotenen Fleischspeisen; zu ersteren zählen nur die wiederkäuenden Säugetiere mit gespaltenen Klauen, Fische mit Schuppen und Flossen, zu letzteren u.a. Schweine und Hasen, Aale, kleine geflügelte Tiere und Insekten. Doch auch das Fleisch der reinen Tiere war erst dann genießbar, wenn es vorschriftsmäßig geschlachtet und ausgeblutet, die größeren Blutadern, gewisse Fetteile und die Spannader (Nervus ischiadicus) entfernt waren; zudem mußten die inneren Organe intakt sein, durfte es sich bei dem Fleisch weder um Aas noch um von anderen Tieren gerissene Kadaver handeln.

Wohl in kaum einem anderen Bereich beachteten fromme Juden die Einhaltung der Speisegesetze so genau wie bei den Fleischspeisen (Abb. 13). Dafür waren sie auf den Schächter, den jüdischen Metzger angewiesen, mit dem sich ein weiterer, gemeindeinterner, der Aufsicht des jeweiligen Rabbiners unterstellter Beruf herausgebildet hatte; unter den 28 jüdischen Familien, die laut Aufstellung vom 31. Dezember 1838 der katholischen Pfarrei Poppenlauer abgabepflichtig waren, befanden sich mit der Witwe des Metzgermeisters Jakob Hirsch, mit Jeidel Hirsch, der Witwe Aaron Kleins, Isaak Werner und Haium Hirsch nicht weniger als fünf ehemalige oder noch lebende Metzger.

Dennoch verbanden sich Konkurrenzneid des zünftigen Handwerks und Voreingenommenheit gegenüber der blutigen, im 19. Jahrhundert selbst

13 *Schächten, Begutachtung und Einsalzen der Fleischstücke.* (Kupferstich aus P. C. Kirchner, Jüdisches Ceremoniel, 1734)

innerhalb des liberalen, assimilierten Judentums umstrittenen Methode des Schächtens (Schechita) zu diskriminierenden Maßnahmen. Einerseits wollte man den Juden die Beibehaltung einer ihrer zentralen kulturellen Traditionen nicht verwehren, andererseits beeinträchtigte man immer wieder ihren Fleischhandel durch Einschränkungen; so durfte etwa in Schweinfurt laut Ratsprotokoll vom 25. Januar 1577 »Judenfleisch, so von Gochsheim hereingetragen und Usverkauft würdt«, nur »Undter dem Thor« verkauft werden. 1784 kam es zwischen der jüdischen Gemeinde von Aschaffenburg und der dortigen Metzgerzunft zu Auseinandersetzungen, weswegen die Juden am 28. November 1784 eine Bittschrift einreichten: »Eine Gemeinde Judenschaft dahier wollen mit diesem dahießige Metzger Zunft anfrag, deme deneselben bekannt sein wird, daß die Judenschaft mit deneselben von unerdencklichen Jahren her einen Vertrag hatten, Vermög welchen dene Juden erlaubt von Martini bis Weynachten frey nach eigenen belieben, und dann das ganze Jahr hindurch allwöchentlich ein Stück durch sämmtlicher Judenschaft und Hauptsächlich, wann einer eine Hochzeit oder beschneidung hette, Schechten derfe, ob ged. Metzger Zunft uns hiebey belaßen und beneüren wolle, worüber eine Judenschaft Morgen gütige Antwort gewärtiget.« In dieser lautete es lapidar: »Auf dasiges Anersuchen Einer samtlichen Judenschaft in Aschaffenburg weiß anersuchte Metzgerzunft den wenigsten zuschlag zu geben maßen dieselbige dem gegebenen Befehl Einer Hohen Land Regierung nachzuleben gemäsigt, und sich anderwärtige projecten vergeßen [?] höherer Orte Gesäsz zu vollziehen hat.«

Daß sich dieser Streit in Aschaffenburg noch lange fortsetzte, beweist eine Entschließung vom 18. Juni 1804: »Wir genehmigen die Gutachten des Krfl. Vizedomamts vom 6ten May und des K. Stadt Amts den Fleisch Verkauf an die Juden betr. mit dem Zusatze: daß das Aushauen und Vertheilen des Fleisches an die Juden nie anderst, als in Gegenwart eines Aufsehers der Oberpolizei geschehen dürfe, wodurch wir beide Theile an ein besseres gegenseitiges Betragen zu gewöhnen hofen. Sowohl die Metzgerzunft als die Juden sind hiernach gleich und lezte zwar auf ihre eingegebene Beschwerde zu bescheiden.«

Die Bedenken der Öffentlichkeit hinsichtlich der ihr grausam erscheinenden Tötungsart durch das Schächten waren allerdings unbegründet. Denn an die Person des Schächters, dessen Qualifikation durch einen Rabbiner bezeugt sein mußte, waren hohe Ansprüche gestellt, auch dann, wenn in kleineren Gemeinden der Lehrer das Schächten vornehmen mußte. Um dem Tier unnötige Qualen zu ersparen, mußten nämlich mit einem scharfen, völlig rost- und schartenfreien Messer (Challaf) möglichst durch einen einzigen Schnitt die Halsadern sowie die Luft- und Speiseröhre bei Säugetieren durchtrennt werden; bei Geflügel genügte das Durchschneiden der Halsader sowie entweder der Luft- oder Speiseröhre. Der Körper sollte dadurch völlig ausbluten, weswegen auch die größeren Blutadern entfernt und das Fleisch gewässert und gesalzen wurde. Gegenüber dem Vorwurf der Tierquälerei und Versuchen, zumindest die vorherige Betäubung des Schlachtviehs zu erreichen, argumentierten die Befürworter des Schächtwesens, daß die durch den Halsschnitt unterbrochene Blutzufuhr zu augenblicklicher Bewußtlosigkeit und zu raschem Tod führen würde.

Oft halfen beim Schächten einheimische christliche Metzgerlehrlinge und -gesellen. Was ein Augenzeuge aus Dettelbach, der einst dem jüdischen Lehrer im Städtischen Schlachthaus dabei zur Hand gegangen war, aber auch andere Beobachter berichteten, gehört durch die Verbindung von einstiger Faszination gegenüber dem Ungewöhnlichen und eigenem fachlich-handwerklichen Wissen nicht nur zu den wenigen weitgehend objektiven Schilderungen jüdischer Kultur durch Nichtjuden, sondern deckt sich auch in wesentlichen Zügen mit dem, was Paul Christian Kirchner beschrieb:

»Vors erste muß zum Schlachten ein ordentliches Messer seyn, welches zu nichts anders, als nur zum Schächten oder Schneiden darf gebraucht werden. Solches Messer ist drey Viertel lang und 3. Finger breit, und muß zu erst der gesetzte oder ordentlich gelohnte Schächter dreymal mit dem Nagel seines Fingers auf- und abstreichen, zugleich mit dem Fleisch seines Fingers wieder dreymal, auch auf der Seiten der Schärfe dreymal; so muß er thun jederzeit, ehe er anfängt das Vieh zu schlachten: und das Schneiden bestehet ihn dreymal hinter einander ohne Aufhören oder Stillhalten, sonst dörfen sie [Juden] nichts davon essen, es mag bey einem grossen Rinde, oder andern kleinen Stücke Vieh seyn, und gedachte Messer dörfen keine Scharde haben. Es muß aber die Gurgel ganz seyn, und wo das Vieh seine Speise hinunter schlingt, und innwendig des Viehes muß die Lunge nicht angewachsen seyn, an die Rippen, oder an dem Fleische; wenn es aber angewachsen ist, so löset der gedachte Schächter mit dem Nagel seines Fingers solches langsam ab, damit die Lunge nicht gelöchert oder berühret werde, und schneidets mit einem andern Messer ab, es mag ein Messer seyn, was er vor eins wolle, nimmt das ganze Geschlinke heraus und legt die Lunge nur allein in frisches Wasser, und blaset auf; gehet nun Wasser wo sie angewachsen gewesen, heraus, so dörfen sie nichts davon essen [...] Aber gleichwol bey dem Feder-Vieh [...] der Schächter zu erst, ehe er anfänget zu schlachten, Asche auf die Erden legt, auf den Platz, wo er das gedachte Feder-Vieh schneiden will, damit er nach vollendetem Schneiden das Messer dreymal mit seinem Nagel, und mit dem Fleische seines Fingers auf der Schneide des Messers, und mit dem Messerstiel das Blut mit der Asche zudeckt, und so wohl vorher als darnach einen Seegen spricht, sonst dörffen sie nichts davon essen.«

LEBENSERWERB UND LEBENSUNTERHALT

Man mag das Refugium des häuslichen Bereichs als Ort der Erholung vom Alltag bezeichnen; doch es wäre ohne die Öffnung nach außen lebensunfähig gewesen, in der Isolation verkümmert. Zur Sicherung der geistigen Eigenständigkeit jüdischer Kultur bedurfte es auch der Behauptung in der Umwelt, die allein die Sicherung des Lebensunterhaltes gewährleistete. Im Berufsleben aber trafen sich nicht nur die beiden Bevölkerungsgruppen auf der Grundlage gemeinsamer wirtschaftlicher Interessen, bisweilen gelang es auch Menschen unterschiedlicher religiöser Herkunft, sich ein wenig besser verstehen zu lernen. Bei der Frage nach der Art des Lebenserwerbs stößt man allerdings häufig auf die maßlose, von sorgfältig gepflegten Vorurteilen geprägte Vereinfachung des jüdischen Geld- und Viehhandels. Zweifelsohne hatte das für die Geschichte des abendländischen Judentums in vieler Hinsicht unheilvolle IV. Laterankonzil von 1215 durch die Bestimmung, daß Christen keine Zinsgeschäfte betreiben dürften, den Juden indirekt diese Tätigkeit überlassen und somit eine Entwicklung eingeleitet, die über die Finanziers und Hoffaktoren des 18. Jahrhunderts zu den großen jüdischen Bankhäusern des 19. und 20. Jahrhunderts führen sollte. Andererseits aber war den Juden der Zugang zu zahlreichen Berufen systematisch verwehrt; die städtischen Handwerkszünfte verschlossen sich ihnen, da sie sich als christliche Vereinigungen verstanden, und verhinderten damit über Jahrhunderte hinweg die Ausübung der meisten Handwerke durch Juden. Die beiden 1338 in Nürnberg als Steinhauer bezeugten Israeliten Joseph und Elias, die ebenda 1490 als Goldschmiede aufgeführten Meier und Isa[a]k, Söhne des Mosse von Schaffhausen, stellen die Ausnahme von der Regel dar.

Die Folgen dieses Ausschlusses wogen schwer, nicht allein weil dadurch den Juden die Möglichkeit genommen war, den handwerklichen Umgang mit dem Werkmaterial zu erlernen und technische Fähigkeiten von Generation zu Generation weiterzureichen; vielmehr ließ das Fehlen eigener, da unterbundener Traditionen zahlreiche Berufszweige, die sich durch die Liberalisierung der Gewerbeausübung im 19. Jahrhundert eröffneten, anfangs als wenig attraktiv erscheinen. Unter zahlreichen Beispielen sei hier die Steinbearbeitung genannt; Grabsteine etwa wurden noch um die Jahrhundertwende bei christlichen Firmen z. B. aus Heidingsfeld und Kitzingen in Auftrag gegeben, wie Signierungen am Fuß der Erinnerungsmäler auf dem Judenfriedhof von Rödelsee beweisen.

Die Formen jüdischen Erwerbslebens hingen zudem vom obrigkeitlichen Wohlwollen ab. Wenige gelangten dabei zu Reichtum, während die Mehrheit in Verhältnissen lebte, die ursächlich für das Entstehen des Schnorrertums in der

Grauzone der Kriminalität verantwortlich sind. Ein jüdischer Mittelstand in den Dörfern bildete sich erst nach Aufhebung aller diskriminierender Gesetze im 19. Jahrhundert heraus.

Gemeindeämter

Über die falsche Berufsstereotypisierung des Vieh- und Schmusjuden, des listig-lästigen Wucherers und Geldeintreibers werden gerne die offiziellen Gemeindeämter sowie die zur Sicherung wenigstens des Existenzminimums unabdingbare Koppelung mehrerer Erwerbszweige vergessen. Rabbiner, Thoraschreiber und jüdischer (Religions-)Lehrer vereinten sich nicht selten in Personalunion. Der Rabbiner war für die Verwaltung der Gemeinde in allen religiösen und innerrechtlichen Belangen verantwortlich, der Lehrer besserte sein schmales Gehalt aus dem Unterricht nebenbei als Schächter auf. Denn die von den Gemeindemitgliedern bestrittene Entlohnung reichte in den seltensten Fällen zum Leben.

Über die Struktur der Ämter in einer größeren Gemeinde gibt das in einer Mischung aus Hebräisch, Jüdischdeutsch und Deutsch verfaßte Pinkes (Gemeindeprotokollbuch) des Bezirksrabbinats Heidingsfeld Auskunft, dessen Eintragungen am 6. Schevat 5413 beginnen und am 25. Marcheschwan 5535 enden, also die Zeit von 1653 bis 1774 umfassen. An der Spitze der Gemeinde stand der Bezirksrabbiner, der sowohl von den Juden der bischöflichen wie der reichsritterschaftlichen Territorien gewählt und vom Bischof bestätigt werden mußte; er bezog von der Kehilla (Gemeinde) kein festes Gehalt, sondern wurde lediglich für die Verrichtung spezieller Aufgaben entlohnt, war allerdings von der Gemeindesteuer befreit. Daß er auch Schulunterricht hielt, ist – obwohl im Pinkes nicht ausdrücklich erwähnt – wahrscheinlich, da nur ein einziges Mal ein Melammed (Lehrer) auftaucht (fol. 97b).

Auch der Chazzan, Kantor, Vorbeter und Synagogenbeamter, der sich um die Eintreibung der Gemeindesteuern kümmerte, verfügte über keine großen Einkünfte. So mußte sich der im Elul 1680 zum Chazzan gewählte Ephraim sein Jahressalär von 30 Reichstalern u. a. mit dem Verkauf von Koscherwein aufbessern. Zu seinen Aufgaben zählte ferner das »Schulklopfen«, das er persönlich zu erledigen hatte. Dem Chazzan Leib Aue untersagte der Einstellungsvertrag von 1671 ausdrücklich, seine Tochter zum Schulklopfen zu schicken, um die Gläubigen zum Gottesdienst in die Synagoge zu rufen. Von solchen Schulklopfern wußte auch Andreas Würfel 1754 zu berichten: »Wo Juden wohnen muß der Schulklopfer alle Tage, sowohl Früh als Abends in dem Ort herum gehen, und mit einem hölzernen Hammer an ihre Hausthüren oder Läden zur Schul klopfen.«

Zu den Gemeinde»beamten« gehörte ferner der Schammasch, der Synagogendiener, der verschiedene Tätigkeiten in Synagoge und Gemeinde ausübte und in Heidingsfeld laut einem Eintrag in das Pinkes von 1723 z. B. an Pessach den jüdischen Haushaltungen Mazzenmehl zu liefern hatte. Schließlich aber sei auf die zahlreichen ehrenamtlichen Funktionen von Gemeindemitgliedern in karitativen, pädagogischen und kulturellen Vereinen und Vereinigungen, vor allem in der Heiligen Brüderschaft (Chewra Kaddischa) verwiesen.

Jüdische Berufe: Schneider, Textil- und Schnittwarenhändler

In zahlreichen Bereichen des täglichen Lebens untersagten spezielle Verbote den Erwerb und Gebrauch nichtjüdischer Produkte. Solchen profunden jüdischen Eigeninteressen gerade bei der Lebensmittelherstellung kam der Staat immer wieder entgegen. Von den Mazzenbäckern war bereits ebenso die Rede wie von den Schächtern und jüdischen Metzgern. Ein weiterer traditioneller Beruf war der des Schneiders, Kleider-, Textil- und Schnittwarenhändlers sowie später des Stoffproduzenten, der in seiner Bedeutung für die ländliche Popularkultur bislang völlig übersehen wurde (Abb. 14). Davon, wie auch von den typischen Geschäftszeiten, berichtete der 1851 im oberfränkischen Kolmsdorf geborene Eduard Silbermann, dessen Vater, gelernter Tuchmacher und Nebenerwerbslandwirt, 1852 nach Bischberg (Lkr. Bamberg) umgezogen war:

»Das Tuchmachergewerbe meines Vaters ging hier allmählich in den Betrieb eines Manufakturwarengeschäftes über. Da die Einwohnerschaft des Dorfes und der Umgebung vorwiegend aus Bauern und Kleingütlern bestand, die an Werktagen wenig Zeit zur Besorgung ihrer Einkäufe hatten, so konzentrierte sich das Ladengeschäft auf die Sonntage und christlichen Feiertage. An den Sabbaten und jüdischen Feiertagen hielt mein Vater das Geschäft streng geschlossen.

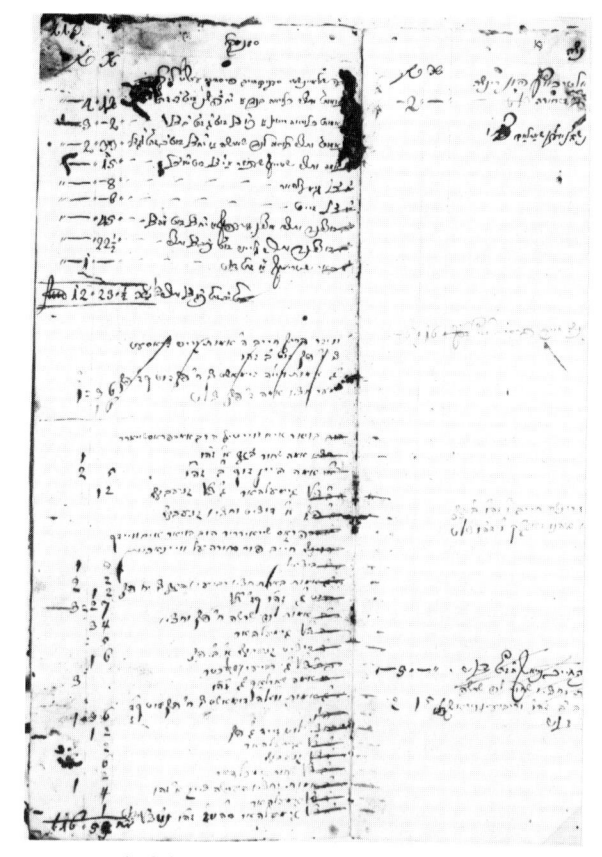

14 *Geschäftsbuch der Buchener Textilfirma Samuel und Moyses Mayer, das die Jahre 1754–1756 umfaßt.* (Fürstlich Leiningensches Archiv Amorbach, Rechnungsband Nr. 1023)

Die Werktage verbrachte mein Vater selbstverständlich nicht müßig. Er suchte seine Kunden in den umliegenden Dörfern auf, nahm Warenbestellungen entgegen und brachte ihnen auch Waren ins Haus. In der heutigen Gesetzessprache würde man diesen Geschäftsbetrieb als ›Hausierhandel‹ oder

›Gewerbebetrieb im Umherziehen‹ bezeichnen. Die Art und Weise des Betriebs hatte jedoch in der damaligen Zeit, in welcher die Kräfte der jüdischen Bevölkerung trotz des Sturmes von 1848 noch nach allen Richtungen unterbunden waren, nichts Herabwürdigendes. Alle Glaubensgenossen, welchen die ›Ansässigmachung‹ in einer größeren Stadt nicht gelang und die notgedrungen oder freiwillig auf dem Lande wohnten, waren auf den Klein- und Hausierhandel angewiesen, wenn sie sich überhaupt ernähren wollten.« (Abb. 15)

Auf Schritt und Tritt begegnet man in Franken dem jüdischen Kleider-, Kleiderzubehör- und Stoffhandel, aus dem sich eine oft in kleinen Manufakturen betriebene Stoffproduktion entwickelte. Einen bezeichnenden Einblick in den Alltag dieser Geschäfte, in Pünktlichkeit, aber auch in die ländliche Sprache der notwendigen Eigenwerbung vermittelt ein Brief aus Privatbesitz, den Jonas Stern aus Laudenbach am 24. Februar 1862 an den Lehrer Georg Anton Wagenhäuser in Niedernberg schrieb:

»Ihrem Wunsch & sehr Geehrten vom 19. d. gemäß übersende Ihnen beifolgend.
3¼ Ellen schwarzes zum Rock
2¼ Ellen melirte Buckskin zu
Hose & Weste, wofür Sie einliegende Handschrift mit Ihrer Unterschrift versehn zurücksenden wollen. Ich habe Sie dieses Mal sehr gut bedient & hoffe auch bei Ihnen durch ein pünktliches Bezahlen zufriedengestellt zu werden da wir für später wie ich hoffe noch mehr zusamen arbeiten werden.
Den Schein bitte an Lola Löwenthal Metzger in Hösbach versiegelt für mich abzugeben & zeichne
ergebenst Jonas Stern.«[15]

15 *Louis Kleemann, geb. 1884, jüdischer Textil-, Einzelwaren-, Getreide- und Immobilienhändler aus Gaukönigshofen auf Geschäftsreise; Fotografie aus Eichelsee, um 1930.*
(Freundlicher Hinweis von Julius Schwarz)

Laut einem Eintrag in das Gewerberegister der königlichen Regierung von Oberfranken unter dem Patent vom 2. Dezember 1823 war auch der in Buttenheim (Lkr. Bamberg) ansässige und dort 1845 an »Lungensucht« verstorbene Hirsch Strauß im »Hausierhandel mit Schnittwaren« tätig. Eines seiner Kinder, die 1847 zusammen mit der Mutter Rebecca nach Amerika auswanderten, hieß Löb Strauß. Er sollte als Levi Strauß in San Francisco mit der Produktion strapazierfähiger Hosen aus festem Segeltuchstoff für die Goldsucher beginnen, die später als »Blue Jeans«

(»Levi's«) ihren Siegeszug um die Welt antraten.[16]
Jonas Stern, Hirsch Strauß und zahllose andere Gewerbetreibende versorgten die ländliche Bevölkerung Frankens mit Stoffen, Textilien und Schnittwaren, aber auch mit abgetragenen Kleidern. Man könnte es bei dieser Feststellung belassen, hätten sie nicht nachweislich auch Bänder, Schmuck und anderes Zubehör vertrieben, das als Applikation auf Schürzen und Miedern, als Flitterkram an Hochzeitskronen, als Paillettenstickerei Kleidung erst zur charakteristischen Tracht macht. Die Frage nach der Entstehung ländlicher Bekleidungssitten kann daher ohne Berücksichtigung des jüdischen Kleinwarenhandels im 18. und 19. Jahrhundert nicht hinreichend beantwortet werden (Abb. 16).

Allgemeine Berufsstruktur

Ausführliche Statistiken über die Entwicklung der beruflichen Struktur der Dorfjuden lassen sich am Verzeichnis der an die katholische Pfarrei Poppenlauer abgabepflichtigen jüdischen Familien vom 31. Dezember 1838, das auch die einzelnen Berufe überliefert, exemplifizieren. Demnach sorgten jeweils fünf jüdische Metzger, drei Bauern, zwei Handelsmänner, zwei Hausierer mit Schnittwaren, je ein Handelsjude, Kleinviehhändler, Viehhändler, »Federjude«, Seifensieder und Garnköchner, Schneider, Glaser, Bäcker, Schuster, Wagner sowie zwei Schmusjuden für ihre Angehörigen. Doch bei diesen Zuweisungen ist Vorsicht angebracht; sie beziehen sich auf die Gewerbekonzession, ohne auf den möglichen Handel mit Mischwaren und saisonalen Gütern oder auf verschiedene Nebenverdienste hinzuweisen.

Viehhändler, Hopfenjuden und Hausierer

Der Zwang zur Sicherung des Lebensunterhaltes bedeutete für die Juden – nicht nur – in Franken ein hohes Maß an Bereitschaft zur Mobilität. Die Ausübung eines Handwerksberufes hätte Arbeit im Haus und damit Seßhaftigkeit bedeutet, da den Vertrieb der Produkte Klein- und Zwischenhändler besorgten, die mit Wagen oder auch zu Fuß mit Rucksack und Bauchladen umherreisten. Wenn gerade Juden diese Tätigkeit überlassen blieb, dann auch infolge ihrer gesellschaftlich-rechtlichen Situation; wer stets in der Gefahr willkürlicher Vertreibung lebt, wem der Erwerb von Grundbesitz versagt bleibt, kann sich zwar einen Kundenkreis, aber keine sichere Existenz aufbauen. Er ist darauf angewiesen, zu kaufen und zu verkaufen, zu tauschen und zu leihen.
So betrieben die Juden vor allem Vieh- und Naturalienhandel (Abb. 17). Da sie bis ins späte 18. Jahrhundert hinein selten über landwirtschaftlich nutzbare Böden verfügten, somit weder Getreide noch Futtermittel produzieren konnten und Tiere, die sie meist in Kommission hatten, bestenfalls auf mageren Weiden grasten, die niemand in Anspruch nahm, galt es, Pferde, Ochsen und Kühe rasch zu verkaufen, damit sie nicht zusehends abmagerten, oft unter Wert und zu den vom Käufer diktierten Bedingungen. Die Han-

16 *Jüdischer Tuchhändler. Antijüdische Karikatur auf jüdische Uniformstofflieferanten.*
(Aus: Itzig Feitel Stern [Johann Friedrich Sigmund Freiherr von Holzschuher], Gedichter, Perobeln unn Schnoukes. Meissen 1832)

delsware wurde oft von weither bezogen und weithin veräußert. Daran erinnerte sich u. a. der 1889 in Steinach a. d. Saale geborene Julius Frank:

»Etwa ein Dutzend der zwanzig Familienoberhäupter [in Steinach] waren Viehhändler, und ihr Leben war nicht leicht. Ihre Geschäfte führten sie in die Dörfer um Steinach, manche viele Kilometer weit entfernt. Jeder betrieb seinen Handel in einem gewissen Bezirk, den ihm die übrigen nicht streitig machten. Die Hälfte von ihnen hatte weder Pferd noch Wagen. Aber von Jugend auf an diese Lebensweise gewöhnt, machte es ihnen nichts aus, stundenlang zu Fuß zu gehen, um ihre Dörfer zu erreichen. Einmal in der Woche trieben sie die vier oder fünf Kühe, die sie inzwischen gekauft hatten, zum nächstliegenden Markt. Die, welche Pferd und Wagen besaßen, mieteten sich einen Tagelöhner für diese Arbeit und folgten später im Wagen [...] Die Märkte öffneten mit Tagesanbruch, und das Vieh mußte zuvor gefüttert und zum Markt getrieben werden. Da man dazu zwei Stunden benötigte, mußte mein Vater wie sein Knecht im Sommer um drei Uhr morgens aufstehen. Im Winter bildeten Schneefall und vereiste Straßen zusätzliche Hindernisse.«

Bis 1933 blieb der Viehhandel eine Domäne der Juden. Noch heute erinnert man sich an sie in den Dörfern, etwa in Trabelsdorf (Lkr. Bamberg), als faire, reelle Geschäftspartner, die auch einmal eine Kuh im Stall kostenlos durchfütterten, wenn der Interessent momentan zahlungsunfähig war, die schlechtes Vieh zu einem guten Preis in Zahlung genommen hätten. Diese Beliebtheit des Juden als Viehhändler mußten sogar die nationalsozialistischen Spitzel anerkennen. So kam im Monatsbericht vom 29. Dezember 1936 das Bezirksamt Ebermannstadt aufgrund von Meldungen der Gendarmerie-Station Hollfeld zu der »bedauerlichen Feststellung, daß tatsächlich im Bezirk der Pferdehandel fast ausschließlich, und auch der Viehhandel in sehr starkem Umfang, noch in jüdischen Händen ist. Dies trifft insbesondere für die Juragemeinden zu. Hier verkehrt der Viehjude nach wie vor in den Bauernhäusern. Auf Zuredestellung erklärten die Bauern fast übereinstimmend, der Jude zahle gut und zahle auch gegen bar, was bei den arischen Händlern nicht der Fall sei, zum Teil kämen auch gar keine arischen Händler in die weitentlegenen Gemeinden«.

Da solche Geschäfte meist mit langen Reisen verbunden waren, bot es sich geradezu an, zugleich auch andere transportable Waren zu veräußern. Juden waren in vielen Fällen eben nicht allein Vieh-, sondern eher Gemischtwarenhändler. Laut dem Monatsbericht der Gendarmerie-Station Aufseß vom 28. Mai 1935 betrieben dort Martin Aufsesser, der Metzger Moritz David und Moses Günter den Viehhandel nur nebenbei; der in Bayreuth ansässige Schnittwarenhändler Hugo Fleischmann, der mit seinem Kraftwagen in der Fränkischen Schweiz umherfuhr und Stoffe verkaufte, kam zum Viehhandel, indem er seinen Vater, den Aufsesser Viehhändler Karl Fleischmann, auf die Touren mitnahm. Zuerst waren beide getrennt in den Dörfern ihren Verpflichtungen nachgegangen, später hatte auch Hugo Fleischmann eine Konzession für den Handel mit Vieh erhalten.

Eine ähnliche Position besaßen die Juden im Naturalienhandel. In den Maindörfern, so in Mainstockheim, lebten die wohlhabenden jüdischen Weinhändler, die »mehr Lebensart und Weltkenntnis als die Steinacher Juden« hatten, wie Julius Frank schrieb; »denn sie waren einen großen Teil des Jahres auf Reisen, um ihre Weine zu verkaufen. Die meisten von ihnen ›bearbeiteten‹ bestimmte Gebiete, wo sie ihre ständigen Kunden, großteils Privatleute, hatten und auf der Suche nach neuen waren. Kamen sie dann nach längerer Abwesenheit nach Hause zurück, so waren sie damit beschäftigt, die erhaltenen Bestellungen auszuführen. Sie wurden durch ihr Berufsleben urbanisiert und stellten an das Leben höhere Ansprüche«.

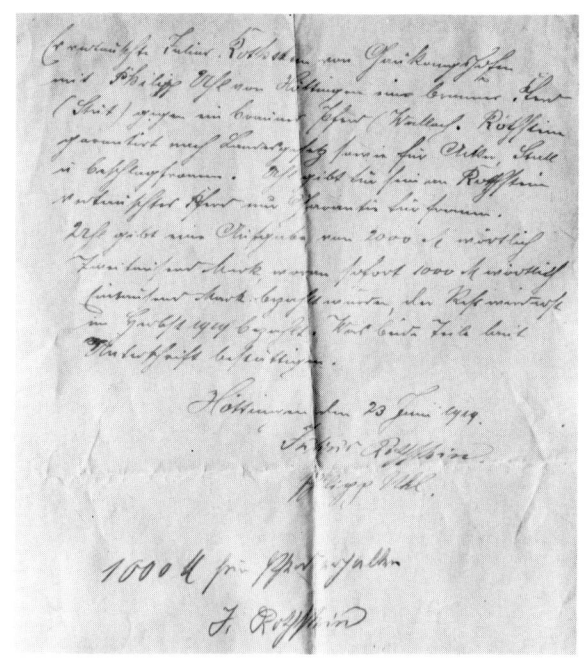

17 Handschriftlicher Vertrag zwischen dem jüdischen Viehhändler Julius Rothstein und Philipp Uhl vom 23. Juni 1919.
(Freundlicher Hinweis von Margret Altenhöfer)

Was hier der Wein-, war in Mittelfranken der Hopfenhandel. Marx Tuchmann z. B. aus Ühlfeld handelte sowohl mit Hopfen wie mit Hopfentuch, eine aus Flachs, Hanf und Jute hergestellte Leinwand, die als Verpackungsmaterial diente; deswegen war er auch zu Beginn des 19. Jahrhunderts, als die Juden deutsche Namen annehmen mußten, auf die Idee gekommen, sich »Tuchmann« zu nennen.

Jüdische Händler versorgten somit die fränkische Landbevölkerung mit nahezu allem, was diese am Ort nicht selbst produzieren konnte, mit Luxusgütern ebenso wie mit den Dingen des täglichen Gebrauchs. Selbst dauernd unterwegs, trugen sie zur Veränderung, aber auch zur Dezentralisierung der materiellen Kultur bei, indem sie alte gegen neue Gegenstände austauschten und dadurch dafür sorgten, daß man, was den Güterbestand anbelangte, auf dem Laufenden blieb, daß man mit der Zeit gehen konnte. Dies geschah oft unter Schwierigkeiten und Einschränkungen, so als am 22. Februar 1618 die Gemeinde Eltmann dem »Dauidt Juden« untersagte, Fürther Ware »in alle häuser« zu »tragen«, ihm jedoch gestattete, sie »in den wirtzhäusern feil[zu]halten«[17].

Für die Mobilität von Gebrauchsgütern, aber auch für deren Wiederverwendung sorgten vor allem jüdische Trödler und Gebrauchtwarenhändler, die immer wieder zum Verkauf anstehenden Besitz zu erwerben suchten. So erstand 1739 bei der Aufteilung der Hinterlassenschaft des Randersackerer Bürgers Anton Schwind ein Jakob Jud aus Fuchsstadt einen kupfernen Waschkessel sowie einige Zinngeräte.

Solcher Klein- und Zwischenhandel, Beispiel für das Hausiergewerbe schlechthin, trug wesentlich zum Bild des mit seinen wenigen Waren umherziehenden, bettelarmen Schnorr- und Hausierjuden bei. Diese Unterschicht stand nur zu oft mit einem Bein im Gefängnis; denn der Schritt zum Verstoß gegen ein herrschendes Gesetz war nur kurz, wenn sich die Grenzen zwischen rechtmäßig und unrechtmäßig erworbenem Gut zu verwischen begannen. Wie schnell man in den Verdacht der Hehlerei geraten konnte, zeigt der Fall eines Kirchendiebstahls. 1673 hatte der aus Roden stammende Knecht Georg Bauer eine Monstranz, ein Ciborium sowie eine Chrysambüchse gestohlen und die für sich allein unverdächtigen Glöcklein der Monstranz für drei Kreuzer einem Juden verkauft. Als er, dadurch ermutigt, auch noch die Monstranz aus dem Sack zog, verließ der Jude offenbar erschreckt das Zimmer; der Dieb bekam es mit der Angst zu tun, ließ die Monstranz stehen und flüchtete nach Mönchberg, wo er verhaftet, angeklagt und am 17. Mai 1673 hingerichtet wurde. Wie die Aufstellung der »Costen, so bei der captur, während der Gefangnus und beschehener Execution uffgangen vom 8. März bis 17. Mai 1673« erweist, kam auch der Jude nicht ungeschoren davon.[18]

Das Hausierwesen hielt sich bis ins 20. Jahrhundert hinein. Die Kenntnis eines erschütternden Falles, aber auch des sozialen Hintergrundes verdanken wir dem Gesuch um Ausstellung eines Stadthausierscheines, das der am 29. September 1869 in Oberschlesien geborene Hans Levy an den Würzburger Oberbürgermeister gestellt hatte und das am 7. März 1939 abgelehnt worden war. Daraufhin wandte sich Levy an die Gauleitung der Würzburger NSDAP:

»Höflichst bezugnehmend auf meine persönliche Anfrage am Freitag den 2. Juni betr. ›Stadterlaubnisscheines‹ bin ich so frei wunschgemäß mein disbzgl. Anliegen zu dokumentieren. Auf mein Gesuch wegen eines Stadtscheines erhielt ich beiliegenden Bescheid v. 7. 3. 39.
Wenn ich mir erlaube, heute nochmals um Ausstellung des

betreffenden Erlaubnisscheines zu bitten so geschieht das zufolge der Not, in welcher ich mich mit meiner Frau befinde. Seit dem 1. October 38 ist es mir durch die dsbzgl. Bestimmung unmöglich gemacht etwas zu verdienen. Ich erhalte von der ›Reichsversicherung für Privatangestellte‹ M. 57.– monatlich, das reicht natürlich trotz bescheidenster Ansprüche, die ich mit meiner Frau an [das] Leben stelle nicht aus. Ich besitze kein Vermögen, keine Außenstände und möchte auf meine alten Tage (ich stehe bereits im 70. Lebensjahr) nicht der öffentlichen Fürsorge zur Last fallen und bitte daher meinem Gesuch güt[igst] Gehör zu schenken.

Zur gflg. Information gestatte ich mir zu erwähnen, daß ich: Bohnenwachs, Seife un[d] Waschmittel nur an meine Glaubensgen[ossen] verkauft habe und auch fernerhin nur Juden anbieten würde, auch erlaube ich mir zu bemerken, daß ich wohl der einzige Jude bin, der hier einen Stadterlaubnissch[ein] verlangt.

Ich wohne bereits 35 Jahre in Würzburg und erfreue mich des besten Leumunds.

Meine Ausw[anderung] betr. teile ich höfl. mit, daß ich bereits im Besitze einer Bürgschaft bin, doch muß ich warten bis m[eine] No. aufgerufen wird.

Mein Neffe in New York bemüht sich bis ich nach U.S.A. auswandern kann uns in ein Zwischenland und zwar nach England zu bringen, aber so lange ich noch hier bleiben muß, möchte ich, was ich zum nackten Leben brauche [sic] verdienen. Wiederholt um Genehmigung meines Wunsches bittend zeichnet mit

achtungsvoller Ergebenheit

Hans Israel Levy.«

Der Traum von der Auswanderung erfüllte sich nicht mehr. Am 23. September 1942 wurde Hans Levy kurz vor seinem 73. Geburtstag zusammen mit seiner 72jährigen Frau nach Theresienstadt deportiert.[19]

Geldgeschäfte

Im Mittelalter in das Geldgeschäft hineingedrängt, hatten sich Vorwürfe gegen die Juden, als Geld- und Pfandleiher, als Finanziers und Bankiers Wucherzinsen zu nehmen, meist dann erhoben, wenn Staats- und Privatkassen leer waren. Indem man den Juden die Schuld an der Verarmung in die Schuhe schob, ließ sich nur zu oft und allzu leicht die Befreiung von Rückzahlungspflichten bewerkstelligen.

Wo sich aber das Bild vom Juden als maßlosem Wucherer zur Wirklichkeit verfestigte, unterblieben Versuche, den tatsächlichen Ausmaßen jüdischen Geldhandels anhand exakter Belege nachzuspüren. Unbestritten erforderte die typische jüdische Berufssituation den Umgang mit Geld. Denn viele Geschäfte konnten nur auf Leih- und Stundungsbasis durchgeführt werden, es entstanden durch Zins zu deckende Kosten. Doch über die Märchen von ungeheuren Zinssummen vergaß man gerne die Struktur ländlichen Handels, in dem Naturalien als gleichberechtigte Währung neben dem Bargeld eine bedeutende Rolle spielten. Hier zwingen einmal mehr die Nachlaßverzeichnisse zu einer erheblich differenzierteren Betrachtungsweise.

So hatte der Jude Salomon von Wertheim laut Inventar des Schuhmachers Johann Herberich aus Stadtprozelten von 1797/98 noch zwei Gulden zu erhalten, eine im Vergleich zu den 13 fl. 11 kr., die »Michael Anton Schreck für gemachtes Tuch« zustanden, den 150 fl. plus 7 fl. 30 kr. Zins des Stadtpfarrers oder den 15 fl. des Chirurgs Sator geringe Summe. Insgesamt hatten die einzelnen Gläubiger nicht weniger als 879 Gulden und 45 Kreuzer zu fordern.

Ähnlich stellt sich der Befund im 1831 aufgezeichneten Nachlaß des Schreinermeisters Heinrich Hain aus Stadtprozelten dar. Dieser schuldete dem Juden Maurl von Eschern ganze drei Gulden bei einer Gesamtschuldenlast von 31 Gulden, wovon allein der Knopfmacher Jäger aus Miltenberg 13 Gulden zu erhalten hatte. Das während seiner Ehe neuerworbene Vermögen war mit 164 fl. 46 kr. Schulden belastet, der Jude Straßburger hatte davon gerade 6 fl. 48 kr. zu bekommen.

Auch die 18 Gulden, mit denen Regina Elisabetha Haistenauer aus Gerlachshausen bei Nathan von Sommerach laut Erbteilungsprotokoll vom 15. Dezember 1721 in Kreide stand, nehmen sich bei einer Schuldensumme von insgesamt 97 fl. 4 Heller und 29½ Pf. recht bescheiden aus.

Einem vergeßlichen Amtsschreiber verdanken wir einen genaueren Einblick in diese Geldgeschäftspraktiken. Er hatte auf einem kleinen, nicht zur Aufbewahrung bestimmten Schmierzettel die Schulden, die der verstorbene Georg Schnitzer aus Gerlachshausen 1713 noch bei den Sommeracher Juden Nathan, Abraham und Borg hatte, exakt spezifiziert und zusammengerechnet. Demzufolge standen »Nathan Jud« 24 fl., zusätzlich 6 fl. Zins von den Erben zu, »Abraham Jud« weitere 21 fl. 4 kr. und 14 Pf., sowie 14 fl., 1 kr. und 9 Pf. für Kleidung, die er für die zwei Buben Schnitzers geliefert hatte. Die Forderungen des Juden Borg beliefen sich auf 5 fl. 5 kr. und 12½ Pf., ferner hatten Nathan und Abraham die 24 Gulden für vier Malter Korn noch nicht erhalten. Die stattliche Summe von 95 fl. 5 kr. und 17½ Pf. erniedrigte sich allerdings um 49 fl. und 7½ Batzen für drei Malter Hafer, Holz, Erbsen, Alteisen, drei »Stämblein altes Holtz«, vier Gänse, zwei Hühner und einen Hahn, was sie bereits früher bekommen hatten, auf einen Schuldenrest von 46 fl. 7 kr. und 5 Pf., der angesichts der gesamten Außenstände von mehr als 1000 Gulden bei anderen Gläubigern mehr als bescheiden war.

Veränderung der Berufsstruktur im 19. Jahrhundert

Die staatliche und gesellschaftliche Liberalisierung des 19. Jahrhunderts verbesserte die berufliche Situation der Juden grundlegend. Die Zulassung zu bislang verschlossenen Erwerbsmöglichkeiten aber kam gerade zur rechten Zeit; denn zahlreiche Handelsgeschäfte, vor allem der Hausierhandel, der den Behörden stets ein Dorn im Auge gewesen war, begannen immer weniger abzuwerfen, da die Struktur des Warenvertriebs sich zu verändern begonnen, die Produzenten den Zwischenhandel selbst übernommen hatten und die Versorgung entlegener Gebiete durch Ausbau des Straßen- und Verkehrsnetzes leichter geworden war.

Doch den in ihrer Existenz bedrohten jüdischen Kleinhändlern eröffnete sich seit den ersten Jahrzehnten des 19. Jahrhunderts der Weg zur wirtschaftlichen Seßhaftigkeit, die Möglichkeit, in den Dörfern Geschäfte einzurichten, ohne dabei auf die Lieferung von Waren nach außerhalb verzichten zu müssen. Pfeiffer Bachmann aus Ebelsbach, dem 1832 die Gemeinde Eltmann gegen eine Gebühr von 25 Gulden die Errichtung eines Ladens gestattete[20], war einer von zahllosen

Handelsjuden, mit denen nicht nur die Ära des dörflichen – jüdischen – Kolonialwarenladens, sondern vor allem die ökonomische Stabilisierung einsetzte. Einige von ihnen gelangten sogar zu bescheidenem Wohlstand und Ansehen wohl nicht nur innerhalb der jüdischen Gemeinde, wie das »in der Wohnung der Salamon [sic!] Strauß Wittwen« am 19. Januar 1826 aufgenommene Inventar beweist. Strauß, Kaufmann aus Fuchsstadt (Lkr. Ochsenfurt), hatte seiner Frau und seinen neun Kindern ein beträchtliches Vermögen hinterlassen. Dazu gehörte »Die Helfte vom 1. Männer und 1. Weiber-Stuhl in der hiesigen Synagoge«, also die teuersten Plätze, derer man habhaft werden konnte, um mit dem Entgelt den Unterhalt für den Tempel und seine Kultusbeamten sichern zu helfen. Im Haushalt befanden sich silberne Löffel, Gefäße und Salzfäßchen, »neun silberne Ringe mit Steine«, goldene und silberne Borden, Gold- und Silberbarren sowie – als besondere Luxusgegenstände – »zwei silberne Büchschen mit Ohren Löffel«. Bettwäsche war überreichlich vorhanden, die Zimmer mit neuen und alten Kommoden, mit Sesseln, einem Eichentisch u. a. ausgestattet, die Küche reichlich mit Zinn- und Messinggeschirr versehen. Der Vorrat an Handelsgegenständen aber gibt detaillierte Auskunft nicht nur über Art und Zusammensetzung der Waren, sondern auch über die ländliche Mentalität, was Wiederverwendung anbelangt: »Altes Zinn, Messing und Kupfer; Gesamelte Lumpen; Altes Eisen«; ferner waren Fächer, Schnittwaren, an Stoffen Kattun und Piquee, neun Pfund Seidengarn, 90 Stück neue Gabeln, grüne Knöpfe und »Spezerey Waaren« vorrätig. Auffallend für die Einstellung zum Kreditwesen ist die Zuordnung der unter Position 92 verzeichneten »Ausstehenden Schulden und Aktiviteten« von 669 Gulden und 22 Kreuzern zu den Handelswaren.

Veränderungen betrafen auch den Viehhandel. Die Juden, bislang durchwegs grundbesitzlose Zwischenhändler, Mittelspersonen zwischen An- und Verkauf, konnten nun landwirtschaftlich nutzbare Böden erwerben und sie bewirtschaften. Doch ähnlich wie für die Ausübung von Handwerken, fehlte ihnen auch für diese ungewohnte Produktionstätigkeit die Tradition technologischer Erfahrung. Um einstige Händler an den Pflug zu gewöhnen, bedurfte es organisierter Hilfe. Diese leistete die 1812 gegründete, am 29. Januar 1813 mit dem Patent versehene »Gesellschaft zur Verbreitung der Handwerke und des Ackerbaues unter den Juden im preußischen Staate«, die bis 1898 bestand, in diesem Zeitraum 1105 Lehrlinge vorwiegend für Handwerksberufe ausbildete, allerdings erst 1845 den Landwirtschaftsunterricht in ihre Statuten aufnahm. Anfangs fanden sich nur wenige Interessenten für diesen Erwerbszweig, feinfühliges Zeichen dafür, wie schwer die berufliche Neuorientierung fiel. Dem Beispiel der Berliner Gesellschaft folgend, institutionalisierten sich auch in Franken Vereinigungen mit gleicher Zielsetzung, so die »Freiherr von Bast'sche Stiftung« in Coburg, das »Maximilian-Josef-Institut« in Fürth (seit 1824), die »Jakob von Hirsch'sche Stiftung für Aufmunterung der Israeliten zum Betriebe der Landwirthschaft«

in Würzburg (seit 1840) sowie die »Frankenschwerdt'sche Stiftung« in Nürnberg (seit 1885). Auch wenn ihnen im 19. Jahrhundert die Umerziehung des Juden zum Bauern weitgehend nicht gelang, ihre Bedeutung sollte sich erweisen, als der Zionismus seine Idee einer Staatsgründung auf der Grundlage landwirtschaftlicher Kolonisationsarbeit zu formulieren begann.

Märkte und Marktzeiten

Trotz dieser Entwicklung, die auch den Juden die Einheit von Lebens- und Arbeitsraum gebracht hatte, verzichteten sie bis zum Ende ihrer Geschichte in Deutschland nicht auf geschäftliche Mobilität. Da bis zuletzt der Viehhandel ihre Hauptdomäne blieb, prägten jüdische Geschäftsleute das Bild der Märkte, woran sogar die Nationalsozialisten nur mit Schwierigkeiten etwas ändern konnten. Die Ausmaße gehen u.a. aus dem Tätigkeitsbericht des Gauamts für Kommunalpolitik, Gau Franken, vom 10. Juli 1935 hervor: »Auf dem Nürnberger Viehmarkt waren in früheren Jahren, wie wohl auf allen größeren Viehmärkten, die jüdischen Viehhändler stark vertreten. Nahezu zwei Drittel der Viehhändler waren Juden, und durchschnittlich 70% des dort umgesetzten Viehs stammte von jüdischen Händlern.«[21]

Der Besuch und die Beschickung von Märkten und Messen waren untrennbar mit dem jüdischen Erwerbsleben verbunden. Dazu gehörten zum einen die großen, traditionellen Marktorte wie Leipzig, dessen Meßbücher auch die Teilnahme jüdischer Händler aus allen Teilen des Reiches an den drei Meßterminen Neujahr, Ostern und Michaelis registrierten. Fränkische Juden besuchten ebenfalls diese Messe; sie kamen aus Ansbach, Baiersdorf, Bamberg, Bayreuth, Burgkunstadt, Fürth, Fulda, Kronach, Nördlingen, Schwabach, Senftenberg, Trappstadt, Volkach und Wertheim. Aus Frensdorf reisten 1690 Süssel Hirsch Juda, aus Schnaittach 1694 Isaak Ellinger, 1692 Jakob Jüdel, 1693 Levin Lazarus, 1685 und 1692 Abraham Levi zusammen mit Lemmel Levi nach Leipzig.

Daneben aber standen zahlreiche kleinere Marktorte jüdischen Kaufleuten offen. Sie sind im Sefer ha-evronoth von 1649 (vgl. S. 125) aufgeführt, so aus dem fränkischen Bereich Uffenheim, Bamberg (?), Dinkelsbühl, Wertheim, Würzburg, Miltenberg (?), Nürnberg, Nördlingen, Fulda (?), Rothenburg o. d. Tauber und Schweinfurt (Abb. 18). Doch der Besuch dieser und anderer Orte war mit teils erheblichen Schwierigkeiten verbunden. Die Gefahren entlang der Wege betrafen alle Händler, Nichtjuden ebenso wie Juden. Letztere aber waren mit zusätzlichen Unannehmlichkeiten konfrontiert, wobei die immer wieder erforderlichen Sondergenehmigungen und Passierscheine weniger ins Gewicht fielen (Abb. 19). Von größerer Bedeutung war, daß sich – wie noch ausführlich darzustellen sein wird – jüdischer und nichtjüdischer Zeit- und Arbeitsrhythmus wesentlich voneinander unterschieden. Am Samstag (Sabbat) hatten die Juden, am Sonntag die Christen auf jede Art von Geschäftsabwicklung zu verzichten, jüdische und

18 *Verzeichnis von Märkten und Messen mit ihren Terminen. Sefer ha-evronoth, 1649.*
Auf der abgebildeten Seite sind neben Frankfurt a. M. und Leipzig auch Würzburg, Wertheim, Miltenberg, Nürnberg und Nördlingen aufgeführt.
(SB/Westdeutsche LB Marburg/Lahn, Ms. or. oct. 3150)

christliche Feiertage und Festtermine divergierten. Versuche, diese Zeitgesetze zu durchbrechen, mußten zu Konfrontationen mit der eigenen Überzeugung, zu Abstrichen führen. Das Sefer ha-evronoth zeigt, indem es die Markttage nicht dem jüdischen, sondern dem christlichen Kalender folgend aufführt, das hohe Maß an erforderlicher Anpassung: »Wirzburg Merk [Markt] am ostn (?) [= Ostern?] we-ha-šanī [und der zweite] oif Kiliōn [Kiliani] we-ha-šališī [und der dritte] oif Mikheli [Michaelis].«

Wichen die Juden hingegen für ihren Geschäftsbetrieb auf Sonntage und christliche Feiertage aus, gerieten sie in Konflikt mit den Ortsgeistlichen und der kirchlichen Obrigkeit. Verordnungen wie die des erzbischöflichen Generalvikars vom 16. Juli 1680, die u. a. die Aschaffenburger Juden betraf, waren keine Seltenheit:

»Wir Anselm Franz, Freiherr von Honneck, des hohen Erz und Dumbstifts Mainz etc. churf. mainzischer Rath und Vicarius in spiritualibus generalis etc. Nachdem wir zu verschiedenmalen misfällig vernehmen müssen, daß nun eine Zeithero wegen der Judenschaft im Obererzstift Maintz gewesenen Aergerniß und Misbrauch erwachsen, daß wir endlich bewogen worden, eine rechte Verordnung ergehen zu lassen; zu dem Ende dann sowohl der Judenschaft hiesiger Stadt Aschaffenburg und auf dem Land, als auch denen in des obern Ertzstifts Städten, Flecken und Dörfer sich befindende Juden ernstlich befehlen, daß dieselbe, keiner ausgenommen, auf Sonn- und Feiertägen Keinen Handel mit Vieh und Pferd Tauschen, während dem Gottesdienst und selbigen Tag auf öffentlichen Markt, Strasen oder Linden, auf die vornehmste Feste des Jahres, aber spicifice das neue Jahr, Christtag, Ostern, Pfingsten, Himmelfahrttag Christi, Fronleichnam und Allerheiligentag gar Keinen Handel gestatten, das Ein- und Ausreithen auch hiemit gänzlich verbiethen, noch andre dergleichen ärgerliche Wege, es seye, daß ein vornehmer Herr, oder Cavalier ein Pfert oder anders, welches zu kaufen, oder eines Jüden zu gebrauchen nöthig hätte, treiben, die Unterthanen von dem Gottesdienst nicht abhalten, und keiner (die beede Judenschaftsvorsteher ausgenommen) es seye denn vor seinem Haus, oder da einer zu dem andern, die nachfolgende Plätze nicht betrettend, in der Stille ginge, auf dem Markt, Scharfeneckst, Schmidtsgassen, Mehlwag, Freyhafe und andre dergleichen öffentliche Plätze unter währendem Gottesdinst von morgens halber acht bis 10 und von 12 bis halber drei Uhr Nachmittags noch stehen, vielweniger sehen

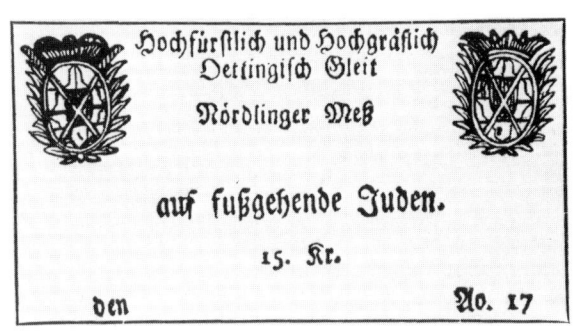

19 Judengeleitschein zum Besuch der Nördlinger Messe; 18. Jahrhundert.

lassen sollen, hingegen erlauben, daß sie den Tag durch ein und ausreisen, auf benannte Sonn und Feiertäge sowohl Anfange, als Endung des Gottesdinst privatim handlen, ihr Vieh in der Stille zur Weide treiben, dabei aber keinen Muthwillen verüben sollen [...]«

Die Folgen solchen Lebens in zwei Zeiten blieben nicht aus. Die Geschäftswoche des gläubigen Juden begann am Montag und endete am Donnerstag, spätestens am Freitag vormittag. Dann galt es, wenn er unterwegs war, nach Hause zurückzukehren, um im Kreis seiner Familie den Sabbat zu feiern. Nicht selten verhinderten die Straßenverhältnisse, vereiste Wege im Winter, später auch verpaßte Zuganschlüsse die rechtzeitige Heimkehr, zwangen zu Unterbrechungen, zu Übernachtungen in Herbergen und Hotels fremder Orte, um die Gebote der Sabbatheiligung nicht zu verletzen. Man hat nie über die wirtschaftlichen wie über die familiären Konsequenzen dieser Situation nachgedacht.

Zudem konnte das Leben eines Handelsjuden recht gefährlich sein. Um die Wende des 18. zum 19. Jahrhundert trieben im Spessart, im Odenwald und im Maingebiet Räuberbanden ihr Unwesen. Sie waren, wie die veröffentlichten Gerichtsakten bezeugen, ausgezeichnet über Markttage, Marktorte und Handelswege von Juden informiert. So lauerten am 15. Juli 1810 sieben Räuber, unter ihnen der als »Hölzerlips« zur Legende gewordene Georg Philipp Lang, fünf Juden auf, die mit Waren zum Beerfelder Markt zogen, raubten sie aus und schlugen sie, ohne sie allerdings ernsthaft zu verletzen. Ähnliches war am 22. März 1807 vier Juden auf dem Weg zum Markt nach Burgsinn widerfahren. Um die gleiche Zeit nahmen Veit Krä(h)mer und seine Komplizen zwei Viehhändler aus, die in Frankfurt/Main Kälber verkauft hatten, fügten ihnen jedoch kein Leid zu, wie überhaupt bei solchen Überfällen relativ wenig Gewalt angewandt worden zu sein scheint. Das Ausbaldowern hätte sich beinahe auch im Falle eines Gissigheimer Juden gelohnt, der mit Bändern handelte; drei Räuber wollten ihn am 9. Oktober 1810 bei Gissigheim überfallen, aber er kam zu früh am Hinterhalt vorbei und entging dadurch seinem Schicksal. Diese aktenkundig gewordenen Ausraubungen von Handelsjuden zeigen andererseits, daß der erzielte Verdienst oft nicht allzu hoch war. Am 10. Mai 1808 hatten Veit Krä(h)mer, Johann Adam Heußner vulgo der dicke Hannadam, der Hessen-Heinrich und vier weitere Spießgesellen den Gersfelder Metzgern aufgelauert. Statt ihrer aber kamen fünf Bauern und zwei Juden vom Gersfelder Markt zurück: »Einer der Juden war ein armer Makler, der nur wenige Gulden bei sich hatte, welche ihm auch abgenommen worden waren. Der Jude klagte laut seine Noth. Dieses rührte einen der Räuber und diese [sic!] befahl auch sogleich jenem seiner Kameraden, welcher diesem Juden sein Geld abgenommen hatte, es demselben sogleich wieder zurück zu geben. Der Räuber gehorchte, dem Scheine nach, und steckte selbst dem Juden sein Geld wieder in die Tasche, nahm es aber in demselben Augenblicke auch wieder heraus und die Tabackspfeife des Juden dazu.«

Handelssprache

An Markttagen, während der Handelsreisen, aber auch beim Feilbieten der Waren in Wirtshäusern und vor den Haustüren entstanden die wohl intensivsten Kontakte zwischen beiden Bevölkerungsgruppen. Fachsimpeleien, Geschäftsabsprachen, in die vielleicht die eine oder andere lustige Bemerkung oder ein Witz einflossen, das Feiern des Geschäftsabschlusses bei einem Glas Bier oder Wein, dies alles mag bewirkt haben, daß man sich näherkam, zumindest nicht noch weiter voneinander entfernte. Hier, an den Marktorten, hatte sich eine gemeinsame Handelssprache entwickelt, die den soziokulturellen Kontext der Berührung besser als manch anderes spiegelt. Sie war geprägt von zahlreichen, aus dem Hebräischen stammenden, der jüdisch-deutschen Aussprache angepaßten Fachausdrücken, derer sich beide Partner bedienten und die noch heute bekannt sind, Wörter wie »bëheime« (Kuh, Stück Vieh), »chauwes« (Schulden), »ëiwed« (Knecht) oder »sus« (Pferd). Wie virtuos Nichtjuden diese Sondersprache anwandten, zeigen verballhornte Begriffe wie »schomajim nefieches jaum« für »Himmelfahrtstag« (wörtlich: »Himmel-Forz-Tag«), »toches meloches zijaun« für »Aschaffenburg« (wörtlich: »Arsch-schaffen-Burg«) oder »geht mechulle [= pleite] bis Herbst« für »G.m.b.H.«.

Doch nicht nur die Bereicherung unserer Umgangssprache ist Zeugnis für die einstige Bedeutung jüdischen Warenhandels in Franken. Juden prägten maßgeblich die ländliche Infrastruktur, ja hielten sie aufrecht. Wie bedeutungsvoll, wie unersetzbar der von ihnen betriebene Landhandel war, wurde erst bewußt, als sie nach 1933 schrittweise aus dem Geschäftsleben verbannt wurden. Der Halbmonatsbericht des Regierungspräsidenten von Ober- und Mittelfranken stellte am 6. April 1934 fest:

»Die auf Veranlassung der Kreisleitung in mittelfränkischen Gemeinden mit Aufklärungsversammlungen, Plakaten usw. durchgeführte Propagandawelle zur Bekämpfung des Judentums hat den erfreulichen Erfolg gehabt, daß sich die Bevölkerung mehr und mehr von jüdischen Geschäften abwendet. Jedoch stößt die erstrebte Ausschaltung der Juden aus dem Wirtschaftsleben hauptsächlich bei der Landwirtschaft deshalb auf Schwierigkeiten, weil noch kein ausreichender Ersatz auf dem Gebiete des Viehhandels besteht, zumal behauptet wird, daß bei Inanspruchnahme der genossenschaftlichen Viehverwertung erhebliche Mindererlöse gegenüber dem freien Verkauf erzielt werden. Auch die Geschäftsleute klagen vielfach darüber, daß sich der Bezug von vielen Waren und Rohstoffen durch christliche Firmen noch nicht ermöglichen läßt. Auf der anderen Seite zeigt diese Art der Bekämpfung des Judentums die bedenkliche Folge, daß in zahlreichen Fällen nachweisbar jüdische Firmen nennenswerte Lieferaufträge in Orten, in denen die Plakate gegen die Juden angeschlagen waren, zurückgezogen haben.«[22]

KLEIDER UND JÜDISCHE KLEIDERETHIK

Mit dem Satz »Ich habe den Ewigen stets vor Augen« (Ps 16, 8) beginnt der Kizzur Schulchan Aruch. Jeder Augenblick des täglichen Lebens war religiös durchdrungen, jede Verhaltensweise daher zugleich auch symbolische Handlung. Dies bestimmte das Denken gleichermaßen wie den Umgang mit den materiellen Dingen, prägte die dörflichen Lebensformen und schuf ein Zeichensystem, das den Juden nicht allein am Namen, sondern auch an seinem Habitus erkennen ließ. Nirgendwo aber können eigene Normen, die Allmacht der nichtjüdischen Umwelt, Anpassung an die Lebensweisen anderer und die Aneignung allgemeiner kultureller Muster besser beobachtet werden als am Beispiel der Kleidung. Es wäre falsch, von jüdischer »Tracht« zu sprechen, von exotisch ausnehmenden Eigen- und Sonderformen, wie dieses Wort leider noch immer suggeriert. Denn über Jahrhunderte hinweg nahmen die Juden wie in anderen Bereichen auch in der Kleidung Anteil an Moden und den Zwängen des Zeitgeschmacks.

Und dennoch trugen sie in einer sehr viel diffizileren Bedeutung des Begriffes »Tracht«, wenn man Eingriffe der Obrigkeit, herrschende Moden und die Bewahrung überlieferter Ordnungen zusammen als Triebkraft einer Kleiderethik betrachtet, die sich weniger durch äußere Formen als durch den Umgang, durch sinnhafte Inanspruchnahme von den Bekleidungssitten der Mehrheit unterschied: Nicht am Schnitt des Gewandes, sondern an der Einstellung zur Kleidung verwirklichte sich jüdische Tracht.

Judenabzeichen und Kleiderordnungen

Seit dem Mittelalter erließen Städte und Landesregierungen Kleider- und Luxusordnungen, die zum einen verhindern sollten, daß den Staats- und Stadtkassen durch den Import fremder Luxusgüter wie Pelze, golddurchwirkte Stoffe, feine Lederwaren u. a. Einnahmen verloren gingen und der Modeteufel, der eitle Blick auf den Luxus der Reichen, zur Verschuldung und Verarmung der mittleren und unteren Schichten führte. Zum anderen entstammten diese Verordnungen dem Ständedenken der mittelalterlichen und neuzeitlichen Gesellschaft; da Kleider bekanntlich Leute machen, stand zu befürchten, daß ein Ritter und Edelmann nicht mehr vom Bauern und Dienstboten, die Ehefrau des Gelehrten nicht von der des Handwerksmeisters zu unterscheiden war; Kleidung signalisierte nicht nur Wohlhabenheit, sondern vor allem den gesellschaftlichen Status.

Zwar übergehen diese Kleiderordnungen weitgehend die Schicht der Juden, aber sie repräsentieren den gleichen Geist, der auch hinter dem Judenabzeichen in seinen verschiedenen Formen stand. Als 1215 das IV. Laterankonzil beschloß,

Juden müßten an ihrer Kleidung zu erkennen sein, entsprang dies nicht dem vordergründigen Wunsch nach Diskriminierung, sondern betraf alle in der römischen Hemisphäre lebenden religiösen Minderheiten. Auf diesen Erlaß baute spätere Kennzeichnungspraxis auf. 1267 befahl die Synode von Wien, den charakteristischen Judenhut (cornutum pileum) zu tragen, eine ähnliche Verordnung erließ Bamberg 1451. Burggraf Friedrich VI., seit 1415 Markgraf von Brandenburg, schrieb den Juden eine spezielle Kleidung vor, u. a. den roten Judenhut. Im 15. Jahrhundert differenzierte die Stadt sogar zwischen einheimischen und auswärtigen Juden. In dem von Christoph Weigel illustrierten Tyroff'schen Trachtenbuch (s. u.) heißt es hierzu: »Endlich aber hat der Rath beschlossen, daß die Juden, welche Bürger und Schutzverwandte in Nürnberg waren, solche rothe Hüte ablegen, und dagegen Birete, oder platte Hüte tragen sollten. Damit aber die fremden von den einheimischen Juden zu erkennen wären, so mußten die Fremdlinge Gugeln, oder große Kappen über den Mänteln tragen. Weil die Juden ehehin sich den Christen in den langen Bärten ähnlich stellen wollten, wurde ihnen gebotten, alle vier Wochen ihren Bart etwas abnehmen zu lassen. So mußten auch die einheimischen Juden zu Nürnberg an ihren Kleidern gelbe Ringe öffentlich tragen, und die Weibspersonen himmelblaue Borduren an ihre Schleyer nähen. Heutzutage haben beyde Geschlechter der Juden mehrere Freyheit, und das jüdische Frauenzimmer ist auch in unseren Gegenden viel zu galant geworden, als daß es mehr im Mantel und Kragen, und in der viereckigten Schlappe einer gehen sollte.«[23]

Ebenfalls 1451 verlangte das Hochstift Bamberg von den in seinen Territorien lebenden Juden das Tragen eines gelben Ringes an der Kleidung. Die gelbe Farbe und vor allem die Form des Ringes, seltener eines Herzes oder zweier Gesetzestafeln blieben über Jahrhunderte hinweg Abzeichen und Kennzeichnung zugleich, geschaffen von der mittelalterlichen Bilder- und Symbolsprache zum Schutz vor antijüdischen Übergriffen und doch zugleich auch Aufforderung zu Angriffen auf den damit Gekennzeichneten, zu letzter trauriger Berühmtheit gelangt als gelber Judenstern während des Nationalsozialismus. Unter den zahllosen Verordnungen fränkischer Städte seien nur einige wenige Beispiele genannt. So bestimmte am 11. Juni 1574 der Schweinfurter Rat, daß die Juden ein gelbes Ringlein tragen sollten und jeder, der sich dem nicht fügte, mit einer Geldstrafe von 1 Gulden zu belegen sei. Eine auf Fürstbischof Julius Echter von Mespelbrunn zurückgehende Vorschrift, daß Juden beim Durchqueren des Hochstifts Würzburg einen gelben Ring an der Kleidung zu tragen hätten, wurde erst 1623 aufgehoben.

Moden, Kleider, Trachten

Das Judenabzeichen aber wurde auf Kleider geheftet, die zu einem Teil den gängigen Moden folgten, zum anderen jedoch Sonderformen und Eigenentwicklungen darstellten, die sich vereinzelt noch im 19. Jahrhundert nachweisen lassen.

Wie Rabbi Chanina sagte, sollte jeder Jude »zweierlei Hüllen [...] haben, für Wochentag die eine, die andere für den Sabbath« (Abb. 20). Unsere Kenntnis der historischen jüdischen Werktagskleidung ist gering, falls hier überhaupt wesentliche Unterschiede zur Bekleidung vergleichbarer Sozialschichten zu erwarten sind. Besser sind wir hingegen über die Festtagskleidung informiert. Trachtenkupfer und Modewerke des 17. und 18. Jahrhunderts wie z.B. die Kupferstiche des aus dem Egerland über Augsburg, Frankfurt und Wien nach Nürnberg gekommenen und dort 1699 eingebürgerten Christoph Weigel (1654–1725), die sowohl die »Neu-eröffnete Welt-Galleria, Worinnen sehr curios und begnügt unter die Augen kommen allerley Aufzüg und Kleidungen unterschiedlicher Stände und Nationen« Abrahams a Sancta Clara (Nürnberg 1703) wie auch die bei Johann David Tyroff erschienene, nach diesem als das Tyroff'sche Trachtenbuch bezeichnete »Deutliche Vorstellung der Nürnbergischen Trachten« (Nürnberg 1766) illustrierten, ferner die bereits sachbezogeneren Tafeln bei Johann Christoph Georg Bodenschatz und Paul Christian Kirchner, vermitteln einen guten, wenn auch durch ihre allegorisierende Natur und die curieuse Standardisierung der Bildtypen in ihrem Wert als objektive Bildquellen erheblich geminderten Eindruck von jüdischen Bekleidungsmerkmalen. Sie zeigen neben Elementen der zeitgenössischen Hochmode auch typische, durch ihre Altartigkeit teilweise verblüffende Bestandteile wie den Sabbatsarbal (»Schulmantel«), dessen rechte Armseite verschlossen sein sollte, um den Träger stets an das Arbeitsverbot am Sabbat zu erinnern, ein kreisrundes Barrett, das den Kapuzenkragen (chaperon) abgelöst und sich als »Schabbesdeckel« bis ins 20. Jahrhundert hinein gehalten hatte, die Ohrenhauben und den vereinzelt noch im 19. Jahrhundert getragenen runden oder gezackten »Jüdenkragen«, der in der Frauenmode beinahe radförmige Ausmaße annehmen konnte.

Solche relativ konservativen Formen der Feiertagskleidung ergänzten sich zwar ständig durch modische Applikationen; so galt es als fein, »Pistolen, Hirschfänger und andere Waffen zu brauchen«, was 1670 von der Mainzer Regierung den im Amt Aschaffenburg lebenden Juden untersagt wurde. Doch zur Beharrung auf traditioneller Kleidung entgegen individuellem, dem Neuen aufgeschlossenem Modebewußtsein zwang immer wieder die Entscheidungsgewalt der Obrigkeit; sie beschied u.a. eine Beschwerde vom 28. Juli 1778, daß einige Heidingsfelder »Judenweiber in der Schule englische Hüte und geheftete Hauben tragen«, lapidarisch, daß sie »bei ihrer von eher bräuchlichen Tracht noch ferner bleiben sollen«. Dieses Verbot verdeutlicht generell, daß Tracht als Gruppenabzeichen nicht nur die Beibehaltung des Herkömmlichen, modisch Überholten verlangt, sondern ihre Träger auch regulativ von der Anpassung an die Vitalität der Moden ausschließt. Denn wie rasch die Gruppe der Juden, wo es ihr nur möglich war, auf Veränderungen reagierte, zeigt das Beispiel, der im 18. Jahrhundert zu gewissem gesellschaftlichen Ansehen avancierten Hoffaktoren und Ärzte, die es vorzogen, à la mode gekleidet zu gehen. Die modische Anpassung war allerdings nicht allein Folge des sozialen Aufstiegs, sondern offenbarte auch ein Generationenproblem; denn nicht nur, daß man selbst in der Synagoge nicht davor zurückschreckte, dem neuen Laster des Tabakrauchens zu frönen, man verzichtete dort, für frühere Zeiten unvorstellbar, nicht einmal auf das Tragen von Perücken. »Die alten Juden«, so schrieb Andreas Würfel in seinem Kommentar zum Fürther Tekunoth-Büchlein, »die fromm scheinen wollen, pflegen selten darinnen zu beten, die Jungen aber die gehen in den gepuderten Peruquen ohne Anstand an den heiligsten Tägen, zur Schule, und zu dem Gebet«. Mit solchen modebewußten Juden trieb der Ansbacher Hochzeitslader und Perückenmacher Johann Wilhelm Friedrich Santerre seinen Spaß, indem er die Sabbatperücken über schwarzen Kochöfen auffrisierte. Sobald man sie aufsetzte, schwärzten sie zur Belustigung der Anwesenden das Gesicht mit Ruß ein.

Das Fürther Tekunoth-Büchlein

Modezwänge, Vorbilder des gängigen Kleiderrepertoires, finanzielles Vermögen und obrigkeitliche Regulierung prägten nur zu einem, wenn auch nicht unbedeutenden Teil den Inhalt der jüdischen Kleiderschränke und Truhen. Denn oft wird bei der Beschreibung der Äußerlichkeiten das durch die Einhaltung der überlieferten Vorschriften historisch gewachsene jüdische Kleiderverhalten übersehen, das bei keiner anderen

20 *Synagoge und Tracht der Nürnberger Juden. Kupferstich aus Andreas Würfel, Historische Nachrichten von der Juden-Gemeinde [...] in der Reichstadt Nürnberg, 1755. Zu den typischen Bekleidungsmerkmalen des 18. Jahrhunderts gehörte der noch zu Beginn des 20. Jahrhunderts vereinzelt gebräuchliche kreisrunde »Schabbesdeckel« der Männer sowie der Radkragen und die Flügelhaube der Frauen.*

Glaubensgemeinschaft so von religiösen Überzeugungen abhängig war. Die Festtags-, Gebets- und Alltagskleidung stellte zugleich eine Äußerung praktizierter, von Symbolen und bildlichem Denken durchdrungener Religion dar. Sie war formales wie geistiges Spiegelbild der sich ändernden Zeiten und Sitten. Die lebensnotwendige Anpassung aber vollzog sich in einem Freiraum, den das vor langer Zeit formulierte Gesetzesschrifttum nicht voraussehen konnte. Dies führte zu häufigen Anfragen, denen die oft spitzfindigen Antworten der rabbinischen Autoritäten folgten. Solche Minhagim-Entscheidungen trugen dazu bei, die Gegenwart jeweils von neuem mit der Tradition in Einklang zu bringen; und was war schnellebiger als die Moden! Im 18. Jahrhundert fanden etwa die Fürther Jüdinnen »ein grosses Belieben zu den Regentüchern, die in Nürnberg getragen werden. Man fande daran keinen Anstoß als diesen; ob die Regentücher am Sabbath zu tragen erlaubt wären? Einige meynten, sie wären am Sabbath als eine Last anzusehen, mithin verbotten; andere glaubten, man könnte sie den Mantel gleichrechnen, mithin wohl gestatten. Man vereinigte sich in so ferne; man kleidete ein Bild, mit einem solchen Regentuch, sande es nach Pohlen, und wollte darüber bey den dortigen Rabinern ein Urtheil hohlen. Dieses fiel dahin aus, die Regentücher wären zu tragen verbotten, und damit wurde diese neue Kleyder mode unter den Judenweibern abgeschaffet«.

Dieser Beleg entstammt einer Anmerkung zu dem 1728 gedruckten, in seiner Ausführlichkeit einzigartigen Fürther Tekunoth-Büchlein, das Andreas Würfel 1754 in deutscher Übersetzung veröffentlichte. Formal den Kleider- und Luxusordnungen zuzurechnen, die u.a. verhindern sollten, daß zuviel Geld für Kleider ausgegeben wurde, das dadurch der auf sich selbst gestellten jüdischen Gemeinde verlorenging, setzt es sich nicht nur präzis mit der zeitgenössischen Mode auseinander; es regelt auch die Anlässe für das Tragen spezieller Kleider und Stoffe. Vor allem aber stellt es eine unschätzbare Quelle zur Erfassung der Mentalitäten dar, die zur Aneignung von Moden bewegen; es ist Liste von Verhaltensweisen und Theologie von Kleidung zugleich.

Seine Bestimmungen (Tekunoth) wenden sich vor allem dagegen, daß die Synagoge zum Modesalon gerät: »Diese Ordnung der Kleider erfordert/ daß man sich derselben/ nicht bedienen darf/ damit in die Schule zu gehen«. Sie gestatten das Abtragen bereits vorhandener Luxuskleidung, verbieten aber die Neuanschaffung, regeln Farbe und Material der Stoffe. Sehr viel härter als die Männer sind die Frauen von den Einschränkungen betroffen. Doch wenn ihnen das Tragen von Reifröcken, »desgleichen Nachtzeige/ noch mehr Fontagen, aufgesteckte Mantou lange Contouchen und Andrien, auch gestickte oder verbremte Schue und Pantofel« verboten wird, wenn sie nicht »mit einem Nachtmantel auf der Gasse gehen/« dürfen, »wohl aber zu Hauß/ doch darf keine Spitze daran seyn. Die Carsetten aber sind auch im Hauß verbotten/ weil es eine schändliche Gewohnheit ist/ wenn man keine andre Kleyder darüber an hat«, dann beziehen sich diese Vorschriften weniger auf die Verhinderung von Modetorheiten, sondern stehen stellvertretend für eine Ethik des Judentums, die den Frauen Schamhaftigkeit gebietet und ihnen alles untersagt, was sie in den Augen eines fremden Mannes begehrenswert erscheinen ließe. Noch heute erinnert man sich in der Nürnberger Gegend mit Verwunderung, daß die Frauen an Festtagen Perücken getragen hätten. Diese Beobachtung stimmt mit der Vorschrift überein, daß in streng orthodoxen Kreisen verheiratete Frauen ihre Haare abschneiden oder sie zumindest unter einer Haube, einem Tuch oder einer Perücke verbergen mußten, um nicht die Blicke anderer Männer auf sich zu ziehen.

Schließlich aber unterrichtet das Tekunoth-Büchlein auch über spezielle Brauchformen, so über die silbernen Schlüssel, die Frauen am Gürtel ihres Synagogengewandes trugen: »Einen Gürtel von Gold soll man nicht tragen/ obschon keine gute Steine daran sind. Auch die Gürtel von Silber sind verbotten/ so wohl denen Weibern als Jungfrauen; aber die ledernen Gürtel/ die mit Silber beschlagen sind/ sind erlaubt/ damit man an heiligen Sabbath einer silbernen Schlüssel daran hängen könne.«

Kleidervorschriften

Die Tekunoth, feinfühliges Indiz für eine Zeit der Prosperität der Fürther Gemeinde, verdeutlichen allerdings auch die Vorsichtsmaßnahmen, die grundsätzlich den Erwerb von Stoffen und Kleidern und in besonderem Maße die in der Synagoge getragene Festtagskleidung betrafen. Denn die Juden, so Paul Christian Kirchner, »dörfen die Kleider, die ein Christen-Mensch an seinem Leibe getragen, nicht anziehen noch tragen aus Beysorge, es möchte genehet seyn mit Zwirn oder Lein-Garn [...] Das Kleid, oder was sie sich an Leib schaffen zu tragen, muß von purer Leinwand seyn.« Jeder Stoff, in dem Schafswolle und Flachs durch Krempeln, Filzen, Spinnen, Weben, Stricken und Nähen miteinander vermischt waren, galt als untragbar, gleich ob er für Kleider oder Decken, Filze, Polster u. a. verwendet werden sollte. Dies verpflichtete nach Ludwig Stern »zur strengsten Wachsamkeit beim Anschaffen von Kleidern und Möbeln«. Der strengen Auslegung und Befolgung des Gebotes verdankte andererseits mit den Schneidern und Kleiderhändlern ein weiterer traditioneller jüdischer Beruf seine Existenz.

Die Kleidertruhen der Rosina Reis

Wenn auch seit dem späten 18. Jahrhundert Kleidungseigenheiten allmählich verschwanden, Unterschiede in den Kleidersitten von Christen und Juden kaum mehr wahrgenommen werden können, so erhielten sich dennoch bestimmte Eigenheiten bis ins 20. Jahrhundert. Sie zeichneten sich weniger formal denn durch die Ausgewähltheit der feiertäglichen Kleidung aus. Juden im Festtagsgewand fielen in den Dörfern auf; so erinnerte sich eine ältere Frau aus Mainstockheim an die prachtvoll, nach der neuesten Mode gekleideten Frauen, an die schwarzen Fräcke und Zylin-

21 *In der Synagoge. Zeichnung aus den Umbauplänen des Ingenieur- und Architekturbüros A. Staller, Bamberg, für die Synagoge von Haßfurt, 1907.*
(Freundlicher Hinweis von Margret Altenhöfer)

der der Herren während des Sabbatspaziergangs (Abb. 21). Man beobachtete den Kleideraufwand voller Neid, nicht ahnend, daß sich in ihm auch religiöse Überzeugung dokumentierte.

Öffnet man die Türen eines jüdischen Kleiderschranks, beginnt man zu verstehen, daß Tracht nicht nur die äußere Besonderheit, sondern auch den Sinngehalt des zeichenhaften Tragens von Kleidern meint. Dies bestätigt das bereits erwähnte Nachlaßinventar der Hörsteinerin Rosina Reis von 1844, deren Kleiderbesitz im Vergleich zum sonstigen Vermögen außerordentlich reich gewesen war und somit indirekt moderne Augenzeugenberichte bestätigt. Die Liste verzeichnete nämlich neben einem Paar brauner Schuhe immerhin ein violettes Baumwollkleid, einen roten Rock, einen weißen Rock mit dazugehörigem Mützchen gleicher Farbe, zehn Hemden, sieben Halstücher in einer Schachtel, drei Schürzen, fünf weitere verschiedenfarbige, davon zwei bereits recht abgetragene Schürzen, eine kleine Schürze mit Bändern, zwei Paar Strümpfe, drei Paar baumwollene und weiße Kleider, einen alten baumwollenen Oberrock, einen Kleiderüberzug, nicht weniger als sechs weiße Hauben und einen baumwollenen Rock sowie zwei wertvolle Seidenkleider. Was der Amtsschreiber als »2 seiden Überzüg« beschrieb, mögen zwei Gebetsmäntel (Tallit) aus dem Besitz des Ehemannes gewesen sein. Auch wenn die Schränke anderer Juden noch reicher ausgestattet waren, Rosina Reis befolgte den Spruch aus Yevamot (63 b): »Der Ruhm Gottes ist der Mensch, und der Ruhm des Menschen liegt in seiner Kleidung.«

Gebetskleidung

Spätestens hier wird deutlich, wie sehr die jüdische Kleiderethik auch die Lebensweisen bestimmte. Sie untersagte, in gewöhnlichen Kleidern zu beten, forderte zumindest ein sauberes Gewand beim Gang zur Synagoge. Die Kleidung machte sichtbar, wenn der Mensch Zwiesprache mit Gott hielt. Nur so konnten etwa Peter Eichler, »vulgo Hainstadter- oder Drehers-Peter«, und seine Komplizinnen, die zu den zahlreichen um 1800 im Maingebiet, Spessart und Odenwald tätigen Desperados gehörten, erkennen, daß der Handelsjude Salomon Ostheimer, den sie auszurauben gedachten, zu Hause noch »am Ofen« stehe »und sein Morgengebet« verrichte. Er trug wohl die Tefillin, an die man sich heute mit unbeholfenen Worten als »Behälter am Kopf« (z. B. Prichsenstadt, Aschbach) erinnert, den Tallit (Trabelsdorf, Goßmannsdorf), der – über den Kopf gezogen – die »Juden wie Zwerge hätte aussehen lassen« (Mainstockheim) oder ein »kleines schwarzes Käppchen« (Mainbernheim), um dem Gebot der Kopfbedeckung Genüge zu leisten.
Der Tallit (Gebetsmantel), ein großes rechteckiges Tuch, wurde über den Hals bzw. den Kopf gelegt. An seinen Enden waren vier kleine Stoffstücke, die Zizit (Schaufäden) angenäht, die den Beter an die Gebote Gottes gemahnen sollten (vgl. 5 Mos 22, 12). Fromme Juden trugen zudem während des ganzen Tages unter der Oberbekleidung den ᶜarbaᶜ kanfōt (wörtlich: »vier Ecken«), von dem stets die vier Enden sichtbar waren. Die Teffilin (Gebetsriemen) mußten am Sabbat, an den Feiertagen sowie beim täglichen Morgengebet (Schacharit) angelegt werden. Sie bestanden aus zwei mit Lederriemen versehenen Lederkapseln, die Pergamentstreifen mit den Schriftstellen 2 Mos 13, 1–10, 11–16, 5 Mos 6, 4–9 und 5 Mos 11, 13–21 enthielten und die alle drei bis vier Jahre geöffnet werden sollten, um den Erhaltungszustand der Schrift zu untersuchen. Die Tefillin wurden am linken Arm und an der Stirn befestigt. Beim Senken des Arms befand sich die Handteffillin gegenüber dem Herzen, Ausdruck dafür, Denken (Gehirn), Fühlen (Herz) und Handeln (Arm) Gott zu unterwerfen.

Die Kleidung bedeutete also dem frommen Juden mehr als nur Schmuck, mit ihr dokumentierte er auch seine religiöse Überzeugung in einem Maße, die nur zu oft dem christlichen Nachbarn Achtung, bisweilen sogar Bewunderung abnötigte.

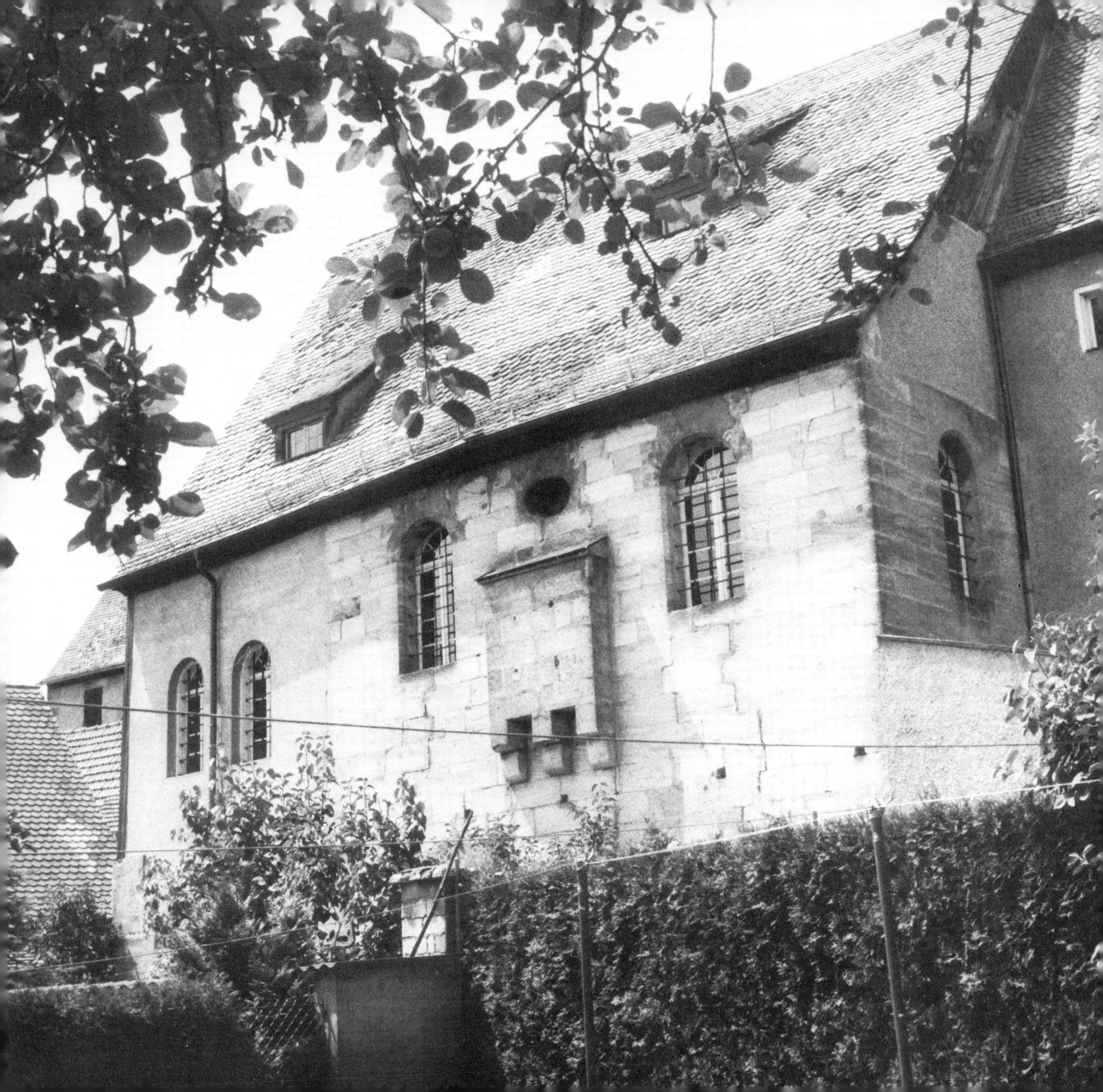

SYNAGOGEN, RITUALBÄDER, SCHULEN

Die einst blühende Kultur des fränkischen Judentums dokumentiert sich heute am augenfälligsten in den zwei gegensätzlich erscheinenden Polen des Todes und des Lebens, den Friedhöfen und den Synagogen. Trotz verunstaltender Umbauten, trotz zweckentfremdeter Benutzung als Wohn- und Geschäftshäuser, Hobbyräume, Scheunen, Abstellager, katholische und protestantische Pfarrkirchen, trotz des mit Nichtnutzung einhergehenden Verfalls ist der Bestand an erhaltenen Synagogen in Franken beinahe unglaublich hoch.

Man kann sich diesen Bauten aus verschiedenen Blickwinkeln nähern, aus der Sicht ihrer dezentralen Lage im heutigen wie im historischen Ortsbild und der Bedingungen hierfür, von denen bereits die Rede war. Von ihrer Bedeutung für das religiöse Leben, von den Tages-, Wochen- und Festgottesdiensten wird später zu sprechen sein. Sie allerdings ausschließlich als architekturhistorische Denkmäler zu interpretieren, liefe an ihrer eigentlichen Bedeutung vorbei.

22 *Schnaittach, Synagoge; Ostwand mit Erker des Thoraschreins. Dank der Umwandlung in ein Heimatmuseum und des Engagements des Schnaittacher Hafnermeisters und Museumsleiters Gottfried Stammler (1885–1959) gehört die Synagoge zu den besterhaltenen Beispielen jüdischer Sakralarchitektur in Franken.*

Die Baustruktur und ihre sozialen Hintergründe

Und dennoch erlaubt bereits die äußere Gestalt Aussagen über Inhalte und Formen jüdischen Lebens, entsprechen formale Strukturen sozialen Ursachen: Wenn Synagogen seit dem Mittelalter der Raumaufteilung, den Gewölbekonstruktionen und Fensterformen christlicher Sakralbauten bis in Einzelheiten folgen, dann spiegelt sich hierin u. a. die schon mehrmals beobachtete berufliche Situation, der eben keine jüdischen Architekten entsprangen. Vielmehr errichteten die an den Dombauten tätigen christlichen Baumeister und Handwerker die Synagogen; Worms sei hier als das beste Beispiel für die mittelalterliche Gleichzeitigkeit von Synagoge und Ecclesia benannt.

Dies darf jedoch über Restriktionen beim Synagogenbau nicht hinwegtäuschen. Die Errichtung einer Synagoge gehörte nicht zu den Selbstverständlichkeiten jüdischen Lebens in der Diaspora, und waren wie in Rimpar (vgl. S. 45–46) die behördlichen Hürden endlich überwunden, dann hatten Bauauflagen im Zwiespalt jüdischer Vorstellungen und gesellschaftlicher Ansprüche zu Kompromissen geführt, die lehren, das architektonische Skelett nicht nur als Ergebnis statischer Regeln, funktionaler Aspekte und modischen Schmuckwollens, sondern vor allem als sozialhistorisches Dokument zu begreifen.

Vielzweckbauten

Synagoge, dies bedeutet grundsätzlich nicht ein als solches stilistisch zu bestimmendes Baudenkmal, sondern die Versammlungsstätte, aus dem sich die aus dem Minjan, aus mindestens zehn erwachsenen Männern bestehende Kultusgemeinde zu Gottesdiensten versammeln konnte. Es trifft annähernd zu, was Johann Christoph Georg Bodenschatz hierzu bemerkte: »Wo 10. Israeliten wohnen, da ist vonnöthen, daß sie sich ein Haus schaffen, da sie zur Zeit des Gebets zusammen kommen können, und dieser Ort wird genennet beth hareneseth [sic! richtig: ha-knesseth], oder eine Schule, das Haus der Versammlung.« Erforderlich war hierfür kein eigener, prachtvoller Synagogenbau, auch ein Zimmer in einem Privathaus erfüllte den gleichen Zweck. Dies ist bei Erwähnungen mittelalterlicher wie nachmittelalterlicher Synagogen in fränkischen Orten zu berücksichtigen, in denen Betstuben sicherlich häufiger anzutreffen waren. Wenn nämlich das Legat des am 10. Mai 1345 verstorbenen Vikars Jordanus eine »Synagoge« für Aschaffenburg in der Nachbarschaft des Hauses »Zu dem Schilde« (proxime apud synagogam judaeorum), also wahrscheinlich hinter dem Rathaus, erwähnt, dann kann sich dies auch auf einen kleinen, für Gottesdienste verwendeten Raum beziehen. Daß Synagogen zudem offensichtlich ohne größere Umbauten für gänzlich andere Zwecke geeignet waren, bezeugt eine Schenkung Juta's von Henneberg-Coburg, die am 6. März 1351 die Synagoge der Stadt Münnerstadt als Rathaus überließ; sie gab den »ersamen wisen leuten [...] den burgern und der stat gemeiniclich zu Münrstat unsirn lieben getreuwen [...] unsir juedenschule zu Muenrstat und allez daz reht, daz wir oder unsir erben daran haben«.[24]

Auch darüber, ob es sich bei der Synagoge, für welche die Juden den »Tanzflecken« in der Würzburger Pleich um 1446 von Bischof Gottfried Schenk von Limburg für 300 Goldgulden und einen jährlichen Zins von 35 Gulden erworben hatten – Julius Echter von Mespelbrunn sollte sich später dieses Grundstück für seinen Spitalbau aneignen –, tatsächlich um einen eigenen Sakralbau handelte, lassen sich nur Vermutungen anstellen. Privatsynagogen in den Häusern meist wohlhabender Juden bestanden noch im 19. Jahrhundert, sechs allein bis 1841 in Würzburg.

Ein Wohnhaus aber, das eine Betstube beherbergte, blieb äußerlich ein Wohnhaus. Zudem muß bei der Suche nach den charakteristischen Indizien synagogaler Architektur berücksichtigt werden, daß es sich gerade bei den Synagogen armer ländlicher Gemeinden um Mehrzweckbauten handelte. Das hebräische Wort für »Syn-

23 *Kleinheubach, Synagoge, Schule, Lehrerwohnung und Backhaus. Grundriß aus einer Lokalschulinspektion vom 11. Oktober 1876.*
Das Klassenzimmer war für 32 Kinder berechnet, tatsächlich aber besuchten im Schuljahr 1876/77 insgesamt 37 Schüler den Unterricht.
(Bayerisches Staatsarchiv Würzburg)

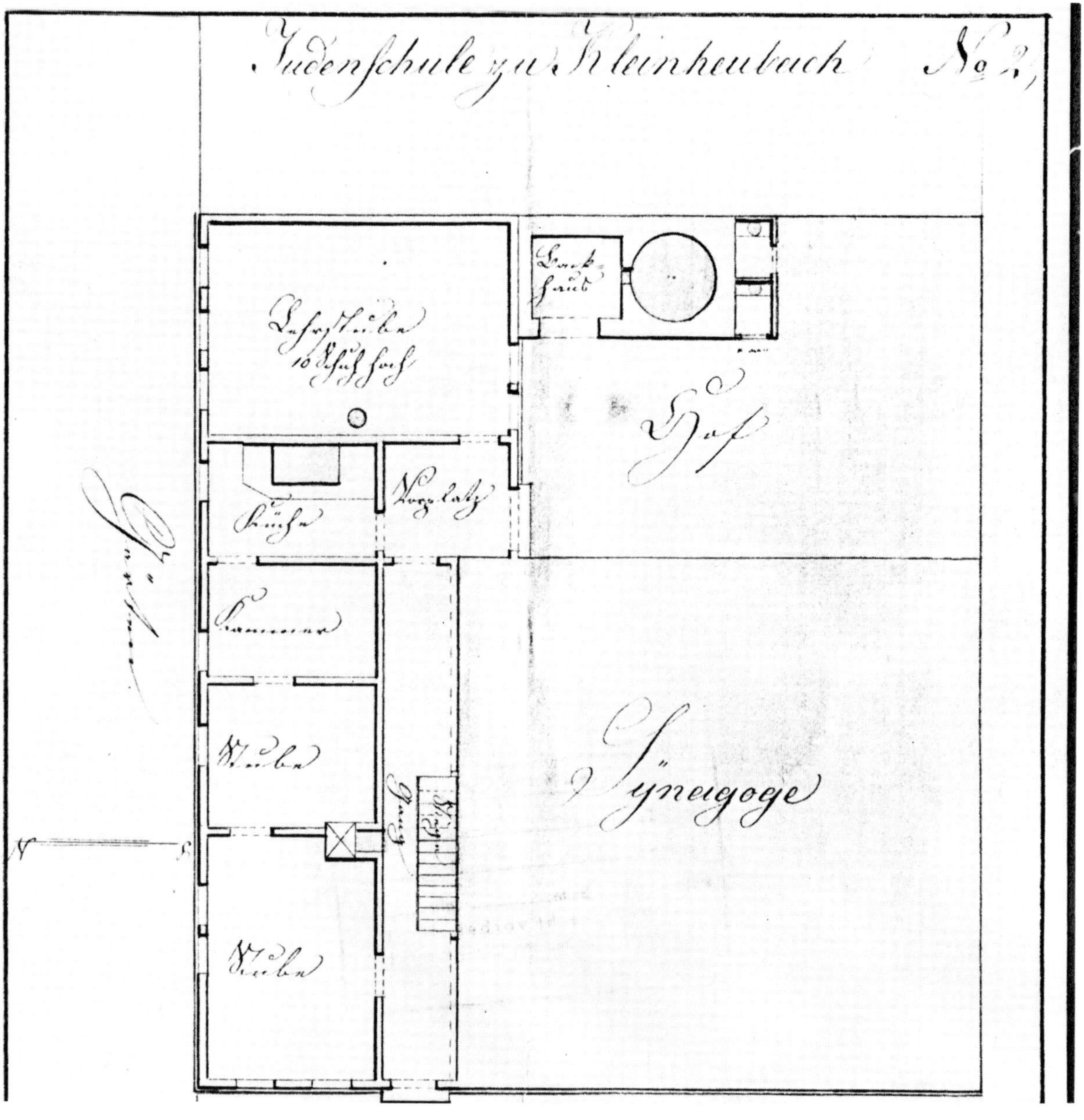

Judenschule zu Kleinheubach No 2.

Floor plan with labels:
- Lehrstuben 10 Schuh hoch
- Küche
- Vorplatz
- Backhaus
- Hof
- Synagoge
- Stube
- Stube
- Kammer

agoge«, beth-ha-knesseth, bedeutet wörtlich »Versammlungshaus« und damit nicht nur Ort für Gottesdienste, sondern auch für Gemeinde- und Verwaltungsaufgaben. Unter dem Dachfirst verbarg sich bisweilen – schon wegen der oft geringen Größe der zur Verfügung gestellten Grundstücke – ein ganzer Komplex von Einzelbauten und Räumen, etwa die Wohnung des Rabbiners, Lehrers oder Synagogendieners, Herbergsräume für durchreisende Juden, Bibliotheken, Aufenthalts- und Vereinslokale und das Ritualbad (Mikwa). In Horb befand sich die Betstube im Obergeschoß, die Schächterei im Untergeschoß. Aber auch dort, wo ein eigener Synagogenbau bestand, konnten die räumlichen Verhältnisse bedrückend eng sein, wie der Plan der Synagoge und der dicht an sie angebauten jüdischen Schule von Kleinheubach (Lkr. Miltenberg) zeigt. Angefertigt anläßlich einer Inspektion der »Kgl. prot. Lokalschulinspektion« stellte der Begleitbericht vom 11. Oktober 1876 fest, »daß der Raum für die Schülerzahl zu beschränkt ist. Die israelitische Kultusgemeinde, welcher die Baupflicht obliegt, hat daher schon länger eine Erweiterung des Schulzimmers in Überlegung gezogen. Sie wäre zu gewinnen durch Hinzunahme des Vorplatzes und der Küche, wenn der alte Bau die Wegräumung der Scheidewände erlaubt [...] Die Abtritte befinden sich im Hof, nach dem Geschlechte gesondert und verursachen keinen üblen Geruch. Da ein Fenster in den Hof geht, so kann der Lehrer sie stets im Auge behalten« (Abb. 23).

Dieser teilweise noch heute vorhandene Komplex in Kleinheubach vereinigte auf engstem Raum Synagoge, Schulraum, Lehrerwohnung und auf der anderen Seite des Hofes mit den Toiletten zudem ein kleines Backhaus, in dem vielleicht vor Pessach die Mazzen gebacken wurden.

24 *Heidingsfeld, Synagoge, erbaut 1780. Temperamalerei von Andreas Leimeister, Heidingsfeld, 1973, nach einer alten Fotografie (Privatbesitz Heidingsfeld)*

Jüdische Vorstellungen von der Synagogenarchitektur

Um das Durchsetzungsvermögen, aber auch die zahlreichen Abstriche und Kompromisse zu begreifen, ist es notwendig, sich die den Synagogenbau betreffenden jüdischen Vorschriften zu vergegenwärtigen. Gemäß dem Talmud sollte die Synagoge an exponierter Stelle errichtet werden (Megilla, Abschnitt 3), was lediglich im oberpfälzischen Floß verwirklicht werden konnte, zumindest, als Kultgebäude allseits gut einsehbar, die umliegenden Häuser überragen. Dies aber stand in schärfstem Widerspruch zur behördlichen Genehmigungspraxis, die alles veranlaßte, um Auffälligkeiten zu verhindern. In Westheim hatten entsprechend einer Aktennotiz vom 27. August 1767 »die im Ehrthalischen Freyhoff sitzende Juden bißhero in einem privathauß und eingerichteten Zimmer ihre ceremonien und gebet verrichtet«; nachdem ihnen nun die Errichtung einer eigenen Synagoge gestattet worden war, hätten sie einen alle Häuser überragenden »Tempel« gebaut, »und sey das Werck [...] übertrieben worden«. Daher sei beim zuständigen Rabbiner nach der Bauerlaubnis zu fragen und notfalls die offenbar bereits bis zum Dach fertiggestellte Synagoge wieder abzureißen.

Auf solche Baubeschränkungen reagierte man andernorts mit einem originellen Einfall. Durfte der Dachfirst der Synagoge schon die umgebenden Gebäude nicht überragen, so erhöhte man ihn durch eine Stange. Paul Christian Kirchner bezeugte diese Sitte für Fürth, machte dafür allerdings die Stattlichkeit des »Juden Joels Hauß« verantwortlich.

Wo jedoch den jüdischen Vorschriften entsprechend gebaut werden konnte, erreichten die Innenräume, wie z. B. in Heidingsfeld, oft beträchtliche Höhe (Abb. 24). Andererseits fällt auf, daß dort, wo die Dachspitze recht niedrig lag, der gleiche Raumeffekt zu beobachten ist, wenn das Fußbodenniveau erheblich unter dem Straßenniveau lag. Es ist in der Forschung umstritten, aus diesem Befund ein verbindliches Bauprinzip ableiten zu wollen, die Sinngebung aber war dem gläubigen Juden geläufig, wie die Beschreibung der Synagoge von Niederstetten durch Bruno Stern belegt:

»An der dem Ohron Hakodesch gegenüberliegenden Seite befand sich der Eingang. Betrat man durch ihn die Synagoge, so kam man zuerst auf eine kleine Plattform, von der einige Stufen in den Männerraum hinabführten. Diese Anordnung entsprach einem alten Brauch, sagt doch der Psalmist: ›Aus der Tiefe steigt mein Gebet zu Dir empor‹« (Ps 130, 1).

Zwei weitere wesentliche Regeln fanden ihren architektonischen Ausdruck in der Orientierung des Gebäudes nach Osten, wo Jerusalem und sein zerstörter Tempel lag, und in der Trennung von Männern und Frauen während des Gottesdienstes. In mittelalterlichen wie nachmittelalterlichen Synagogen setzte man deswegen zwei Bauteile, die »Männer-« und die »Weiberschul« rechtwinklig aneinander; durch ein Gitter vom Hauptraum getrennt, konnten die Frauen dem Geschehen folgen. Wo räumliche Beschränktheit wie in Bechhofen oder in Kirchheim (s. Abb. 33) dies erforderlich machte, behielt man das Prinzip bis weit ins 19. Jahrhundert hinein bei, nachdem längst die Frauenplätze in Form einer meist die Rück- und Längsseiten umlaufenden Empore in den Hauptraum integriert worden waren. Diese rigorose Scheidung der Geschlechter schlug sich sogar in der Behördensprache nieder; 1698 wurde den Aschaffenburger Juden der Bau einer 1887 niedergelegten Synagoge mit der Begründung gestattet, daß »die Juden auch bisher hier wie anderwärts eine Judenschul gehabt« hätten. Dabei handelte es sich um eine in der Triebgasse gelegene, von der jüdischen Gemeinde bereits 1697 erworbene Scheuer, in der »nach ausweis ihrer Jüdische Ceremonien Vor Mann und Weiber eine schul aufzurichten, und zu fermiren« sei.

Mittelalterliche Synagogen

Die Bedeutung der fränkischen Synagogen läßt sich nicht nur aus einer Randbemerkung Bodenschatz' erschließen: »In Deutschland trifft man ziemlich schöne und grose Synagogen, sonderlich in Hamburg, aber nur bey den Portugiesen, ferner in Prag, und absonderlich in den Pohlnischen Wohnplätzen, ingleichen in Fürth und Bayersdorf an, doch haben die Holländischen Synagogen in der Kostbarkeit vor anderen den Vorzug.«

Denn in Franken stößt man auf die einzigartige Situation, daß sich in Miltenberg und Bamberg zwei mittelalterliche Synagogen erhalten haben, wo ansonsten in zahlreichen Städten im Gefolge der Pogrome jüdische Kulteinrichtungen niedergebrannt und an ihrer Stelle Marienkirchen und -kapellen errichtet wurden, so in Würzburg auf dem Platz der am 20. April 1349 einem Brand zum Opfer gefallenen Synagoge. Beide vertreten den Typus des gewölbten Saalbaus, nicht den der zweischiffigen Hallensynagoge, wie ihn z. B. eine Radierung Albrecht Altdorfers von 1519 für Regensburg belegt.

Die an den Burgfelsen angebaute, heute als Abstellraum der Kaltloch-Brauerei genutzte Miltenberger Synagoge stammt vielleicht noch aus dem ausgehenden 13. Jahrhundert (s. Abb. 5). 1429 wurde sie in Verbindung mit der Ausweisung der Juden aus der Stadt konfisziert und erst 1754 der sich neu konstituierenden israelitischen Gemeinde zurückgegeben. Sie besteht aus einem relativ kleinen, von zwei fünfteiligen Kreuzrippengewölben überdachten Saal. Die Quelle, die einst das rituelle Bad (Mikwa) speiste, fließt noch heute unter der Brauerei. Neben der Synagoge sind zwei hebräische Inschriften in den Fels eingemeißelt. Von der einen kann nur der Name »Mordechai« eindeutig gelesen werden, die zweite hingegen läßt sich vollständig deuten: »Wisse, vor wem du stehst!« (daᶜ lifnē mī ᵓattā ᶜōmēd), ein beliebter, häufig über den Synagogeneingängen angebrachter Sinnspruch. Von der alten Innenausstattung sind heute nur noch der obere Teil eines kleinen Fensters sowie der 1903 in die neue Synagoge übernommene Thoragiebel und zwei dazugehörige Säulen vorhanden (s. Abb. 6).

Die Synagoge von Bamberg wurde ebenfalls im 13. Jahrhundert auf unregelmäßigem, trapezförmigem Grundriß errichtet und im 14. Jahrhundert mit vier Kreuzrippengewölben versehen. Trotz der Umwandlung in eine Marienkirche und der Hinzufügung eines Chores blieb die für diese Bauten charakteristische Achsenlängsrichtung erhalten. Trotz zahlreicher Veränderungen und Eingriffe infolge sich wechselnder Nutzung als Kornmagazin und Turnhalle, seit 1946 wiederum als Kirche der evangelischen Freikirchlichen Gemeinde, trotz Vergrößerung der Fenster und des zu Wohnungen ausgebauten späten Walmdaches läßt das Gebäude durchaus seine Verwendung als Synagoge erahnen (s. Abb. 4).

Synagogen des 16. bis 18. Jahrhunderts

Von den fränkischen Synagogen des 16. und frühen 17. Jahrhunderts ist wenig bekannt, bewahrt blieb keine. An der Außenwand der heute als Heimatmuseum dienenden Synagoge im mittelfränkischen Schnaittach befindet sich zwar ein Stein mit der hebräischen Jahreszahl 1570, die allerdings offenläßt, ob sie sich auf den Erstbau oder eine spätere Renovierung bezieht (Abb. 22). Zwei nördlich an die Synagoge anschließende Gebäude, die Wohnungen des Rabbiners und des Vorsängers, das »Schulklopferhaus«, stammen aus dem 17. Jahrhundert, das südlich gelegene Frauenbethaus aus dem 18. Jahrhundert. Die bedeutende, 1691 errichtete Fürther Klaus-Synagoge wurde abgerissen, die mittelalterliche, im Inneren mehrmals umgebaute und den zeitgenös-

25 *Bad Mergentheim, Synagoge; Zustand nach dem Umbau von 1912. Die Synagoge wurde nach Kriegsende renoviert und 1946 neu geweiht, später jedoch abgebrochen.*
(Foto: Privatbesitz)

sischen Stilrichtungen angepaßte Hauptsynagoge, die heute zumindest Aufschluß über die Entwicklung der Innenraumgestaltung geben könnte, fiel der Reichskristallnacht zum Opfer. Die 1676 errichtete Synagoge von Steinach a.d. Saale (Lkr. Bad Kissingen) wurde nach dem Kriege niedergelegt und an ihrer Stelle ein Schulgebäude errichtet. Zwei Synagogen des 17. Jahrhunderts befanden sich mit Mergentheim (erbaut 1658, erweitert 1762, neu geweiht 1946, später abgebrochen [Abb. 25–26]) und Weikersheim (erbaut 1688) in unmittelbarer Nachbarschaft Frankens.

Mit dem 18. Jahrhundert änderte sich jedoch die Situation schlagartig. Nicht nur, daß ein regelrechter Bauboom einsetzte, der schon am Beispiel des Aschaffenburger Raumes erkennbar ist; dort existierten neben der Stadt selbst in Hösbach, Großostheim, Kleinostheim, Großwallstadt, Kleinwallstadt, Sulzbach, Klingenberg, Röllbach, Miltenberg, Wörth a. M., Seligenstadt, Steinheim, Dieburg, Oberroden, Orb, Nagelsburg, Krautheim, Buchen, Mühlheim, Königshofen, Bischofsheim, Königheim, Neudenau, Hochhausen, Külsheim, Walldürn, Balenburg und Bielungen jüdische Gemeinden mit eigenen Synagogen. Vielmehr hat sich aus dieser Zeit auch ein Baubestand erhalten, der präzise Aussagen über die Entwicklung der dörflichen Synagogenarchitektur erlaubt.

Wer hier allerdings eine grundsätzlich von anderen Gebäuden verschiedene Baugattung vorzufinden glaubt, sieht sich erst einmal getäuscht. Lediglich Thoranischen, die an der Außenwand als erkerförmige Ausbuchtungen sichtbar werden, bisweilen ein hebräischer Segensspruch mit Chronogramm wie in Höchberg, Laudenbach und Wenkheim (Abb. 27) sowie vereinzelte Chuppasteine geben Auskunft über den einstigen Zweck dieser manchmal eher Zehntscheunen gleichenden Bauten. Ansonsten setzen sie die Architektur ihrer Umgebung fort, ob als massive Sandsteinquaderkomplexe, so z.B. in Altenkunstadt, Memmelsdorf/Ufr. und Reckendorf, oder als Fachwerkbauten, denen sie – wie in Burgsinn (Abb. 29) oder Tüchersfeld (s. Abb. 7) – durch halbrunde Fenster im Sakralraum eine neue, weder werk- noch materialgerechte Dimension hinzufügen. Für ihre äußerliche stilistische Unscheinbarkeit aber sorgten nicht nur baurechtliche Verordnungen, sondern auch bis Edwin Oppler (1831–1880) das Fehlen jüdischer Architekten, die eine eigene Formensprache entwickeln hätten können. So war man auf nichtjüdische Fachleute angewiesen, die als Synagogen genutzte Kirchen, aber eben keine Synagogen schufen. Bestes Beispiel hierfür ist die prachtvolle spätbarocke Synagoge von Ansbach, die der markgräfliche Hofbaumeister Leopoldo Retti zwischen 1744 und 1746 plante und erbaute.

Bei aller formalen Anpassung an herrschende Baumoden und trotz späterer Umbauten aber lassen diese Gebäude ihre einstige Bestimmung erkennen. Sie besitzen im 18. und frühen 19. Jahrhundert einen annähernd quadratischen Grundriß, das Verhältnis von zwei zu zwei oder zwei zu drei Fensterachsen ist nicht ungewöhnlich (Abb. 28). Zu ihnen gehören die Synagoge von

26 *Bad Mergentheim, Innenraum der Synagoge nach dem Umbau von 1912. Die Thorarollen und die Ritualien wurden vor der Vernichtung gerettet und nach 1945 dem amerikanischen Militärrabbiner Dr. Kahan übergeben.*
(Foto: Privatbesitz)

Altenkunstadt, ein 1726 errichteter Sandsteinquaderbau, dessen Ostseite 1822 (?) durch einen Wohntrakt verlängert wurde, die 1797 erbaute, 1867 renovierte, später als Neuapostolische Kirche verwendete und heute als Wohnhaus dienende Synagoge von Lichtenfels, vor allem aber die 1803 eingeweihte, 1932 noch einmal wiederhergestellte Synagoge von Urspringen (Abb. 30). Weitere Vertreter dieses Typs befinden sich in Memmelsdorf/Ufr. (1729), Reckendorf (1732), Mühlhausen (1756), in Schnodsenbach (seit 1899 als Scheune genutzt [Abb. 31]) und in Hüttenheim, wo eine Bauerlaubnis zwar 1754 erteilt wurde, die 1820 eingeweihte Synagoge als Haus Nr. 9 jedoch erst 1834 im Urkataster erschien.

Diese längsachsig aufgeschlossenen, im Innern mit einer bisweilen stuckierten Flachdecke, häufiger allerdings mit einem einfachen Tonnengewölbe versehenen und von einem Walmdach überdeckten Baukörper zeichnen sich durch bekannt erscheinende, in ihrer späten Verwendung allerdings anachronistische Details, so durch das der mittelalterlichen christlichen Sakralarchitektur entstammende mittlere Rundfenster (Oculus) an der Thorawand sowie durch seitliche, verhältnismäßig langgezogene Bogenfenster aus. Die Gliederung der Außenmauern ist schlicht, abgesehen von vereinzelt angebrachten Ecklisenen, unauffällig gestalteten Fenster- und Türgewänden und den heute verschwundenen giebelförmigen Portalvorbauten. Die Dorfsynagogen wirken schmucklos, gedrungen-massiv, können keinesfalls mit anderen ländlichen Repräsentativbauten konkurrieren und beeindrucken dennoch schon

27 *Wenkheim, Synagoge, erbaut 1840/41, heute Wohnhaus. Die hebräische Inschrift über dem Eingang lautet: »Dieses Tor wurde vollendet im Jahre 601 der kleinen Zeitrechnung [1840/41]. Die Gerechten mögen durch es kommen.«*

angesichts der geringen finanziellen Mittel jüdischer Gemeinden.

Die äußere Einfachheit aber läßt sich nicht allein aus der materiellen Situation ableiten. Vielmehr lehnte sich die Synagogenarchitektur des 18. Jahrhunderts eng an den protestantischen Kirchenbau und hier letztlich an den hugenottischen »Temple de Charenton« an, der von 1622 bis 1623 von Salomon de Brosse erbaut, allerdings 1686 bereits zerstört wurde. Dessen langgezogene Fenster, das hohe, raumschaffende Walmdach, die das Innere dreiseitig umziehenden Emporen, die den gesamten Innenraum überspannende Muldendecke und den klassizistischen Verzicht auf Schmuckformen ahmte der Synagogenbau nach, übertrug ihn sogar wie in Burgsinn, wo sich die Tonnendecke mit der während der Restaurierung 1927 angebrachten farblichen Fassung und den Pflanzenornamenten erhalten hat, in die heimische Technik des Fachwerks. Wie rigoros man insgesamt das protestantisch-hugenottische Vorbild aufgriff und sich zunutze machte, zeigen die Gotteshäuser in hessischen Hugenottenorten wie Gewissenruh und Gottstreu im Weserbergland.

Nationale Identität und orientalischer Stil. Synagogen des 19. und frühen 20. Jahrhunderts

Im 19. Jahrhundert verlagerte sich jüdisches Leben zusehends vom Dorf in die Stadt; viele ländliche Gemeinden brachten den für Gottesdienste und Kultusaufgaben erforderlichen Minjan nicht mehr zusammen, alte Synagogen verfielen oder wurden verkauft.

Wo man von dieser Entwicklung weniger hart

28 *Goßmannsdorf, Synagoge, erbaut 1756. Zustand von 1951 und 1981.*
(Foto: Peter Wesselowsky, Ochsenfurt)

betroffen war, wurden Synagogen restauriert, neue erbaut. Die Erfahrung der alten Isolierung als religiöse Minderheit wich dem neuen jüdischen Selbstbewußtsein einer deutschnationalen Identität, das seinen Ausdruck eben auch in der Baukunst durch die Übernahme historisierender neoromanischer und neogotischer, nicht einmal vor kreuzförmigen Grundrissen zurückschrekkender Bauformen fand. Edwin Oppler, der jüdische Architekt der Synagogen von Hannover und

Breslau, formulierte die neue Entwicklung: »Es gibt keine Frage mehr für die Baumeister der Neuzeit, ein jüdisches Gotteshaus auch in deutschem Style zu erbauen; denn das Bauwerk, will es Anspruch auf ein monumentales machen, muß vor allem national sein. Der deutsche Jude muß also im deutschen Style bauen [...] Der romanische Styl ist durch und durch deutsch.«[25] In dieser Argumentation spielte die als Vorbild wiederentdeckte mittelalterliche Wormser Synagoge eine wichtige, keinesfalls aber zentrale Rolle. Die 1883/84 errichtete Synagoge von Kitzingen mit ihrer Doppelturmfassade läßt noch in ihrem heutigen Zustand den monumentalen Anspruch des historisierenden Synagogenbaus in der zweiten Hälfte des 19. Jahrhunderts spüren, der vor allem in den reichen städtischen Gemeinden verwirklicht werden konnte, so – wenn auch in bescheidenerem Umfang – 1853 in Bamberg.

Wie feinfühlig aber gerade die jüdische Architektur auf mentale Veränderungen reagierte, zeigt die Entwicklung im letzten Drittel des 19. Jahrhunderts. Die Wirtschaftskrise von 1873 brachte latenten Antisemitismus neu und in verstärktem Maß zutage, zwang die Juden zu neuerlicher Rückbesinnung auf die eigene Tradition. Historistische Tendenzen verbanden sich nun mit orientalisierenden Stilelementen. Neben Synagogen im – allerdings in Deutschland nie populär gewordenen – ägyptischen Stil, wie sie Friedrich Weinbrenner 1798 in Karlsruhe, Jean Baptiste Métivier 1826 in München baute, wie sie Johann Conrad Bromeis für Kassel plante und wie sie in Würzburg auf ausdrücklichen Wunsch des baye-

29 *Burgsinn, Synagoge; Ostwand mit Thoraschrein. Auffallend sind die für einen Fachwerkbau ungewöhnlichen Halb- und Vollbögenkonstruktionen. Die Synagoge wurde 1927 und 1928 noch einmal restauriert, der Innenraum farblich neu gestaltet und mit ornamentaler Ausmalung versehen.*

rischen Königs entstand (eingeweiht am 10. September 1841), errichteten die städtischen Kultusgemeinden orientalisierende Repräsentativbauten mit Kuppeln, Hufeisenbogenfenstern und mit der für Moscheen und islamische Paläste charakteristischen Stalaktitenarchitektur, wie sie bereits einmal in den Synagogen von Toledo (Santa Maria la Blanca, El Transito) verwirklicht worden war. Solche Bauten im maurisch-orientalischen, aber auch auf byzantinische Formen zurückgreifenden Stil befanden sich in Nürnberg (eingeweiht 1874, abgebrochen 1938), in Aschaffenburg (erbaut 1891–1893) und in Miltenberg (eingeweiht 1903).

Wohl in keinem Bereich dörflicher Architektur machte sich trotz Vereinfachungen der Einfluß des städtischen Vorbildes so bemerkbar wie bei der orientalisierenden Mode der Dorfsynagogen. Die von 1858 bis 1859 geschaffene Synagoge von Messelhausen, die zugleich als Wohnung für den jüdischen Lehrer diente, besaß ebenso Hufeisenbogenfenster wie die 1869 im Stil der Neorenaissance errichtete Synagoge von Burghaslach (Lkr. Scheinfeld) oder die Synagoge von Freudenberg (Lkr. Miltenberg) (Abb. 32), die auf dem Platz einer 1891 niedergebrannten Synagoge erbaut und deren Betsaal im oberen Stockwerk untergebracht war.

Bau und Einweihung einer Synagoge

Über den heute als Mahnmalen wider Willen verfallenden Gotteshäusern werden nur zu leicht die Menschen vergessen, die einst in ihnen beteten,

30 *Urspringen, Synagoge, erbaut 1803; Frauenempore. Zustand von 1980.*

Ruhe suchten, die sich mit Leib und Seele, mit persönlichem Engagement und eigenem Vermögen dafür einsetzten, daß diese Stätten überhaupt entstanden, und deren Freude über das erreichte Ziel, wenn sie zusammen mit dem Rabbiner den ersten Gottesdienst feiern konnten, nur schwer nachfühlbar ist.

In Uehlfeld (Lkr. Neustadt/Bad Windsheim) war die um 1700 erbaute Synagoge baufällig geworden. 1815 beauftragte daher die jüdische Gemeinde den Büchenbacher Maurermeister Sebastian Neun mit der Anfertigung von Bauplänen, überließ ihm die Bauausführung, und 1818 konnte schließlich der Neubau, dessen Errichtung annähernd 13 000 Gulden gekostet hatte und nach dem »Zeugnisse urtheilsfähiger Männer [...] unter die schönsten und zweckmäßigsten« Synagogen Deutschlands zu zählen sei, eingeweiht werden.

Dieses subjektive Zeugnis verdanken wir einer anläßlich der Synagogeneinweihung von Rabbiner Samson Wolf Rosenfeld verfaßten Schrift, die trotz überschwenglicher Worte nicht über die zu bewältigenden Hindernisse von der am 15. März 1815 erfolgten Baugenehmigung, bei der sich »die tolerante Handlungsweise der höchsten königl. Landesstelle und des hohen königl. Landgerichts aufs Unzweideutigste« erwies, bis hin zur mühsamen Finanzierung mittels kleiner und kleinster Spenden hinwegzutäuschen vermag: »Der achtbare Müllermeister Schmidt zu Dachsbach trug sogar eine baare Unterstützung von 7 fl. bei! Der berühmte Bierbrauer und Gastwirth Hilpert zu Oberndorf, bei Bamberg, sendete zum Behufe der Einweihung, einen halben Eimer seines vortrefflichen Biers, unentgeldlich.«

Dem Einsatz zahlreicher Gemeindemitglieder, so des Barnossen Hirsch Löw Rosenfeld, des Vaters des Rabbiners, Salomon Heidenheims, Marx Tuchmanns, Simon Hopfs und Alexander Löw Levino's war es zu verdanken, daß nach dreijähriger Bauzeit das Kulmbacher Wöchentliche Unterhaltungsblatt (Nr. 15, 1818) anerkennend berichten konnte:

»Es hat [die Synagoge] eine gesunde, freie, freundliche Lage. Vor demselben zieht sich ein schmaler Vorhof hin, eingefaßt mit einem blau und weiß angestrichenen Stacketen-Zaune. Das Portal zieret in der Mitte ein hohes Bogenfenster, dem zur Seite zwei kleinere Fenster, unter welchen sich in Lilienkränzen hebräische Inschriften befinden. Darunter sind rechts und links zwei Thüren, von welchen die links zum Gebetthore der Frauen führt, die rechts den Haupteingang bildet. Er führt eigentlich nur zur Vorhalle, von dieser erst in der Mitte einer zweiten Mauer eine andere Thüre in das Innere. Ober dieser Vorhalle ist die durch das ganze Breite des Gebäudes laufende Gallerie für die Frauen. Die innere Einrichtung ist im Ganzen die gewöhnliche jeder Synagoge, nur sehr symetrisch, einfach, nicht ohne Geschmack, wahrhaft gefällig ausgeführt. Sie hat viele Nachahmung von christlichen Kirchen; wozu besonders der steinerne, oben mit einer zierlichen Einfassung versehene Opferstock, die in Reihen rechts und links angebrachten schönen Betbänke, der Altar mit den Geboten &c. zu sehen«.

Die Einweihung hatte man für den 6. und 7. März 1818 festgelegt, den Vorabend (5. März) als Fast-, Bet- und Bußtag begangen. Am Vormittag des 6. März 1818 erklang auf dem Vorplatz der alten Synagoge Musik, wo sich die Gemeinde zum Morgengebet traf. Anschließend wurden die Vertreter des königlichen Landgerichts und Rentamts Neustadt a. d. Aisch mit einer Musikkapelle in Dachsbach abgeholt, von dort setzte sich ein Festzug in Richtung Uehlfeld in Bewegung. Nach der Mittagspause begaben sich die fremden und einheimischen Israeliten noch einmal zum Vespergebet in die alte Synagoge. Nach dessen Beendigung »sprach der Rabbiner einige Worte des Trostes und der Ermahnung, in Beziehung auf dieses Bethaus. Es mischten sich da verschiedene Empfindungen! Es flossen Thränen der Wehmuth und der Freude! Dieser Act schloß sich mit einem inbrünstigen Gebete von eben diesem Bezuge. – Hierauf wurden die heiligen Rollen der Bücher Mosis aus dem Aron hackodesch ehrfurchtsvoll genommen und ein jeder der Träger ging damit an seine auf dem Vorplatze der Synagoge ihm angewiesene Stelle«. Hier formierte sich der Festzug

»nach folgender Ordnung:
1) ein Musik-Chor,
2) die Schuljugend, und zwar
   a) die Knaben, angeführt von ihrem Lehrer, Herrn Moses Lazarus Kohn;
   b) die Mädchen, angeführt von des Lehrers Gattin; die Mädchen sämmtlich weiß gekleidet, mit baierisch-blauen Bändern um den Leib und die Arme;
3) ein zweites Musik-Chor,
4) die Vorsänger mit einem Sänger-Chor,
5) 14 Exemplare der heiligen Bücher Mosis, je Paar und Paar, unter 7 Baldachinen, von dem Barnoß, dem Rabbiner und andern Familienvätern getragen; an deren Spitze die hohen Honoratioren sich befanden, mit dem Vortritte der beiden königl. Herren Landrichter zu Neustadt und Höchstadt a. d. A.
6) die Familienväter, nach Ordnung des Alters, mit ihren Gästen,
7) die Frauen, hiesige und fremde,
8) die Jugend, weiblichen Geschlechtes,
9) die Meister des Baues, und endlich
10) ein Heer von Zuschauern aus allen Klassen und Konfessionen folgte dem Zuge von allen Seiten«.

Unterbrochen von »Musik mit Märschen, Allegro's &c.« sang die Gemeinde unter Leitung des Kantors Jacob Bärmann aus Sulzbach geistliche Lieder. »Indessen gieng bei diesem Zuge alles in größter Ruhe und Ordnung, ohne Excessen von Statten, welches bei einer so großen Volksmenge, von den verschiedensten Konfessionen und der verschiedensten Denkungsart, allerdings zu bewundern ist.« So trat man erstmals in die neue Synagoge ein, deren Tore als Ehrenpforten geschmückt und »mit Papiere von baierischer Nationalfarbe umwunden« waren. Nun erfolgte die eigentliche Einweihungszeremonie, zu deren Höhepunkt die Thorarollen in den bislang »offen gestandenen, mit zwei brennenden Kerzen versehenen Aron hackodesch gesetzt« wurden. Den Abend verbrachten die jüdischen Familien zusammen mit ihren Gästen, und am 7. März endeten schließlich die Feierlichkeiten mit einem weiteren, bis in den späten Nachmittag dauernden Gottesdienst.

Die Feier verlief offensichtlich ohne Störungen; doch Rosenfeld stellte dem christlich-jüdischen Verhältnis kein allzu gutes Zeugnis aus, wenn er ausdrücklich betonen mußte:

»Alles befleiß sich einer ruhigen, aufmerksamen Theilnahme. Dies sey vorzüglich unsern christlichen Miteinwohnern und Nachbarn zum Ruhme gesagt. [...] Die Armen aller Konfessionen wurden hiebei bedacht, und wer die Menge der herbeigeströmten armen Israeliten zu sehen Gelegenheit hatte, dürfte schwerlich der Behauptung: ›die Israeliten seyen im Hauptbesitze des Geldes,‹ die jetzt zur Lieblings-Idee so mancher Schriftsteller geworden zu seyn scheint, beipflichten. Möchten doch diese Fernseher, welche ihre Belege von der Weite hernehmen, in ihrer eigenen Nähe um sich blicken und sehen, welche erstaunliche Bürde von Armuth jede Judenschaft auf sich lasten hat!«

Innenausstattungen.
Die Werke des Elieser Sussmann

Die Würde des synagogalen Gottesdienstes bedurfte, wie das Beispiel Uehlfeld zeigt, nicht der aufwendigen Ausschmückung der Innenräume. Mit den Synagogen von Bechhofen, Kirchheim und Horb aber stoßen wir in Franken auf ein für Westeuropa einmaliges Phänomen.

Im schmalen Spielraum des Bilderverbotes (vgl. Ex 20, 4–5) konnte sich die künstlerische Ausgestaltung von Handschriften, Kultgeräten und Synagogen dann entfalten, wenn sie sich auf weitgehend ornamentale Motive beschränkte. Dies traf auf die drei genannten Synagogen zu, deren Holzvertäfelungen völlig bemalt waren. Die Art dieser Ausschmückungen ist ansonsten nur aus polnischen Holzsynagogen bekannt, was auch mit der Person des Malers, Elieser Sussmann, übereinstimmt. Über ihn ist neben seinen Werken nicht mehr als sein, der Name seiner Frau Rela (oder Delo) und der seines Vaters, des Kantors Schlomo(h) Katz aus Brod, bekannt. Sussmann, obwohl vielleicht schon in Deutschland geboren, stand in der Tradition der osteuropäischen Synagogenmalerei und stammte wohl von Juden ab, die durch Pogrome und die sich im 17. und frühen 18. Jahrhundert zusehends ver-

31 *Schnodsenbach, Synagoge. Im Innenraum sind neben der Nische des Thoraschreins noch Reste einer einfachen ornamentalen Wanddekoration mit zwei Blumenvasen zu erkennen.*

32 Freudenberg, Synagoge, erbaut 1891. Der Betsaal für die 1900 nur noch 35 Mitglieder umfassende Jüdische Gemeinde war im Obergeschoß untergebracht.

schlechternde wirtschaftliche Lage aus Polen vertrieben u.a. in den Städten und Dörfern Nordbayerns und entlang des Mains eine neue Bleibe gefunden hatten.

Seine erste Arbeit vollendete Sussmann laut einer hebräischen Inschrift am 1. Tag des Monats Cheschwan (13. November) 1732 im Innenraum der äußerlich völlig unauffälligen, vielleicht 1681 errichteten, 1938 zerstörten »Scheunensynagoge« von Bechhofen, einem lediglich 8,5 m langen, 9 m breiten und 7 m hohen Gebäude, von dem die Frauenschule an der Westfront durch ein Gitter abgetrennt war. Die Holzvertäfelung der Wände verzierte er mit streng durchgegliederten, ornamental umrahmten Schrifttafeln, Blumenvasen, Darstellungen des siebenarmigen Leuchters (Menora), trompetender Löwen sowie der an ländliche Möbelmalerei erinnernden, flächenhaft-dekorativen Idealansicht Jerusalems. Die Tonnendecke überzogen nachmanieristische, mit zahlreichen Tieren, u.a. Einhörnern verwobene Blumenranken.

1735 malte Sussmann die 1707 erbaute, nur bis zum Ende des 19. Jahrhunderts benutzte Betstube im oberfränkischen Horb aus, ein kleiner Raum, der im Obergeschoß eines Fachwerkhauses untergebracht war. Hier trat ein gänzlich anderer Sussmann als in Bechhofen mit seinen linearen, geometrisch angeordneten Malereien auf. Er bedeckte die Holzverschalungen mit großen, die gesamten Wandflächen des Betsaales überwuchernden Blumenwandteppichen, verzichtete jedoch auch hier nicht auf Vogel-, Löwen- und Jerusalemdarstellungen, die in symbolischem Zusammenhang mit den beigeordneten Texten stehen.

Nachdem Sussmann von 1738 bis 1739 die Synagoge von Unterlimpurg, deren Vertäfelungen sich als nunmehr letztes Zeugnis seiner Dekorationskunst im Museum von Schwäbisch-Hall befinden, ausgemalt hatte, tauchte er 1739 in der jüdischen Gemeinde von Kirchheim auf, deren Betstube im oberen Stockwerk eines Hauses er im gleichen und im folgenden Jahr gestaltete (Abb. 33). Auch dieser mit nur 5,5 × 5,5 m Grundfläche und 3,5 m Höhe sehr kleine Kultraum war von einer Tonnendecke überwölbt und durch ein Holzgitter von der Frauenschule an der Nordseite getrennt. Während er hier den hebräischen Texten eine noch größere Bedeutung als in Bechhofen zumaß, vernachlässigte er die sehr flächig ausgeführten Blumen- und Rankenornamente; ebenso verzichtete er auf die für seine anderen Werke typischen Motive wie den siebenarmigen Leuchter und den Schaubrottisch. Doch bei aller Differenzierung der drei Synagogen untereinander ließen sie durch die den gesamten Innenraum flächenhaft überziehende Bemalung, die in Kirchheim in einem »horror vacui« sogar den Almemor nicht aussparte, die Hand Elieser Sussmanns erkennen.

Die Einzigartigkeit seines Schaffens erweist sich im Vergleich mit der Bescheidenheit der Innendekoration anderer Synagogen. In Schnodsenbach blieben neben Stuckpilastern, der einfachen Farbgestaltung der Wände und der Decke auch – inzwischen allerdings stark verblaßte – Darstellungen von grauen Vasen mit blauen Blumen und

33 *Kirchheim, Synagoge; Almemor (Bima) und Thoraschrein mit Malereien Elieser Sussmanns von 1739. Seit 1912 im Fränkischen Luitpoldmuseum Würzburg verbrannten die Vertäfelungen im Zweiten Weltkrieg.* (Foto: Bayerland 1926)

grünen Blattzweigen zu beiden Seiten der Thoranische erhalten. Die Synagoge von Mühlhausen besaß eine recht ansehnliche Stuckdecke, und die Innenwände und die Tonnendecke der Synagoge von Burgsinn waren 1927 mit farbigen Kassetten, die Zwickel mit Blumenornamenten ausgeschmückt worden. Andernorts behalf man sich mit Schablonierungen, so etwa mit Jugendstilornamenten im Betsaal von Frankenwinheim.

Inneneinrichtung und Kultgeräte

Der Innenraum konzentrierte sich auf den durch Stufen erreichbaren Thoraschrein (Aron ha-kodesch) an der Ostwand, in dem die Thorarollen, aber auch andere liturgische Bücher verwahrt wurden, und auf den Almemor (oder Bima), von dem aus während des Gottesdienstes die jeweiligen Abschnitte aus der Heiligen Schrift vorgetragen wurden. Darauf richteten sich die Bänke der Männer bzw. der Frauen in der Frauenschule oder auf der über eigene Zugänge und Treppen erreichbaren Frauenempore aus. Die Plätze wurden nach Rang, Alter und Würde, was oft gleichbedeutend mit dem Vermögen war, vermietet, der Erlös kam den zahlreichen Gemeindeausgaben zugute; so verfügten, wie bereits erwähnt, der Fuchsstädter Kaufmann Salomon Strauß und seine Ehefrau über die jeweils ersten Sitze in der Synagoge. Ob allerdings die von Andreas Würfel für Fürth angegebenen Summen von 200, 300 oder gar 400 Gulden, je »näher ein solcher Stuhl an dem Gesetz-Schranken stehet«, der Wahrheit entsprachen, bleibt dahingestellt.

34 *Thoraschrein, aus der Synagoge von Geroda (Rhön), 18. Jahrhundert.*
(Foto: Bayerland 1926)

Daß es aber bei der Rangordnung zu Streitigkeiten kommen konnte, belegt eine Anfrage des Amtsvogts zu Orb vom 7. Dezember 1783 an den Vorsteher der jüdischen Gemeinde von Aschaffenburg:

»Die da hiesige Judenweiber in der oberjudenschul haben wegen dem Stand einen Streit. Hergebracht ist es, daß die Jüdinn, welche am längsten geheirathet hat, den ersten Stand in der Schule habe, und so eine der anderen nach der geschenen Heürath nachrucke. Hierbei können nun zwei Gegenstände vor, ob nemlich dießes Herbringen beibehalten werden muß, und diejenige Frau, welche die älteste nach der Heürath, vorgehe, oder ob auch diejenige, welche einen Wittiben geheürathet in der Verstorbenen Platz einrücke und in der ersten Frau Rechten eintrette? Sodann ist die andere Frage, ob des Vorsingers Frau, welche Schuzsäßig, des nemliche Recht gleich einer anderen Frau im Stand habe, und so fortrucke.«

Die durchwegs schlichte Gestaltung der Thoraschreine folgte den stilistischen Prägungen ihrer Zeit (Abb. 34). Im 18. Jahrhundert oft Kirchenaltären verblüffend ähnlich gehörten als oberer Abschluß zwei anithetische Löwen unter einer Krone zu den beliebtesten Symbolen, während im 19. Jahrhundert bisweilen mächtige Säulenbauten vor den Schrein gesetzt wurden.

Der Aron ha-kodesch wurde nur geöffnet, um für den Gottesdienst die Thorarollen auszuheben. Größere Gemeinden wie Aschaffenburg oder Fürth besaßen durch Schenkungen oft eine größere Anzahl von Schriftrollen; so hatte laut Andreas Würfel »Rabbi Henoch Leui ein Wiener Exulant, [...] zur Danckbarkeit, daß Er seinen Aufenthalt in Fürth gefunden, der alten Haupt-Schul ein sehr schön geschriebenes Sepher-torah übergeben«. Sie waren um zwei Rollstäbe (Ez chajim) gerollt, mit bestickten oder bemalten

35 *Thoraschild für Sabbat, Ende 18. Jahrhundert, aus einer Synagoge in der Gegend von Kitzingen. Nürnberg, Germanisches Nationalmuseum, JA 22* (Foto: Germanisches Nationalmuseum Nürnberg)

Thorawimpeln umwickelt (s. S. 152) und vom Thoramantel aus Brokat oder besticktem Samt umhüllt, in dessen Kopfstück sich meist zwei Löcher zum Durchstecken der Stäbe befanden. Wo mehrere Thoramäntel vorhanden waren, richtete sich deren Farbe nach den einzelnen Festzeiten.

Auf den Stäben saßen meist aus Silber angefertigte Kronen (Keter) mit kleinen Glöckchen, die beim Ausheben der Thorarolle zu klingen begannen (Rimonim). An einer Kette hing das Thoraschild (Tass) (Abb. 35), in dessen Mitte manchmal eine Vorrichtung zum Auswechseln von Schriftplatten mit den Namen der einzelnen Festtage angebracht war. Da beim Rezitieren die Buchstaben der Heiligen Schriftrolle nicht mit der bloßen Hand berührt werden durften, bediente sich der Vorleser eines handförmigen Zeigers, der Jad (»Hand«); sie konnte aus wertvollem Silber, aber auch aus einfachem Holz sein.

Den Thoraschrein bedeckte ein Vorhang (Parocheth), der gelegentlich mit einem Querbehang (Kapporeth) versehen sein konnte, gemäß den Worten von Exodus 40,21 über die Einrichtung der Stiftshütte: »Er setzte den Vorhang der Schirmung und schirmte ihn über den Schrein der Vergegenwärtigung«. Material des Thoravorhangs, dessen Farben ebenfalls den einzelnen Festtagen entsprachen, etwa Weiß für Jom Kippur (Versöhnungstag), waren neben einfachen Stoffen wie Kattun oder Leinen auch Seide und Samt (Abb. 36). Einen besonders wertvollen »פרוחת paroches Fürhang vor den Gesetz-Schranken samt dem כפורת capóris- Mäntelein über die Gesetz-Rolle« besaß laut Andreas Wür-

36 *Thoravorhang, Ende 18. Jahrhundert. Nürnberg, Germanisches Nationalmuseum, JA 7*
(Foto: Germanisches Nationalmuseum Nürnberg)

fel die Fürther Alt-Schule. »Der Vorsinger Elkonen hatte beede Stück für die Juden-Gemeinde nach Amsterdam gefertiget. Weilen sie aber zu kostbar ausfielen, so hat sie die Amsterdamer Gemeinde wieder zuruck gesendet. Nachmalen haben es die Gumberts in Fürth an sich erkauft um 1200. Gulden, und aus generosité zur alten Haupt-Schul gestiftet.«

Im Inneren der Synagoge fällt die Vielzahl von Leuchtern auf. Vor dem Thoraschrein brannten das Ewige Licht (Ner Tamid) zur Erinnerung an das Licht der Stiftshütte (Ex 27,20–21), an der

Ostwand, vor den Stufen zum Thoraschrein, die Lichter zum Gedächtnis an die Verstorbenen; ferner gehörte ein großer, achtarmiger Chanukka-Leuchter zum Synagogeninventar. Oft entstammten auch diese Geräte wohltätigen Stiftungen: »In dieser Alt-Schul«, fährt Andreas Würfel in seiner Beschreibung der Fürther Synagoge fort, »ist auch ein schöner messinger Leuchter, worinnen ein ewiges Licht brennet. Die Fränkel, welche von Wien exuliren müssen, haben solchen mit nach Fürth gebracht, und bey ihren etablissement, in die Altschul geschenket.«

Liturgische Reformen.
Kanzel, Königsgebet und Orgelstreit

Seit dem späten 18. Jahrhundert versuchte man im Gefolge der Assimilationsbestrebungen teilweise grundlegende Reformen des Gottesdienstes durchzusetzen. Auch wenn die letzte Konsequenz, die Einführung der deutschen Sprache für die gesamte Liturgie, ausblieb, zu den Neuerungen gehörte u.a. die Predigt. Dadurch übernahm der Almemor zusätzlich die Funktion einer Kanzel, und es ist vermutlich auch darauf zurückzuführen, daß er seit der Wende vom 18. zum 19. Jahrhundert seinen ursprünglichen Platz aus der Mitte der Synagoge in das erste Drittel der Längsachse vor den Thoraschrein zu verlagern begann.

Im 19. Jahrhundert wurde zudem das Gebet für den Landesherrn zum festen Bestandteil der synagogalen Feier (s. Abb. 73). Wo man es zuvor nicht sprach, etwa in Fürth, mag dies eine der wenigen, inneren Revolten von Menschen gewesen sein, die dem politischen Kalkül der Herrschenden bedingungslos ausgeliefert waren: »Wie andre Juden-Gemeinden für denjenigen Landes-Fürsten beten, der sie in seinem Land dultet, so sollten auch die Fürther-Juden für das Wohl und beständigen Flor des Durchlauchtigsten Hauses Anspach zu Gott flehen in dem Sabbath Gebet der da Heyl gibt den Königen etc. aber das thun die Fürther Juden nicht.« Denn erst durch die Verbesserung der Lebensumstände erhielt dieses Gebet seinen Sinn. Deutlich kündigten sich die Vorboten der Emanzipation an, als Samson Wolf Rosenfeld bei der Synagogeneinweihung in Uehlfeld die Angehörigen des bayerischen Königshauses ins Gebet einbezog und fast schon beschwörend anmerkte: »An diesem hohen Ideale schließen sich unsre heutige deutsche Fürsten an; besonders Baierns liebreicher König, und verdient nicht nur wie Salomo der Weise, sondern auch: der Gute genannt zu werden. Vieles schon hat dieser huldreiche Monarch gethan, zur Entfesselung Seiner israelitischen Unterthanen; und mehreres noch wird Er für dieselben in Zukunft thun«. Die Fürbitten schlossen dann die gesamte Königsfamilie und die Regierung ein:

»Segne Gott! unsren guten Landesvater: Maximilian Joseph, unsre gute Landesmutter: Karoline; Gieb Ihnen langes Leben, Menschenalter durch – zum Glück Ihres Volkes – zur Zierde des Thrones!
Segne Vater! Baierns huldvollen Kronprinzen: Ludwig Carl August, Seine höchstteuere Gemahlin: Therese Charlotte Louise. Erhalte sie lange – zum Trost und zur Hoffnung künftiger Geschlechter!

37 *Almosenbüchse; Frauenempore der 1823 erbauten Synagoge von Ermreuth.*

Segne Herr! die sämmtlich liebevollen Prinzen und Prinzessinnen des allerhöchst Königlichen Hauses; daß Sie erfreuen des Königs Herz und des baierischen Volkes.
Schütze Gütiger! das theuere Leben der humanen, weisen und thätigen Räthe, die des Königs Thron umgeben, der höchstverehrten Kreis-Regierungen; verleihe Ihnen Kraft und Stärke zur Handhabung des Landes Wohl!«

Auf Leinwand oder Holz geschrieben, oft in einer hebräischen und deutschen Fassung, gehörten die Königsgebete seit dem 19. Jahrhundert zur Ausstattung auch der Dorfsynagogen. Sie stellten mehr als nur einfache Gebetstafeln dar; sie waren Erinnerung an Geschichte und Gegenwart zugleich.

Im Zuge der Liturgiereformen fand schließlich auch die Orgel Eingang in die Synagoge. Weniger um die sich dadurch verändernde Synagogalmusik als vielmehr um das dem herkömmlichen jüdischen Gottesdienst völlig fremde Instrument entlud sich zwischen orthodoxen und liberal-assimilierten Gruppierungen ein schon lange schwelender Streit. Die Orthodoxie lehnte die Orgel kategorisch ab; sie sei aus dem christlichen Kultus übernommen, ihr Spielen verletze das Arbeitsverbot am Sabbat, ja ein gläubiger Jude dürfe die mit einer Orgel ausgestattete Synagoge gar nicht betreten.

Die Auseinandersetzungen spalteten u. a. die Fürther Gemeinde. Dort war 1865 anläßlich der Restaurierung der Hauptsynagoge der Wunsch, eine Orgel einzubauen, geäußert und diese 1873 auch angeschafft worden. Im Februar 1873 beschlossen daher 65 Gemeindemitglieder, »aus der bisherigen Religionsgemeinschaft auszutreten und eine eigene religiöse Gemeinde zu gründen«, womit die Differenzen zwischen den Orthodoxen und dem 1830 zum Rabbiner gewählten Dr. Isaak Loewi ihren vorläufigen Höhepunkt gefunden hatten.

Ähnlich wie in Fürth kam es auch in Nürnberg wegen der neuen Orgel zu Meinungsverschiedenheiten. Die Traditionalisten verlangten 1874 die Überlassung des Betsaales im Gemeindehaus für ihre Gottesdienste, da sie dem reformiert-liberalen Kultus in der am 8. September 1874 eingeweihten Synagoge nicht mehr folgen wollten.

Ritualbad (Mikwa)

Zu den Pflichten eines frommen Juden gehörte der regelmäßige Besuch des Ritualbades, in Franken besser unter der Bezeichnung »Judendauch(e)« bekannt, das meist in der Nachbarschaft der Synagoge lag, bisweilen sogar in deren Kellerräumen untergebracht war. Es durfte nur von fließendem oder anderem natürlichen Wasser (Grund- und Regenwasser), keinesfalls von geschöpftem Wasser gespeist werden, und das Wasserbecken mußte mindestens drei Kubikellen oder 800 Liter fassen.

Sowohl Männer wie Frauen suchten die Mikwa zur symbolischen Reinigung auf, in ihr wusch man aber auch das neuerworbene Haushaltsgeschirr. Das Tauchbad galt vor allem für Frauen nach der Menstruation und nach der Geburt, die Frist schwankte in den einzelnen Gemeinden von sieben Tagen nach der Geburt eines Knaben und zwei Wochen nach der eines Mädchens bis zu 40 bzw. 80 Tagen. Die Vorschriften hierfür waren ebenso kompliziert wie minuziös: »Man geht«, so Se(e)ligmann Bär Bamberger, »ganz entkleidet in die Mikwa und taucht darin derart unter, daß der ganze Körper nebst sämtlichem Kopfhaar gleichzeitig bedeckt ist. Hierbei ist darauf zu achten, daß sich kein Körperteil in einer solchen Lage oder Stellung befinde, durch welche der Zugang des Wassers zu irgend einer Stelle des Körpers gehindert wäre.« Dabei sollte eine erwachsene, religiöse Frau anwesend sein, um das korrekte Untertauchen gewissenhaft zu beobachten.

Bei allen hygienischen Implikationen, mit denen sich der regelmäßige Besuch der Mikwa über die Befolgung der Vorschriften hinaus verband, dürfen die Begleitumstände, vor allem die im Winter in den ungeheizten Anlagen herrschende Kälte, nicht vergessen werden. Als man in Bibergau Verbesserungen forderte, kam es zum Rechtsstreit. Am 20. Oktober 1825 war Simon Geißberger als Beauftragter der Judenschaft vor dem Landgericht Dettelbach erschienen, das am 9. August 1822 rechtskräftig erkannt hatte, daß die im Hause des Jakob, nun des Eysig Schrader und des Abraham Scharlach befindliche »Dauche« allen Juden im Ort zugänglich sei. Gegen die Weisung des Gerichts vom 3. September 1825, das Bad heizbar zu machen, hätten die Besitzer Einspruch erhoben und auch eine Entschädigung für die Installation eines Ofens abgelehnt. Da die Gemeinde aber nicht über die Mittel verfügte, eine neue Mikwa zu bauen, wurde für den 30. November eine Verhandlung anberaumt, am 22. Dezember 1825 die klagende Partei bei Übernahme der Gerichtskosten abgewiesen: Das Ansinnen, eine Heizung einzurichten, stelle eine Beschränkung des Eigentums dar; der Besitzer sei lediglich verpflichtet, die »Dauche« zur allgemeinen Benutzung offenzuhalten. Die Juden von Bibergau mußten also weiterhin frieren.

In Franken erhielten sich keine so großartigen Anlagen wie in Friedberg, Speyer oder Worms. Wo die Ritualbäder nicht überhaupt in Privathäusern untergebracht waren, handelte es sich um unscheinbare Gebäude wie in Scheinfeld und Adelsberg (Lkr. Main-Spessart), um unterirdische, über Treppen zugängliche Anlagen (u. a. in Thüngen und Burgsinn) oder sie waren direkt, so in Frankenwinheim (Abb. 38), an die Synagoge angebaut, oft genug Objekt von Streichen der christlichen Dorfjugend, die – so ein älterer Informant aus Bütthard – dort heimlich »und aus lauter Unsinn« gebadet hätte.

Eine für Franken einmalige Anlage stellt die Mikwa (»Duk«) in Pretzfeld (Lkr. Ebermannstadt) dar, zu deren kleinem, quadratischen Wasserbassin 24 steil abfallende Stufen einer rechtwinklig abknickenden Treppe hinabführen (Abb. 39). Die erst 1970 wiederentdeckte Anlage wurde infolge ihrer altertümlich anmutenden Bautechnik aus einfachem, teils bruchsteinartigem Mauerwerk und der Tonnenüberwölbung durch Quadratsteine vorsichtig ins 14. Jahrhundert zu datieren versucht. Da jedoch Architekturteile wie Säulen und Kapitelle, die diese Zuordnung bestätigen könnten, fehlen, zudem das Grundstück, auf dem sich die Mikwa befindet, erst 1626 von der Judenschaft des Ortes erworben wurde und eine benachbarte mittelalterliche Synagoge nicht nachweisbar ist, bleibt die frühe Datierung problematisch. Mit Sicherheit aber ist das Pretzfelder Ritualbad, dessen früherer Zugang sich noch in den Mauerresten der »Judenschul« erkennen läßt, nicht nur die älteste erhaltene Mikwa Nordbayerns, sondern kann bauhistorisch durchaus auch als Bindeglied zu den mittelalterlichen Bädertypen betrachtet werden.[26]

38   *Frankenwinheim, Mikwa; Reste der Bäder. Zustand von 1980.*

»Judenschule« und jüdische Schule

Die Synagoge ausschließlich als Ort des Gottesdienstes und des Gebets zu betrachten, hieße, ihr Wesen gründlich zu verkennen. Denn die Zusammenkunft im Betsaal geschah nicht nur um der äußeren, in liturgischen Zeichen und Gebärden sichtbaren Hinwendung zu Gott willen; vielmehr war die religiöse Feier auch Akt der Belehrung und Bildung, des Lernens für die Welt, die Synagoge somit zugleich Bildungssstätte oder die »Judenschul(e)« schlechthin.

Leider ist diese Bezeichnung negativ belastet, sprichwörtlich die Redensart, »es ginge zu wie in einer Judenschule«. Wieder einmal fanden Unwissenheit und hilflose Eigenbeobachtung ihren Niederschlag im Vorurteil. Dem protestantischen und katholischen Gläubigen war das stille, individuelle, oder das laute, gemeinsame, rhythmisierte Beten vertraut, fremd hingegen, daß auch das halblaute Rezitieren, die unablässige Bewegung des Körpers – denn mit allen Gliedern sollte Gott gepriesen werden – ebenso aufrichtiges Gebet bedeutete. Unverständnis verbarg sich auch hinter der Beschreibung Andreas Würfels: »Nicht Wunder daher, wann sie die Ordnung Gottes nicht achten, daß es in ihren Schulen unordentlich zugehet und daß sie öfters, statt der Andacht, Poßen treiben, zanken, einander schlagen oder sich sonsten verwirren.«

Das lebenslange intensive Studium des überlieferten religiösen Schrifttums gehörte zu den höchsten Idealen des Judentums in der Diaspora. Kenntnisse des Hebräischen bildeten den unabdingbaren Leistungsnachweis für jeden, der Bar Mizwa und damit in die Gemeinschaft der Erwachsenen aufgenommen werden wollte. Das jüdische Bildungssystem, vertreten durch den Melammed (Lehrer) und den Rabbiner, konzentrierte sich mehr darauf als auf die Dinge der Umwelt, ein Zimmer im Synagogengebäude, ein Haus im jüdischen Dorf repräsentierten den Ort des Lernens von Jungen und Erwachsenen.

Die Ausrichtung solchen Bildungswollens auf die religiöse Sphäre, die im Vergleich zur übrigen Bevölkerung die Zahl der Analphabeten vergleichsweise niedrig hielt, genügte in Zeiten der gesellschaftlichen Isolation. Als jedoch die Aufklärung auch im Juden ein nützliches Mitglied des Staates zu erkennen begann, ermöglichte man jüdischen Kindern den Zugang zu allgemeinen Schulen (vgl. S. 33). Dies war vor allem für jüdische Gemeinden von Bedeutung, die sich den Unterhalt einer eigenen Schule und eines Lehrers nicht leisten konnten.

Am 29. März 1818 verfügte die Königliche Regierung von Unterfranken und Aschaffenburg etwa, daß die »schulpflichtigen jüdischen Kinder [...] der vorhandenen katholischen Schule in Maßbach einzuverleiben, [...] Für die hierdurch vermehrte Bemühung des Lehrers [...] von jedem jüdischen Schulkind das verordnungsmäßige Schulgeld zu 1 fl 36 x einzuheben« seien und die »jüdischen Familien der Gemeinde [...] alle auf den Zweck des Unterrichts ergehenden Kosten gemeinschaftlich mit den übrigen Schulgemeindegliedern zu bestreiten« hätten. Damit waren Diskriminierungen allerdings nicht aufgehoben;

so mußten die Eltern der jüdischen Schulkinder von Maßbach 1824 ein sechsfach höheres Schulgeld als die Christen bezahlen.

Am Sabbat und an den Feiertagen waren die jüdischen Kinder vom Schulbesuch befreit, sie nahmen natürlich auch nicht am Religionsunterricht teil. Da aber zahlreiche jüdische Gemeinden hierfür einen eigenen Religionslehrer besoldeten, lag der Gedanke an eigene israelitische Grund- und Elementarschulen nahe. 1874 begründete die Israelitische Kultusgemeinde Maßbach ihren Antrag auf Einrichtung einer Schule u. a. mit der Überforderung der Kinder, die nach der Volksschule noch einmal die gleiche Zeit für den jüdischen Religionsunterricht aufbringen mußten. Dem Antrag stellte die Regierung von Unterfranken und Aschaffenburg in Würzburg am 5. Mai 1874 entgegen, daß eine weitere konfessionelle Zersplitterung des Schul- und Ausbildungswesens wenig sinnvoll sei; denn nur sieben jüdische Schüler besuchten in Maßbach die Werktags-, vier die Sonntagsschule. »Daß aber die Gründung von Schulen mit solch geringer Schülerzahl wie hier und zwar mit Rücksicht auf die bereits bestehenden Schulen nicht als wünschenswert, geschweige denn als Bedürfnis anerkannt zu werden vermag, bedarf keines Beweises und zwar um so weniger, als durch die Erfahrung bereits hinlänglich dargethan ist, daß Schulen mit so geringer Schülerzahl auf den Berufseifer des Lehrers infolge mangelnder Beschäftigung eher nachteilig als förderlich einwirken und somit auch mit ihren Leistungen gegenüber anderen Schulen mit stärkerer Schülerzahl in der Regel

39 *Pretzfeld, Mikwa, Stiege und Wasserbecken. Zustand von 1983. Mikwot dienten auch zur Reinigung von Haushaltsgeschirr, das man von Nichtjuden erworben hatte.*

zurückbleiben. Ebensowenig ist aber auch nach den gepflogenen Erhebungen ein lokales Bedürfnis vorhanden, um eine weitere Trennung durch Errichtung einer eigenen isr. Schule in Maßbach durchzuführen.«

Damit gaben sich die Vertreter der jüdischen Gemeinde nicht zufrieden; schließlich mußte am 14. Oktober 1874 das Königlich bayerische Staatsministerium des Innern für Kirchen- und Schulangelegenheiten trotz verbleibender Bedenken zugestehen, daß die Juden gemäß der Paragraphen 32 und 33 des »Edicts über die Verhältnisse der jüdischen Glaubensgenossen im Königreich Bayern« vom 10. Juni 1813 das Recht besäßen, eigene Elementarschulen zu gründen, vorausgesetzt, sie verfügten über vorschriftsgemäß ausgebildete und geprüfte Lehrer und kämen selbst für die Kosten auf. Dies war in Maßbach der Fall, so daß seit 1. Mai 1876 die jüdischen Kinder die neue israelitische Grundschule besuchen konnten.

Jüdische Gemeinden unterhielten wie etwa in Urspringen und in Hüttenheim z. T. recht ansehnliche Schulgebäude. Die berühmteste Institution in Franken war jedoch die mit Spenden unterhaltene, von Lazarus Ottensoser 1840 gegründete »Israelitische Präparanden- und Bürgerschule (Talmud-Thora)« in Höchberg, die 1931 mit der Israelitischen Lehrerbildungsanstalt in Würzburg vereinigt wurde. Lazarus Ottensoser (geb. 1798 in Weimarschmieden bei Mellrichstadt, gest. 1876 in Höchberg), bis 1820 Rabbiner in Aub, 1828 zum Rabbiner von Höchberg gewählt, hatte 1834 erfolgreich die offiziell von den Behörden geforderte Prüfung bestanden.

Die Schule, in der minderbemittelte jüdische Kinder drei Jahre lang unentgeltlich unterrichtet werden sollten, deren Statuten erstmals 1863 erschienen und die seit 1885 im Haus Nr. 163 (Sonnemannstraße) untergebracht war, betrachtete es als ihr Hauptziel, in einer Zeit der sich als Folge der Assimilation anbahnenden Identitätskrise zur Rückbesinnung auf die traditionellen Werte des Judentums beizutragen und durch die Ausbildung jüdischer Lehrer und Beamter für die Kultusgemeinden zur Sicherung der Zukunft des Judentums beizutragen.

Die Schüler wohnten in einem der Schule angeschlossenen Internat oder privat bei Höchberger Familien. Um sie kümmerte sich ein erlesener Kreis von Pädagogen, unter ihnen z. B. David Hoffmann, der spätere Rektor des Rabbinerseminars in Berlin. Immer wieder versuchte man, die Wahrung der Tradition mit den sich schnell ändernden Zeitläuften zu vereinigen, so als man 1920 einen zweijährigen Handelskurs angliederte, um zukünftigen Kaufleuten eine gediegene jüdische Bildung zu ermöglichen.

Der Bücherbesitz eines Rabbiners

Synagoge und Schule manifestierten daher das geistige Leben zwischen innerem und äußerem Kreis, zwischen Beharrung und Anpassung, Ruhe und Bewegung, zwischen Tradition und überlebensnotwendigem Fortschritt. Die Höchberger Präparandenschule dokumentierte den

Versuch, auf dem schmalen Grat zwischen Wert- und Normensystem der eigenen Geschichte und der Auseinandersetzung mit der Gegenwart das Selbstgefühl als Jude zu retten, wohl am nachhaltigsten.

Liberale wie orthodoxe Rabbiner vertraten in einer geistigmobilen Welt die Ruhe der Vergangenheit. Sie vermittelten die Tradition an die Gegenwart und waren damit – im jüdischen Verständnis – die eigentlich Lehrenden. Tradition aber bedarf der stabilen Orientierungspunkte, die nirgendwo besser niedergelegt werden können als im gedruckten Wort. Die Zusammensetzung der Bibliothek eines Rabbiners aber kann hier mehr über die alltägliche Bildungsarbeit, über die Geistigkeit und den Sinn von Überlieferungen, über die Steuerung von Denk- und Verhaltensweisen aussagen als gelehrte Abhandlungen und Kommentare.

Durch das Nachlaßverzeichnis der Hendel Traub aus Sommerhausen vom 31. März 1822, der Witwe Seligmann Traubs (vgl. S. 53–54), gewinnen wir Einblick in die Handbibliothek eines Dorfrabbiners:

»10) an Hebräische Bücher.
4 Bücher Moses, die der Bräutigam Samuel Ellman von Hohenfeld gegen 3 Kroñenthl. Vorschuß in Versatz hat.
die sogenañten 4 kleine Schulchan Orach.
3 Stck. Mischnaias.
1 großer Magen-Avroham,
1 kleiner alten Orach-hayum,
1 Maßes-Benjamen,
1 Trumas-Hadschen, (?)
2 Nachlaß-Schiffe,
1 Bekudes-Hakesif,
1 Hacham-Zewy,
2 Bechem-Hazonim,
1 Sichron-Joseph,
1 Peri (?) Hotesch,
1 Resisch-Bikurim,
1 Berr-Jaikof,
1 Minche-Belule,
1 Kisve-Meril,
1 Schriftgesetz-Büchlein,
1 Nachlaß-Zevy,
1 Hoschan-Mischzot,
2 Kizer-Schelu,
1 alter Em-Jaikof,
2 Mary-Matrano,
1 Schuvas-Maraschall,
1 Partis-David,
1 Azmes-Joseph,
1 Trumas-Hateschen auf der Thora,
1 Amtachas-Benjamen,
1 Koll-Jehuda,
1 Aderes-Eljas,
1 Sefer-Hasidim,
1 Or-Thora,
1 Machsar,
1 Slichus,
1 Tikenla,
1 Tiken-lel-Schwues,
1 Marall,
1 Tiken-Hajom.«

Die Identifizierung der Titel fällt durch die fehlerhafte Umschreibung des Hebräischen, die nicht den verbindlichen grammatikalischen und phonetischen Regeln, sondern der abgeschliffenen, der deutschen Aussprache angepaßten Form folgte – damit auch eine vorzügliche Quelle für die Rekonstruktion des Jüdischdeutschen (Westjiddischen) in Franken um die Wende des 18. zum 19. Jahrhundert –, schwer. Neben zahlreichen Gebet- und Erbauungsbüchern stand Anweisungsliteratur und Erbauungsschrifttum im

Regal, darunter eine Edition des berühmten »Sefer Chassidim«, das Unterrichtung in religiösen und kultischen Dingen mit exemplifizierenden Erzählungen verband.

Natürlich fehlten weder juristische Wegweiser für die Schlichtung innerjüdischer Rechtsstreitigkeiten noch die Mischnioth, wovon Traub sogar drei Ausgaben besaß, und der Schulchan Aruch, der Leitfaden des täglichen Lebens schlechthin.

Wenn nun im folgenden von freudigen und traurigen, von einmaligen und immer wiederkehrenden Festen und Anlässen im Leben eines Juden zu sprechen sein wird, dann ist zu berücksichtigen, daß sich deren wahrnehmbare Erscheinungsformen eben in diesem Schulchan Aruch bündelten, nicht nur verbindlich für die gläubigen Juden Frankens, sondern auch anderer Regionen. Seligmann Traub war nur einer von vielen Rabbinern, der auf die Einhaltung der in diesem Werk gesammelten Vorschriften zu achten hatte.

Gebetbuch für Schavuoth. Sulzbach 1824. (Privatbesitz)

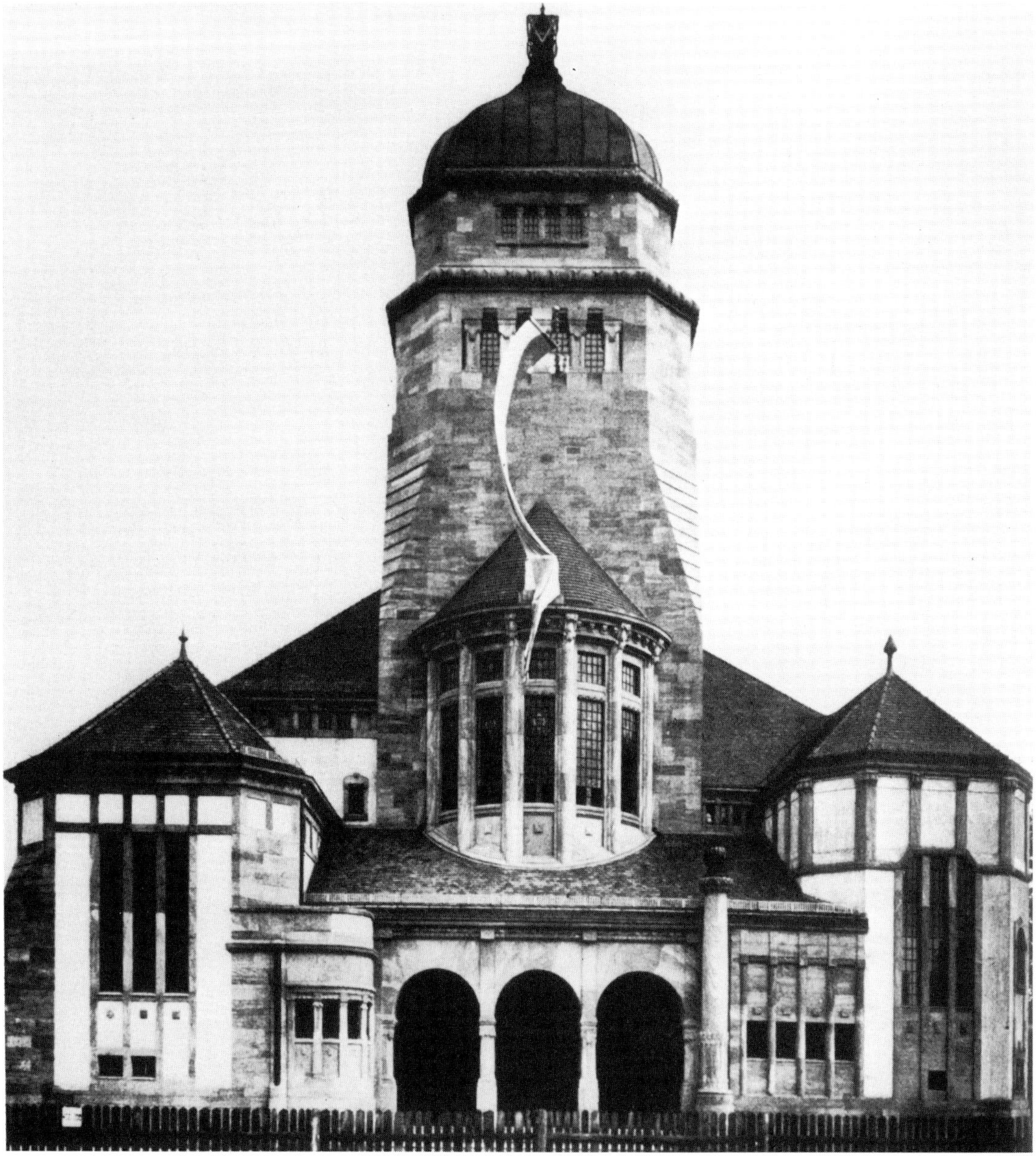

DIE RELIGIÖSE WELT. VON FREUDIGEN UND TRAURIGEN FESTEN

»Ich glaube, daß eine Kindheit in einer religiösen und sogar streng orthodoxen Familie es in sich hat, einen zum Dichter zu machen. Es gibt allerdings viele Gebote und Verbote, die die Kindheit sehr belasten mit Pflichten und mit Ängsten, mit Begeisterung und mit Schuldkomplexen. Da gibt es Gebetszeiten und Feste und Fasttage mit wenig Zeit fürs zielloses Spielen. Doch sind all diese Riten und Bräuche und Taten ›poetisch‹, es sind Spielregeln einer höheren Ordnung, die ganz dem Kinderherzen entsprechen. Da gibt es Übernatürliches und symbolischen Zauber, die alle ernst und schicksalbeladen sind. Und all dies ist so poetisch, weil es nicht ›poetisch‹ sein will, also richtiges, wahres Künstlertum.«

Diese Zeilen schrieb der 1924 in Würzburg geborene, 1935 nach Palästina ausgewanderte Lehrer und Schriftsteller Yehuda Amichai, und er fuhr fort:

»Ich stamme aus einer tief religiös orthodoxen Familie, deren Wurzeln viele Jahrhunderte lang in Süddeutschland waren. Meine Großeltern, von väterlicher sowie von mütterlicher Seite, lebten als Landjuden in zwei kleinen Gemeinden: in Giebelstadt in Unterfranken und in Gersfeld im Hessischen [...] Sie waren strenggläubig und hielten alle Gebote ohne Nachgedanken oder Zweifel. Sie kannten Hebräisch nur als heilige Sprache der Gebete und des jüdischen Gesetzes [...] Das Judentum meiner Vorfahren in Süddeutschland war naiv, fast kindlich einfach. Es war nicht das gelehrte Judentum der Jeschiwot (Talmud-Hochschulen), wie es in Osteuropa vorkam. Es gab keinerlei dialektische Auseinandersetzung mit Vergangenheit und keinerlei logische Hochrechnung in die Zukunft. Andererseits war es unbewußtes, praktisches, tagtägliches Judentum [...].«

Alltag und Fest

Um das sich in alltäglichen Verrichtungen und Gebeten ebenso wie in festtäglichen Zeremonien äußernde religiöse Leben in Worten darstellen zu können, bedarf es, wie Amichai zeigte, mehr als des gängigen volkskundlichen Interesses an der besonderlichen Eigenart von Brauchformen. Denn bereits das Wort »Fest« grenzt aus, schafft Gegensätze, trennt den Alltag, die Wiederkehr des Monotonen, ab von der erinnerungswürdigen Einmaligkeit. Doch die Frage, wo der Alltag endet und das Fest beginnt, wo Arbeit und sorgenvoller Lebenserwerb der Ruhe und ausgelassenen Festfreude weichen, ja ob Festtag mehr »Kultur« schaffe als die Alltagswelt, ob beide gar grundverschiedene Stadien des individuellen Erlebens darstellen, wurde gerne zugunsten der Festlichkeit prachtvoller Kleider, der Festmahlzeiten, von Tanz und Umzug entschieden.

Allerdings bringt schon der Versuch, beide Lebensbereiche miteinander zu verbinden, sie wie-

40 *Bamberg, Synagoge, erbaut 1908 bis 1910 nach den Plänen des Architekten Josef Kronfuß, 1910 eingeweiht, 1938 niedergebrannt und auf Kosten der Jüdischen Gemeinde Bamberg abgerissen.*
(Foto: Eschwege 1980)

41 *Gebetszeitentafel für die Morgen- und Nachmittagsgebete an Werktagen und an Sabbat aus der Synagoge von Schnaittach, 19. Jahrhundert.*
(Schnaittach, Heimatmuseum)

der auseinander. Denn allein den Alltag als die Zeit zwischen den Festen zu betrachten, ihn in eine Periode der Erinnerung an die letzte Feier und der Vorfreude auf das kommende Fest zu unterteilen, verlagert die Gewichtung zugunsten des Außergewöhnlichen. Trotzdem kommt es jüdischem Verständnis recht nahe, wenn man in der Woche nichts anderes als eine Brücke von einem Sabbat zum anderen sieht. Alltag und Fest, Arbeitswoche und Sabbat ergeben erst zusammen die Lebensgestaltung, ohne den jeweils anderen besäßen sie keinen Sinn.

Das Leben in zwei Zeitzyklen

Beide aber sind durch eigene Erlebnisräume geprägt, die vor allem dann deutlich werden, verbindet man sie mit der Dimension der Zeit und der Zeiterfahrung. Der gläubige Jude war nicht nur in zwei Welten gespalten, in die eigene, religiöse und in die der fremden, selten auf ihn Rücksicht nehmenden Gesetze, erlebte auch in zwei Zeitzyklen (Abb. 41).

Der jüdische solilunare Kalender (Luach) richtete sich nämlich nach zwei Jahreskreisen, dem biblischen und dem bürgerlichen Jahr. Ersteres begann gemäß Ex 12,2 mit dem Monat Nissan (März/April), letzteres sechs Monate später mit dem Monat Tischri (Oktober), auf den die meisten Feste fielen.

Die komplizierte jüdische Zeitperiodisierung differierte damit nicht nur wesentlich vom christlichen Jahr, sie war auch wesentlich für Verschiebungen des Zeitgefühls verantwortlich.

So fiel der jüdische Jahresbeginn (Rosch Haschana) auf einen völlig anderen Zeitpunkt als das christliche Neujahr, feierten beide Bevölkerungsgruppen infolge der unterschiedlichen Kalenderregelung zu verschiedenen Zeiten ihre Festtage, verschob sich der Arbeitsrhythmus. Der Sabbat wurde allwöchentlich am Samstag, dem ländlichen Werktag, begangen. Hingegen galt der den Christen heilige Sonntag als jüdischer Werktag, konnten sich für einen Juden, der seine Feiertagsruhe von Erev Schabbat am Freitag abend bis Hawdala am Samstag nach Sonnenuntergang einhielt und dem Handelsgeschäfte am Sonntag, aber auch an den zahlreichen christlichen Feiertagen wie Fronleichnam usw. unmöglich gemacht oder zumindest wesentlich erschwert wurden, die Arbeitszeiten und -tage nicht nur wesentlich verringern, sie zwangen ihm auch einen doppelten Lebensrhythmus auf.

Diese Situation war wiederum nur durch Kompromisse zu bewältigen. Denn die Umrechnung des jüdischen Jahres in das christliche gestaltete sich mühsam (Abb. 42). Markttermine richteten sich jedoch nicht nach dem jüdischen Kalender, und wer sie nicht auswendig kannte, war gezwungen, sich gedruckter oder handschriftlicher Umrechnungstabellen wie der im Sefer haevronoth von 1649 zu bedienen.

Auf diese Divergenz zweier Zeiten sei daher im folgenden auch Rücksicht genommen. Jüdische Darstellungen des Festjahres gehen durchwegs vom jüdischen Jahr aus und fassen zudem die Feiertage nach ihrer historischen Herkunft und ihrem religiösen Sinn als Wallfahrtsfeste (Pessach, Schawuot, Sukkot), hohe Feiertage (Rosch Haschana, Jom Kippur) sowie als Gedenktage (Chanukka, Purim u. a.) zusammen. Diese Gruppierung ist korrekt und letztlich vorzuziehen.

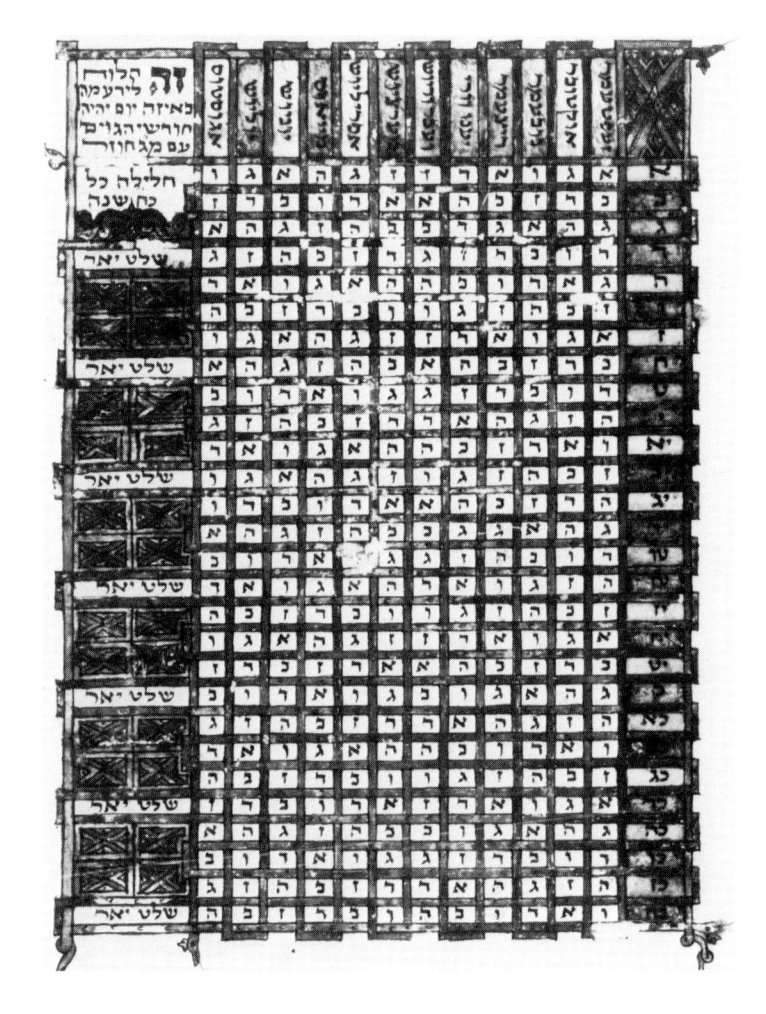

42 *Kalendertafel aus dem Sefer ha-evronoth, 1649, zur Umrechnung des jüdischen in das christliche Jahr.* (SB/ Westdeutsche LB Marburg/Lahn, Ms. or. oct. 3150)

Doch hier sei versucht, die jüdischen Feiertage zyklisch dem Zeitverständnis der nichtjüdischen Majorität beizuordnen, deren Jahr mit dem Januar (Tewet) beginnt und mit dem Dezember (Kislew) endet. Dadurch soll verdeutlicht werden, wie sehr sich die Erfahrung der doppelten Zeit mental auf den einzelnen Juden ausgewirkt haben mag, der sein Neujahr im Monat Tischri (Oktober) feierte und dennoch seinem christlichen Nachbarn am 31. Dezember oder am 1. Januar zum neuen Jahr Glück wünschen konnte.

Jahres- und Lebenszeiten

Trotzdem ist die Trennung in wiederholte Festtermine des Jahres und in die einmaligen Ereignisse eines Lebens um der verständlichen Beschreibung willen notwendig, ohne dadurch der absoluten Abfolge gerecht zu werden. In seinen Memoiren sprach Sigmund Mayer 1911 von den »Sensationen der Woche«, von »Socher und Brith (Geburtsfest und Beschneidung)«, von »Tnom (Verlobung), [...] Chuppe (Trauung)« und schließlich von der »Lewaje (Leichenbegängnis), die in den Familien vorfielen« und »an denen immer die ganze Killeh (Gemeinde) teilnahm«.[27]

Schon deswegen ist es falsch, von *dem* Schabbat, von *dem* Purim- oder *dem* Chanukka-Fest zu sprechen, weil damit eine unzulässige Verallgemeinerung verbunden wäre. *Das* Fest schlechthin gab es nicht, sondern lediglich die von einer Vielzahl von Individuen oft recht persönlich geprägten und nach einem Raster überregional verbindlicher Brauchnormen gestalteten Feiern. Sie unterlagen in Verbindung mit der psychischen Verfaßtheit des einzelnen einer zusätzlichen Zeitdimension. Denn neben dem gewöhnlichen Sabbat gab es vier »ausgezeichnete« Sabbate in den Monaten Adar und Nissan, sowie vier weitere Sabbate mit eigenem Namen, etwa den »großen Sabbat« vor Pessach. Zudem sah der Sabbat für ein Brautpaar ganz anders aus als für eine Familie, die um einen gerade verstorbenen Angehörigen trauerte. Aus solchem persönlichen Status ergaben sich spezielle Vorschriften, aber auch Stimmungen und Emotionen; eine Witwe wird die Sabbatfeier anders empfinden als eine kinderreiche Familie, ein wohlhabender Kaufmann anders als ein armer, zum Tisch eingeladener Betteljude.

Nimmt man den Zyklus der Zeit und die konkreten Umstände der jeweiligen Situation zusammen, dann würde es die Wirklichkeit verzerren, den Frieden der häuslichen Sabbatfeier, die Ausgelassenheit an Purim oder die Freude über eine glücklich verlaufene Geburt zu beschwören, die ein Fest überhaupt erst ermöglichte, und darüber etwa die Trauer über ein totgeborenes Kind oder die im Wochenbett verstorbene Mutter zu vergessen. In welcher Stimmung etwa mögen jüdische Familien das Lichterfest Chanukka begangen haben, nachdem ihnen das sinnlose Wüten des Pöbels in der Reichskristallnacht das zukünftige Martyrium ahnen ließ?

Alle diese individuellen wie gesellschaftlichen Voraussetzungen, die erst ein Fest zum Erlebnis geraten lassen, an das man sich ein Leben lang gerne erinnert, die es aber auch zerstören können, sind auf wenigen Seiten nicht darstellbar. Wenn sich die Beschreibung des Festtags daher immer wieder um die angenehmen und damit bedeutungsvollen Erscheinungsformen dreht, dann rechtfertigt sie dies mit einem allgemein menschlichen Verdrängungsmechanismus, der Verletzungen zu heilen vermag und nur dann in die Depression führt, wo er dazu nicht mehr imstande ist.

Doch Festtagsbrauch enthält immer auch ein Stück freudiger Hoffnung. Wenn das Pessachritual mit dem Spruch »Zum nächsten Jahr in Jerusalem« endet, dann geschieht dies weniger im Glauben, daß ein Wiedersehen dort bald Wirklichkeit werden könnte, sondern in der Hoffnung, das nächste Jahr werde ebenso schön, vielleicht noch ein wenig schöner, zumindest aber nicht mehr so schlimm wie das gegenwärtige Jahr.

Wochen, Monate, Jahre. Der Sabbat

Kein Tag besitzt in der geistigen Welt des Judentums eine derart hervorragende Bedeutung wie der von Gott als ewiges Bundeszeichen mit Israel eingesetzte Sabbat (Ex 31,16–17). An ihm war man gezwungen, gemäß dem in Deut 5,13–14 festgesetzten Gebot der Sabbatruhe die Arbeit niederzulegen, die Türe hinter sich zu schließen und sich ganz der Besinnung auf Gott, auf sich selbst und auf die Familie zu widmen. Er verlangte geistige Erneuerung mittels des vertiefenden Studiums der Heiligen Schrift. Jüdische Zeugnisse sprechen fast einmütig über ihn als Inbegriff und Klammer jüdischer Identität, ja als Ruhepunkt des Lebens in der Diaspora.

Über den Schabbes, der »wie eine Braut empfangen wurde«, schrieb Bruno Stern: »Die Ruhe und die Feierlichkeit des traditionellen Freitagabend, wie er bei den süddeutschen jüdischen Familien beobachtet wurde, war einzigartig. Die Geschäfte und Leiden des Alltags waren vergessen. Es war gerade, als ob man in eine andere Welt getreten wäre.«

Man würde dem von Freitag nach Sonnenuntergang (Erew Schabbat) bis zum Sonnenuntergang am Samstag während Feiertag nicht gerecht, beließe man es bei der Beschreibung der im Talmud vorgeschriebenen und begründeten Zeremonien, denn er war vor allem für Menschen wichtig, die sich wenigstens einmal in der Woche von der Umwelt absondern konnten. »Der Sonntag der modernen Juden in der Großstadt ist mit dem Sabbat nicht zu vergleichen und kein Ersatz für ihn«, pries ihn Sigmund Mayer: »Die ganze Woche fühlt sich der Jude niedrig, allen Beschimpfungen ausgesetzt; da in der ›Schul‹ stand er unmittelbar und dicht unter dem Herrgott und sah auf jene, die ihn verfolgten und beschimpften, tief herab«[28]. Hier fühlte sich der Jude in seinem kleinen Reich sogar als König, wie es ein jiddisches Volkslied formulierte: »Kumt der lieber Schabbat/ Sogt, wer is denn zu mir gleich/ […] / Mit Malkim [Königen] bin ich gleich.«[29]

Kaum ein Tag des jüdischen Jahres strahlte eine ähnliche Stimmung aus wie Sabbat, die u.a. der in Bischberg aufgewachsene Eduard Silbermann

43 *Schabbatlampe, 18./19. Jahrhundert, Schnaittach. Die Schale zum Auffangen des tropfenden Öls sowie die Säge zum Verstellen der Höhe fehlen. Solche Lampen gehören bis weit ins 20. Jahrhundert hinein zur traditionellen Ausstattung des jüdischen Hauses.*
(Schnaittach, Heimatmuseum)

nachzuzeichnen versuchte; denn auch wenn »das Ritual [...] in das Vergnügen« eingriff, »da man nicht schreiben, reißen, brechen, pflücken und dergleichen durfte«, blieb die Atmosphäre dieses Festes unvergeßlich:

»Nach dem Gottesdienst wartete unser der herrliche Freitagabend. Die Poesie dieses Abends ist schon oft geschildert worden. Jede Schilderung kann nicht an die Wirklichkeit heran. Wer diese Poesie selbst erlebt, wird den Eindruck nicht mehr vergessen. Wenn ich in späteren Jahren als Junggeselle in einer fernen Stadt am Freitagabend aus einem Fenster die Sabbatlampe leuchten sah, so befiel mich eine Art von Heimweh nach Frieden und Sabbatruhe. Die Höhe des Glaubens und des Vergnügens, auf welcher ich als Kind an Sabbat- und Festesvorabenden stand, habe ich nicht mehr erstiegen. Alle Surrogate verfehlen ihren Zweck. Schafft den Freitagabend wieder und ihr rettet das Judentum!«

Der Sabbat begann am Nachmittag mit dem Mincha-Gebet in der Synagoge. Zum Abschluß des Gottesdienstes sprach der Vorbeter gleichsam als Einstimmung in die bevorstehende häusliche Feier den Segen über einen Becher Wein. Dabei gedachten die Hinterbliebenen im Kaddisch ihrer verstorbenen Angehörigen.

Am Erev Schabbat wandelte sich auch die Rolle der Frau, die im religiösen Bereich sonst hinter ihrem Mann zurückstand. Sie hatte wegen des strengen Arbeitsverbotes an Sabbat schon während der Woche zu planen, einzukaufen, zu putzen, das Essen vorzukochen und dafür zu sorgen, daß es während des Feiertags entweder im Sabbatöfchen oder im nur langsam auskühlenden Backofen des Bäckers warmgehalten wurde (s. Abb. 10). Ihre vornehmste Aufgabe aber war es, die häuslichen Zeremonien einzuleiten, indem sie die Lichter entzündete, mit den Händen die

Augen bedeckend den ersten Segen des Abends (Benschen, Lichter-Benschen) sowie ein Gebet für Glück und Wohlergehen ihrer Familie sprach (Abb. 43).
Sie hatte auch den Tisch gedeckt, vor den Platz des Hausvaters zwei, mit dem Schabbesdeckchen verhüllte, geflochtene Weizenbrote (Challa, Barches) und den durchwegs silbernen Kidduschbecher, der frei von Beschädigungen sein sollte, hingestellt. Nun oblag es dem Familienoberhaupt, über den Wein das Weihegebet (Kiddusch) zu sprechen und dann jedem Angehörigen ein in Salz getauchtes Stückchen Brot zu geben. Damit begann das feierliche Sabbatmahl, das von Gebeten unterbrochen und gelegentlich von Gesängen begleitet war (Abb. 44).
Am Samstag fand der eigentliche, verhältnismäßig lang dauernde Sabbatgottesdienst statt. Die Zeit zwischen der Mahlzeit, dem Nachmittagsgebet in der Synagoge und der den Sabbat abschließenden Hawdala-Zeremonie überbrückte man gerne mit einem Spaziergang, der gerade im dörflichen Bereich auffiel, und dies nicht nur wegen des festlichen Feiertagsgewandes.
Denn im Zusammenhang mit dem Gebot der absoluten, nur in Ausnahmefällen zu brechenden Sabbatruhe, war auch die Wegstrecke begrenzt, die man dabei zurücklegen durfte. Zur sichtbaren Kennzeichnung markierte man deren Ende etwa durch eine zwischen zwei Steinen oder Bäumen ausgespannte Schnur, die man in Fürth laut Andreas Würfel sogar durch einen regelrechten Schlagbaum ersetzte: »Ist von denen Juden vor diesem (damit sie am Sabbath etwas auf die Gassen tragen mögen) Faden oder Trodt von einer Gassen zu der andern gezogen, endlich abgerissen worden, und jetzund auf ihre Spesen, schlaug-Baumen machen zu lassen, erlaubet, so viel vonnöthen und füglich seyn kan.«
Doch oft behalf man sich auch nur mit markanten Punkten, so z. B. bestimmten Gebäuden im Ort. Doris Levy schilderte in den Erinnerungen an ihren Großvater Hänlein Salomon Kohn (1803–1880), wie man ihm und seiner Frömmigkeit zuliebe im mittelfränkischen Wassertrüdingen eine Sabbatgrenze anbrachte, nachdem eines

44 *Seder Kiddusch für Sabbat (Sabbatgebete), 19. Jahrhundert, Schnaittach.* (Schnaittach, Heimatmuseum)

der drei Stadttore, das bis dahin als Kennzeichnung gedient hatte, abgebrochen worden war: »Großvater liebte es sehr, von der Synagoge aus einen kleinen Spaziergang zu machen. Der Weg führte an dem ganz nahe gelegenen Mühltor vorbei. Nun darf ein frommer Jude aber am Sabbat nichts in der Tasche oder in den Händen tragen, wenn das Stadtgebiet nicht abgegrenzt ist. Nicht einmal ein Taschentuch darf es sein. So hätte Großvater gerade am Sabbat auf seinen Lieblingsspaziergang verzichten müssen.«

Dies aber verdeutlicht die Ausschließlichkeit, mit der das Arbeitsverbot an Sabbat eingehalten wurde (vgl. Ex 20, 8–10), zugleich aber auch die Unmöglichkeit, es innerhalb einer nichtjüdischen Gesellschaft bis hin zur letzten Konsequenz zu erfüllen. Mit dem Schabbesgoj, dem christlichen Dienstboten, gab es hier eine wenn auch umstrittene Lösung. Johann Jodocus Beck, 1684 in Nürnberg geboren, weithin geachteter Professor der Rechtswissenschaft in Altdorf, wo er 1744 starb, schnitt in seinem »Tractatus de Juribus Judaeorum, von Recht der Juden« (Nürnberg 1731, 2. Aufl. 1741) die Frage an, ob es Juden gestattet sei, die häuslichen Geschäfte am Sabbat von christlichen Frauen verrichten zu lassen. Denn 1708 hatte die juristische Fakultät der Universität Giessen zu diesem Problem ein Gutachten verfaßt, der preußische König den Sabbatdienst verboten. Beck vertrat allerdings eine gegensätzliche Meinung; unter Berufung auf ein Gutachten der Juristenfakultät Altdorf vom 23. Dezember 1696, das auf eine Anfrage des Fürther Rabbiners Samuel hin angefertigt war, befürwortete er ähnlich wie sein Zeitgenosse und Kollege Johann Christoph Wagenseil christliche Dienstleistungen am Sabbat, so das Anzünden der Lichter, Bierholen, Öffnen und Vorlesen von Briefen, der Fütterung und Versorgung des Viehs u.a.m.

Der Schabbesgoj entwickelte sich sowohl in den Dörfern wie in den Städten zur festen Institution. Jüdische Familien beschäftigten, wenn sie es sich leisten konnten, nichtjüdische Dienstmädchen, und wer dazu finanziell nicht in der Lage war, holte sich zum Anzünden des Feuers, zur Öffnung der Geschäftspost oder auch nur zum Anknipsen des elektrischen Lichtschalters Kinder von der Straße und entlohnte sie mit einem kleinen Trinkgeld oder dem dadurch zu sagenhafter Berühmtheit gelangten Barches. Dies war eine der wenigen Gelegenheiten, bei denen Nichtjuden einen oberflächlichen Eindruck von der religiösen Welt der Juden gewannen.

Solche Dienstleistungen waren bis zum Ende jüdischen Lebens in Franken gebräuchlich. Über einen in seiner gesamten Tragweite erschütternden Fall geben die Akten der Gestapo Auskunft. Am 2. Juni 1942 hatte sich die 45jährige Anna Hahn aus Unsleben (Lkr. Bad Neustadt a. d. Saale) an die Gestapo Würzburg gewandt, da die Jüdin Klara Donnerstag ihr noch 150 Reichsmark für »Putzen, Waschen, Samstagschüren usw.« schulde. »Da die Donnerstag nicht in der Lage ist, mir diesen Betrag in Bargeld zu ersetzen, will sie mir dafür Möbelstücke abgeben. Nachdem die Abgabe von Möbelstücken aber nur mit Genehmigung der Geheimen Staatspolizei erlaubt ist, bitte ich um Genehmigung, daß die Donners-

45 *Besomimbüchse, Holz, gedrechselt, 1. Hälfte 19. Jahrhundert. Nürnberg, Germanisches Nationalmuseum, JA 19.*
(Foto: Germanisches Nationalmuseum Nürnberg)

23. September 1942 nach Theresienstadt geschafft.

Der Sabbat endete am Samstag abend mit der Hawdala-Zeremonie; man verabschiedete sich vom Feiertag und bereitete sich auf den nun wieder bevorstehenden Alltag vor. Noch einmal versammelte sich die Familie um den Tisch, auf dem ein Teller mit einem Becher Wein, die Besomimbüchse mit Gewürzen (Abb. 45) und die gefloch-

tag mir die entsprechenden Möbelstücke abgeben darf.« Diesen Brief teilte Ernst Gramowski von der Würzburger Gestapo dem Landrat in Neustadt a. d. Saale mit und fügte hinzu: »Ich bitte, der Anna Hahn mitteilen zu lassen, daß ich die Abgabe von Möbelstücken [...] als Gegenwert für eine Rechnung über Putzen, Waschen und Anschüren am jüdischen Sabbat nicht genehmigen kann. Deutschblütige Personen, die noch bis in die letzten Jahre für Jüdinnen geputzt, gewaschen sowie rituelle Gebräuche der Juden unterstützt haben und dieses noch auf Kredit, können auf kein Entgegenkommen deutscher Behörden rechnen [...] Die Personalien der Hahn bitte ich mir mitzuteilen.«[30]

Am 28. Juli 1942 wurde die 80jährige Klara Donnerstag von der Gestapo vernommen und am

46 *Max und Rosa Stern, Niederstetten, bei der Hawdalazeremonie am Samstagabend.* (Foto: Stern 1968)

131

tene Hawdala-Kerze standen. Mit einem Tropfen Wein löschte der Hausvater das Licht aus und zeigte damit an, daß nun der Sabbat vorüber sei. Doch es sollte nurmehr sechs Tage dauern, bis sich der Jude wiederum als König in seinem Sabbatreich fühlen durfte (Abb. 46).

Rosch Chodesch (Neumondstag)

Das jüdische Jahr beruht auf Monaten, die mit dem Neumond beginnen und abwechselnd 30 oder 29 Tage umfassen. Der Neumondstag, als Beginn des neuen Monats Rosch Chodesch (wörtlich: »Haupt des Monats«) genannt, wurde bereits in biblischer Zeit festlich begangen. Er gehörte neben dem Sabbat zu den im Jahre am häufigsten wiederkehrenden Feiertagen. Zwar galt für ihn kein ausdrückliches Arbeitsverbot, aber am Sabbat vor dem Rosch Chodesch wurde auf den bevorstehenden Neumond feierlich hingewiesen. Dieses »Rosch Chodesch-Benschen« fand vor dem Einheben der Thorarolle statt und war mit der Bitte um Sühnung der Sünden und um Fortdauer des göttlichen Segens im neuen Monat verbunden. Seit dem Ende des 16. Jahrhunderts bildete sich der Brauch heraus, am Tag vor dem Neumondstag bis Mittag zu fasten.

Purim

Die Winterzeit war arm an besonderen Feierlichkeiten. Im Januar, am 10. Tewet, gedachte man trauernd der Belagerung Jerusalems, und erst der Februar brachte eine angenehme Unterbrechung des Alltags vor allem für Kinder. Am 15. Schewat beging man das »Neujahrfest der Bäume« (Chamischa Assar bischewat; Tubi Schewat). »Der Glaube war«, so Bruno Stern, »daß am Chamischo Oser Beschwat [...] der Saft wieder in die Bäume ströme. So suchte man an diesem Tag möglichst viele Baumfrüchte zu essen, um Segenssprüche über sie sprechen zu können.«

Doch dann folgte im März, am 14., teilweise auch erst am 15. Adar, das zur Gruppe der historischen Feste gehörende Purim, das »Fest der Lose«. Am 13. Adar durch einen Fasttag (Táanit Ester) vorbereitet verband es Besinnlichkeit mit fröhlicher Ausgelassenheit, indem man der wunderbaren Errettung der Juden aus persischer Feindeshand zur Zeit des Königs Ahasveros und »in den Tagen des Mordechai und der Ester« gedachte.

Aus der Erinnerung daran, daß eine Frau mit Gottes Hilfe die Juden vor der Ausrottung bewahrt hatte, erwuchs an diesem Tag die Hoffnung auf zukünftige Erlösung. Deshalb sollte die Freude durch nichts getrübt werden, auch nicht durch öffentliche Trauerbezeugungen derjenigen, die in den ersten Monaten des Jahres einen Angehörigen verloren hatten; sie fand ihren Ausdruck sogar im synagogalen Gottesdienst. Denn zweimal, während der Morgen- und Abendfeier, wurde die Megilla, das Buch Ester vorgelesen, und jedesmal, wenn der Name des Bösewichts Haman fiel, veranstalteten vorwiegend die Kinder mit den Purimrasseln, mit Ratschen und anderem verfügbaren Werkzeug höllischen Lärm, was den nicht eben judenfreundlichen Wilhelm

47 *Estherrolle, Pergament, vermutlich aus der Synagoge von Heidingsfeld. Der erhaltene Rest enthält den Abschnitt 3, 15–7, 4. (Privatbesitz Heidingsfeld)*

Schickart 1634 in einer akademischen Rede über das Purimfest zu unverständigem Kopfschütteln veranlaßte: »Magis vero ridiculus est alter strepitus quem tunc pueri cient ad mentionem ipsius patris Haman. Quoties nempe hoc nomen occurrit, malleis & pistillis ad id factis scamna certatim pulsant, acsi caput sui quondam hostis ita tunderent, ut prae ictuum fragore nil aliud exaudiatur.«

Die synagogalen wie häuslichen Purimfeierlichkeiten entsprachen wie kaum ein anderes Fest dem jüdischen Schicksal in der Diaspora, dem engen Nebeneinander von Not und Hoffnung. Dem verlieh man auch dadurch Ausdruck, daß nach Beendigung der Megilla-Lesung Haman laut verflucht (ארור המן) und Mordechai gesegnet wurde (ברוך מרדכי). Vielleicht dachte so mancher Jude dabei, ohne es zu beabsichtigen, an seinen christlichen Nachbarn (Abb. 47).

Die Fröhlichkeit des Purimfestes erstreckte sich in besonderem Maße auf den familiären Bereich. Man aß gut, und zu den traditionellen Speisen gehörten neben dem Purimkuchen und Obst auch die »Hamantaschen«, die mit Mohn bestreut wurden; denn die hebräischen Konsonanten des Namens Haman, H M N, finden sich in dem Wort »Mohn« wieder: M H N. Gereicht wurden diese Köstlichkeiten in bessersituierten Familien auf eigenen Purimtellern, die mit Sinnsprüchen wie »Tage der Festlichkeit und Freude, der gegenseitigen Gaben und der Spenden für Arme« (vgl. Est 9, 22) und figürlichen Szenen aus dem Buch Ester, vor allem mit Darstellungen des Triumphs Mordechai's über Haman, dekoriert waren (Abb. 48).

An diesem Tag beschenkte man sich gegenseitig,

48 *Purimteller, Zinn, 2. Hälfte 18. Jahrhundert, Mönchberg, mit der Darstellung von Haman und Mordechai. Umlaufender Spruch am Tellerrand: »Geschenke zu schicken einer dem anderen und Gaben an die Bedürftigen« (Esther 9, 22).*
(Miltenberg, Städtisches Museum)

vergaß aber auch die Armen nicht. Am fröhlichsten erlebten ihn jedoch die Kinder, die ihn als ihre Fasnacht feierten, wobei der Zeitpunkt von Purim deutlich zeigt, daß hier nichtjüdische Brauchformen übernommen wurden. An einen solchen mit Heischegängen verbundenen Karneval erinnerte sich Eduard Silbermann:

»Lustig ging es an Purim her. Wir Kinder gingen maskiert in den jüdischen Häusern herum. Die Maskerade bezog sich in der Regel auf die Geschichte der Esther. Meist wurde ein

49 *Purimhandtuch (Ausschnitt), Leinen, bestickt, mit Darstellung des Mordechai auf dem Ritt durch Susa. Rhön, signiert und datiert »Feierle, gemacht 1812«.*
(Foto: Deckert/Freyhan/Steinbart 1932)

kleines Festspiel aufgeführt. Die Hauptsache war auch hier die Entgegennahme von Geschenken in Obst, Kuchen etc. – auch Bargeld wurde nicht verschmäht. Freilich kam es dann manchmal bei der Verteilung des letzteren zu ernstlichen Dissidien, die mit einer regelrechten Prügelei endeten. Doch trat alsbald wieder die Versöhnung ein.«

Nicht nur in Bischberg, auch andernorts führte vorwiegend die Jugend Purimspiele auf, meist anspruchslose, trotzdem oft lustige Possen, die sich um die Geschichte von Ester und Mordechai rankten. Unter zahllosen Fassungen – man hat in ihnen nicht zu Unrecht den Beginn des jüdischen Theaters gesehen – gab es auch eine Fürther Version, die Josef Herz unter dem Titel »Ester oder die belohnte Tugend. Eine Posse in vier Abschnitten nebst einigen noch nicht gedruckten Gedichten in jiddischdeutscher Mundart« 1854 bereits zum zweiten Mal in Fürth verlegen ließ. In populärer Form und in bestem Fürther Jüdisch-Deutsch beschwor sie den Sinn dieses Festes, die Hoffnung, daß noch aus schlimmster Knechtschaft Errettung möglich wäre:

»Aber hätt ner den Pohser.
Tät ner recht tihben!
Ahasveros, der Grosser.
Werd mich derheben.
Ja mich, mich muss er nemme,
Ich komm in Triumph!
Frei dich Tatte, frei dich Memme,
Euer Zetulpe ist Trumpf.«

Pessach

Im März bzw. April wurde Pessach (wörtlich: »Vorübergehen«), eines der drei Wallfahrtsfeste, gefeiert. Am Abend des 14. Nissan beginnend und acht Tage dauernd, gedachte man des Schutzes, den Gott seinem Volk während der Knechtschaft in Ägypten hatte angedeihen lassen, und der wunderbaren Befreiung aus der Not der Sklaverei.

Kaum ein Fest vergegenwärtigte in all seinen Einzelheiten und den Verhaltensweisen seiner Menschen so vollkommen die jüdische Geschichtserfahrung, setzte Religion, das Bewußtsein um die Einheit von Mensch und Gott in konkrete Handlungen und Gegenstände um. Die

50 *Zubereitung und Backen der Mazzot.*
(Holzschnitt aus einem Amsterdamer Minhagim-Buch von 1707)

51 *Hagadah schel Pessach, Rödelheim 1902, mit Gebeten und Erläuterungen für den Seder Pessach.* (Privatbesitz)

Pessachfeier projizierte die Erinnerung auf die Ebene einer symbolischen Wirklichkeit. Dies begann bereits mit der Säuberung des Hauses von allem Sauerteig (Chomez) und leicht gärenden Lebensmitteln; es erstreckte sich auf die sorgfältige Reinigung der Küche und des Herdes bis hin zum Ersatz des chomeztigen Geschirrs durch ein eigenes Pessachservice (vgl. S. 59–61, s. Abb. 2). Denn Pessach hieß auch das »Fest der ungesäuerten Brote« (Chag ha-mazoth), da man einst in Ägypten durch die Eile des Aufbruchs nicht mehr die Zeit gefunden hatte, Brot zu säuern, und deswegen den Teig in Tüchern mitnahm, um unterwegs Brot zu backen; daher bedeckte auf der Sedertafel ein Tuch die Mazzen (Abb. 50).

Den Höhepunkt des Festes bildete die Abendmahlzeit, der Seder (Abb. 51). Der Tisch war festlich gedeckt, alles besaß bis in die letzte Einzelheit seine symbolische Bedeutung, die Sederdecke, in die bisweilen die wichtigsten Teile der Gebete für den Seder-Abend oder zumindest deren Anfangsworte eingestickt waren, das Kissen zum Anlehnen auf dem Stuhl des Hausvaters, das oft reich verzierte Handtuch zum Trocknen der Hände nach der Waschung.

In der Mitte des Tisches standen zwei Schabbatleuchter, vor jedem Sitzplatz ein gläserner oder silberner Weinbecher, der sich durch spezielle Aufschriften oder Motive deutlich vom Kidduschbecher des Sabbatabends unterschied und aus dem im Verlauf der Seder-Zeremonie unter Segenssprüchen (Kiddusch) viermal getrunken wurde. Vor dem Platz des Hausherren aber befand sich noch ein weiteres, besonders kostbares Glas, das für den Propheten Elias, den Vorläufer des Messias, bestimmt war und in dem sich die jüdische Hoffnung auf das Kommen des messianischen Reichs ausdrückte.

52 *Sederteller, fränkisch, Zinn, datiert 1779. Am Tellerrand Merkvers für den Seder Pessach:* »*Segen, Waschen [der Hände], Petersilie (Erdfrucht), Teilen der mittleren Mazza, Erzählung [des Auszugs aus Ägypten], Waschen [der Hände], Segensspruch über die Mazza, Bitterkraut, Meerrettich, ›Gedeckter Tisch‹, Nachtisch, Tischgebet, Loblieder«.*
(Foto: Deckert/Freyhan/Steinbart 1932)

In die bis ins 19. Jahrhundert hinein meist zinnernen Sederteller waren Darstellungen des Auszugs aus Ägypten, des Osterlamms, der Mazzot, Genreszenen wie das Backen der ungesäuerten Brote oder der zum Pessachmahl versammelten Familie sowie Angaben zur Reihenfolge (»Seder«) des Rituals eingraviert (Abb. 52). Einer besonderen Symbolkraft unterlagen die auf der Sederschüssel ausgebreiteten Essenswaren. Eingeschlagen in einer manchmal säckchenartig gebildeten oder mit mehreren Fächern versehenen Mazzendecke befanden sich die Mazzot, die solange zugedeckt blieben, bis sie der Familienvater mit den Worten »Dies ist das Brot des Elends, das unsere Väter einst in Ägypten aßen« anbrach. Sie verweisen auf die Armut der Juden und die Hast des Auszugs aus Ägypten. Daneben stand ein Gefäß mit Salzwasser, in das Petersilie, ersatzweise auch eine andere Erdfrucht oder ein Radieschen eingetaucht wurde. Bitterkraut (Maror), meist Meerrettich oder Lattich, diente der Erinnerung an die bittere Not des israelischen Volkes in Ägypten, war aber auch Zeichen für Mut und Tatkraft im Vertrauen auf Gott. Charoset (wörtlich: »Lehmchen«), ein Brei aus geriebenen Äpfeln, Rosinen, Nüssen, Feigen, Wein u.a., mahnte durch seine Farbe an den Ziegellehm, den die Juden zum Bau der Schatzhäuser des Pharao schleppen mußten; häufig hatte daher das Behältnis für den Charoset die Form eines kleinen Schubkarren. In einem ovalen Schälchen oder einem Eierbecher lag ein Ei zum Gedenken an das Festopfer zur Zeit des Tempels; seine Zerbrechlichkeit vergegenwärtigte aber auch die Wandelbarkeit des menschlichen Geschicks. Zuletzt aber erinnerte ein gebratener Lammknochen an das Pessachlamm, das in Ägypten geschlachtet und mit dessen Blut die Türpfosten bestrichen worden waren, damit Gott, der um Mitternacht die Erstgeborenen der Ägypter tötete, an den

Hütten seines Volkes Israel vorübergehe (vgl. Ex 12, 1–36).
Vor jedem Platz lag zudem ein Exemplar der Hagada mit der Schilderung des Auszugs aus Ägypten und Gebeten für das Pessachfest. Die Seder-Zeremonie diente vor allem der Unterweisung der Kinder in Wort, Bild und Tat. Sie wurde vom jüngsten Kind mit der Frage an den Vater eröffnet: »Warum ist diese Nacht vor allen anderen Nächten ausgezeichnet?«; darauf antwortete der Vater mit der Lesung aus der Hagada, die nur zu Hause, niemals aber in der Synagoge verwendet wurde, da sie schon der des Lesens unkundigen Kinder zuliebe oft reich bebildert war.
Nach Öffnung der Hagada sprach das Familienoberhaupt den Kiddusch mit dem erhobenen Weinbecher; vier Kelche Wein galten dem vierfachen Erlösungsruf (vgl. Ex 6, 6–7). Dann wurde etwas Petersilie in das Salzwasser eingetaucht, davon gekostet und von der mittleren der drei Mazzot ein Stück (Afikoman) zum Nachtisch auf die Seite gelegt. Nun folgten die Erzählung über die Mazzen (vgl. Lev 23, 6) und – in singendem Tonfall – die Rezitation der Geschichte von der Leidenszeit Israels in Ägypten und der Befreiung durch Moses, wobei auch die Symbolik der Speisen erklärt wurde. Das Hallel, das Singen der Psalmen 113 und 114, sowie kurze Segenssprüche über ein Stück Mazze, Bitterkraut und Charoset, ferner über den Meerrettich und die Mazze, die der Vater allen am Tisch Versammelten reichte, beendeten den ersten Teil des Sederabends.

Nun begann das eigentliche Festmahl, bei dem statt eines Nachtischs die zurückgelegte Mazze verzehrt wurde. Nach dem Tischgebet, dem Hallel-Singen der Psalmen 117 und 118 sowie dem Segen über das vierte Glas Wein schloß der offizielle Teil des Seders mit dem Wunsche »Das nächste Jahr in Jerusalem«. Den Rest des Abends genossen dann vor allem die Kinder, da jetzt ebenso erbauliche wie spannende Geschichten erzählt wurden und man gemeinsam das eine oder andere Lied sang.

Omer-Zeit und Omer-Zählen

Die zwischen den Hauptfeiertagen des Pessachfestes liegenden vier »Halbfeiertage« (Chol hamoed) gestatteten die werktägliche Pflichtarbeit. Am zweiten Abend von Pessach, am 15. Nissan, begann das »Omer-Zählen«: »Darnach sollt ihr zählen vom andern Tage des Sabbats, da ihr die Webegarbe brachtet, sieben ganze Sabbate« (Lev 23, 15). Das hebräische Wort »omer« bedeutet »abgeschnittene Ähre« oder »Garbe« und bezeichnete ursprünglich den Beginn der Getreideernte. Das Omer-Zählen dauerte 49 Tage und endete an Schawuot.
Paul Christian Kirchner deutete den Brauch des Zählens aus seiner Sicht:

»Von der andern Oster-Nacht an biß Pfingsten zehlen sie 49. Tage, und ehe sie anfangen zu zehlen, sprechen sie auf Ebräisch einen Segen. Dieser Segen lautet also: Gelobet seyst du HErr unser GOtt / ein HErr der Welt, der du uns mit deinen Gebothen geheiliget und das (die Tage der Ernde) zu zehlen befohlen; heut aber ist der erste Tag. Auf solche Weiß fahren sie fort, bis eine Woche um ist; alsdann heist es bey dem dar-

*53 Omerkalender, Holz und Pergament,
19. Jahrhundert.*
(Miltenberg, Städtisches Museum)

auf folgenden Tag: heute sind acht Tage, welche eine Woche und einen Tag ausmachen; und dieses Zehlen wäret so lang, biß der neun und vierzigste Tag vorbey ist. Es muß solches stehend geschehen, gehet auch bißweilen in öffentlicher Synagog vor; doch dessen unerachtet muß ein jedweder Hauß-Vater auch solches an einem jeden Abend zu Hauß verrichten, weil III. B. Mosis XXIII. 15. stehet: Ihr solt zehlen. Weil sie aber alles dem Buchstaben nach verstehen, und meynen, daß würcklich ein jedweder Jud von Tag zu Tag ordentlich zu zehlen schuldig sey, so geben sie hiervon folgende Ursach: weil nemlich die Leute im Lande Canaan zur selbigen Zeit mit der Feld-Arbeit gar sehr beschäfftiget wären, und darüber des Fests und der Reise nach Jerusalem zu demselbigen leichtlich hätten vergessen können, wo sie nicht fleissig alle Tage nachgezehlt und auf solche Weise die bestimmte Zeit in unvergeßlichen Andenken behalten hätten.
Welcher bey diesem Fest nicht alle Abend, ehe er zu Bette gehet, den Seegen spricht, von dem meynen sie, daß er eine Scharte in seiner Seele, als in ein Messer bekomme, bis seine Seele ganz verdorben sey, er thäte dann grosse Busse mit Fasten und Allmosen.
Wann dannenhero ein Kind nur ein wenig reden kan, und seine Eltern beten ihm gedachten Seegen nicht für, so liegt die Schuld auf ihnen.«

Für die Zählung der Omer-Zeit bediente man sich sowohl in der Synagoge wie zu Hause eigener Kalender in Buch- oder Tafelform (Abb. 53). Gebräuchlich waren ferner, wie ein Exemplar aus Miltenberg zeigt, hölzerne Omer-Kalender, in denen eine Tag für Tag weiterzudrehende Rolle mit kurzen Gebeten, Sinnsprüchen und der Angabe der verbleibenden Anzahl der Tage bis Schawuot angebracht war.
Die Omer-Zeit galt wegen der Erinnerung an grausame Verfolgungen seit der Zeit Kaiser Ha-

drians und an die Brutalität der Kreuzzüge als Periode der Trauer, während der keine Freudenfeste stattfinden sollten. Ausgenommen hiervon war lediglich der 18. Ijar (April/Mai), der Lag baomer, an dem gemäß der Tradition das Massensterben unter den Schülern Rabbi Akibas endete; man heiratete gern an diesem Tag.

Schawuot

Die siebenwöchige Omer-Zeit ging im Juni mit dem Wochenfest, dem vom 6. bis 7. Siwan begangenen Schawuot zu Ende, das zum Zyklus der Wallfahrtsfeste gehörte; denn es beruhte auf dem biblischen Erntefest, an dem der erste Weizen im Tempel dargebracht wurde. Daraus erhob sich auch seine Aufforderung zur tätigen Nächstenliebe, denn »Wenn ihr euer Land erntet, sollt ihr nicht auf dem Feld einschneiden, auch nicht alles genau auflesen, sondern sollt es den Armen und Fremdlingen lassen« (Lev 23, 22). Der historischen Herkunft entsprechend wurde während des Schawuot-Gottesdienstes das Buch Ruth gelesen, in dem die Erntezeit eine Rolle spielt; die Synagoge war mit Birkenbäumchen und Blumen, die Wohnung mit frischem Grün geschmückt, ein festlicher Rahmen auch für die mit der Bar Mizwa der Jungen (vgl. S. 153) vergleichbare Einsegnung der Mädchen an diesem Tag.

Die entscheidende Bedeutung des Wochenfestes ergab sich jedoch aus seiner liturgischen Bezeichnung: »seman mathan thorathenu«: Zeit der Gebung unserer Thora, die Erinnerung an die Übergabe der Gesetzestafeln an Moses auf dem Berg Sinai. Einmal mehr aber verbanden sich hier Geschichte und Gegenwart. Denn seit den hochmittelalterlichen Pogromen gedachten die Juden am Sabbat vor Schawuot derer, die um der Befolgung eben dieser Gebote willen zu Märtyrern geworden waren. Größere Gemeinden wie Nürnberg besaßen hierfür eigene Memorbücher.

Rosch Haschana: das jüdische Neujahr

Die Periode zwischen Schawuot und Rosch Haschana bedeutete für jemanden, der dem liturgischen Zyklus folgte, eine recht besinnliche, bisweilen sogar traurige Zeit. Denn auf den 17. Tammus (Juli) fiel der Tag, an dem die erste Bresche in die Mauer des belagerten Jerusalem gebrochen worden war. Daran schloß sich bis August eine dreiwöchige Trauerzeit an, die sich vom 1. bis 9. Aw durch das Verbot des Genusses von Fleischspeisen und des Singens von Liedern in fröhlicher Tonart weiter verschärfte. Sie fand am 9. Aw, dem Tag der Zerstörung des Tempels, ihren Höhepunkt. In der Synagoge erklangen die Klagelieder des Propheten Jeremias, aktualisiert durch die Kinoth, durch Trauergesänge über jüdisches Leiden in der Diaspora. Die Beter saßen mit entblößten Füßen auf dem Boden, die Synagoge bot – ähnlich wie christliche Kirchen am Karfreitag – mit umgestürzten Pulten und spärlicher Beleuchtung ein Bild der Zerstörung.

Damit begann die geistige Einstimmung auf Rosch Haschana, fortgesetzt durch Bußtage im September (Elul), an denen man in speziellen Gebeten, den »Selichot«, Gott um Vergebung bat.

An sie schlossen sich während der ersten zehn Tage des Monats Tischri (Oktober) die »ernsten Tage« (Jamim noraim) an, die im Rosch Haschana, dem jüdischen Neujahrsfest, am 1. und 2. Tischri gipfelten.
Nach dem Talmud war in diesem Monat die Welt erschaffen, die Erzväter geboren und die Knechtschaft in Ägypten beendet worden, Anlaß genug, um es wie das christliche Neujahr mit ausgelassenen Feiern zu begrüßen. Doch Rosch Haschana vergegenwärtigte das himmlische Gericht, das Urteil Gottes, das an Jom Kippur über jeden einzelnen vollzogen werden sollte. Dies erforderte Selbstbesinnung, Reue und Buße, Bestimmung des eigenen Standortes und des Verhältnisses zum Nächsten, die Bitte um gegenseitige Vergebung, verlangte, das Leben im Blick auf den allgegenwärtigen Tod in Ordnung zu bringen. Daher waren Weiß die Farbe des Thoravorhangs, mit weißen Decken das Pult des Vorbeters und die Kanzel ausgeschlagen. Die Männer legten die weißen Sterbekleider (Sargenes) an, sogar einzelne Bestandteile des Festtagsgewandes waren weiß, wie Bruno Stern eindrucksvoll schilderte:

»Mutter ging – wie es so Sitte war – in Weiß. Viele Frauen trugen noch die im letzten Jahrhundert üblichen weißen Häubchen. Vater ging im schwarzen Anzug mit weißer Krawatte und mit Zylinder. Die Kinder hatten ihre besten Anzüge an. Obgleich man im Synagogenstand allerlei Gebetbücher und Gebetsutensilien verwahrte, so hatte man für die Feiertage doch immer viel mitzuschleppen: das Sarjenes (Totenhemd), die Machsorim (Festtagsgebetbücher), meist mußten wir auch noch Wein mitnehmen. Gar oft stiftete Vater, um dem Gottesdienst an den hohen Feiertagen ein besonders feierliches Gepräge zu geben, für alle Kronleuchter Kerzen.«

Diese Eigentümlichkeiten des Festes blieben der Neugierde der Dorfbevölkerung ebensowenig verborgen wie das weithin vernehmbare Blasen des Schofar, des »Judenhörnle«, mit dem bereits während der Gottesdienste im Monat Elul, ausgenommen am Schabbat, begonnen worden war. »Deine Kinder«, so schreibt der Midrasch Tanchuma, »werden in der Zukunft vor mir sündigen, und am Neujahrstage werde ich über sie zu Gericht sitzen. Wenn sie wünschen, daß ich ihnen vergeben soll, mögen sie an jenem Tage das Widderhorn blasen, und ich, des für Isaak geopferten Widders gedenkend, will ihnen ihre Sünden vergeben.«
Das Schofarhorn war das einzige Instrument aus der Epoche des Tempels, das gerettet worden war und dessen Ton im Gottesdienst erklingen durfte. Seine etwas flache, scharf gebogene Form wurde dadurch erzielt, daß man es in heißem Wasser elastisch machte. Es war durchwegs schmucklos; Verzierungen beschränkten sich auf eingravierte Bibeltexte, die vom Blasen des Schofar berichten, oder auf den Namen des Stifters und der Gemeinde, in der es benutzt wurde. Typisch ist der gezackte Rand der Schallöffnung. Das Blasen des Schofar stellte eine ehrenvolle Aufgabe dar. Wer sie ausüben durfte, konnte dies der Nachwelt auch damit dokumentieren, indem er das Widderhorn als Symbol auf seinem Grabstein anbringen ließ (Abb. 54).
Daß allerdings aus Trauer Hoffnung geboren wird, fand am Neujahrsfest seinen Ausdruck vor allem im privaten Bereich. Das Schreiben und Verschicken von Glückwünschen an Bekannte,

54 *Abbildung eines Schofarhorns auf einem Grabstein des späten 19. Jahrhunderts (Jahreszahl teilweise weggebrochen); Ermetzhofen, jüdischer Friedhof.*

Freunde und Verwandte, seit dem 19. Jahrhundert sicherlich auch eine gesellschaftliche Konvention, der viele assimilierte Juden nicht mehr die ursprüngliche Bedeutung beimaßen, erinnert an nichtjüdische Brauchformen. Doch all dies entstammte ursprünglich dem Wunsch, den Mitmenschen um Vergebung zugefügten Unrechts zu bitten, hoffend, wenigstens im kommenden Jahr aus den begangenen Fehlern zu lernen. Symbolisch hierfür reichte der Familienvater während des Essens an Rosch Haschana seinen Angehörigen ein kleines, in Honig getauchtes Stück Süßapfel mit dem Segensspruch, Gott möge allen »ein gutes und süßes Jahr« zuteil werden lassen. Denn erst, wenn das Verhältnis zum Menschen in Ordnung gebracht war, ließ sich auch in der Beziehung zu Gott wieder Gleichgewicht herstellen.

Jom Kippur

Dies aber sollte am Jom Hakippurim, am 10. Tischri, acht Tage nach Rosch Haschana, geschehen. Das Versöhnungsfest, volkstümlich auch »Jomkipper« genannt, das wohl bedeutendste Fest des Judentums, beendete die zehn Bußtage, unter denen man am 3. Tischri der Ermordung des von Nebukadnezzar zum Statthalter von Judäa eingesetzten Gedalja gedacht hatte.

Jom Kippur war der Tag größter Buße, absoluter Arbeitsruhe und strengen Fastens, an ihm hatten durch den Akt gänzlicher Unterwerfung die Beziehungen zwischen Mensch und Gott geordnet zu werden, die Versöhnung mit ihm stattzufinden. Während des einleitenden Abendgottesdienstes bat man mit dem eindrucksvollen »Kol nidre« (»alle Gelübde«) den Mitmenschen um Entpflichtung aller auf Irrtum, Zwang oder Sünde beruhenden persönlichen Gelübde (vgl. Lev 16, 30–32), um dann zu vollenden, was man an Rosch Haschana begonnen hatte: die Teschuwa, die nur durch Sündenerkenntnis, Sündenbekenntnis, Reue und Besserung mögliche Rückkehr zu Gott (s. Abb. 74).

Noch einmal prägte die Farbe Weiß die Ausstattung der Synagoge und die Kleidung der Gläubigen, trugen die Männer das leinerne Sterbekleid während des Gottesdienstes, der oft vom Morgengrauen bis in den späten Abend dauerte; ein letztes Mal erklang für dieses Jahr das Schofarhorn, um diesmal an den mit den Sünden des Volkes beladenen und in die Wüste getriebenen Bock (Lev 16, 10), zugleich aber an die Opferung Isaaks zu erinnern, als Gott statt seiner den Widder zum Opfer nahm.

Doch schließlich, geläutert durch die lange Periode der Fast- und Trauertage, stellte sich die Vorfreude auf ein besonderes Ereignis des Jahres ein; denn am Abend nach dem Ende des Versöhnungsfestes wurde mit dem Bau der Laubhütte begonnen, ein Vergnügen, das Jahr für Jahr jung und alt gleichermaßen faszinierte.

Sukkoth

Zwei Wochen nach Rosch Haschana, vier Tage nach Jom Kippur, fand vom 14. bzw. 15. bis 23. Tischri Sukkoth, das Laubhüttenfest statt, das letzte der drei großen jüdischen Wallfahrtsfeste, an denen zur Zeit des alten Tempels jeder Erwachsene nach Jerusalem gepilgert war, um dort die Erntefrüchte, Wein und Öl zu opfern.

An Sukkoth verwob sich die Freude über die eingebrachte Ernte – daher auch »Fest des Einsammelns« – mit der Erinnerung an die vierzigjährige Wanderung des jüdischen Volkes durch die Wüste, während der man in Hütten gewohnt hatte. Beides prägt die Gestaltung des Festes. Sobald beim Hallelgebet während des Gottesdienstes der Ausruf »Danket Gott, denn er ist gütig, ewig währet seine Freude« erklang, schwenkten die Männer den »Vierartenstrauß« (hebräisch: arba minim). Er setzte sich aus einem Palm- (Lulaw), einem Myrthen- und einem Bachweidenzweig sowie dem Etrog, einer Zitrusfrucht, zusammen (vgl. Lev 23, 40). Diesen Feststrauß trugen die Männer auf dem Weg zur Synagoge und beim feierlichen Umzug jeweils nach dem zweiten Hauptgebet, wenn sie, das Hoscha-na (»Hilf uns«) singend, der vorangetragenen Thora, dem Vorbeter und dem Rabbiner folgten. Doch das Hauptereignis dieses Festes bildete für alt und jung die Laubhütte (Sukka), in der an diesen Tagen die häuslichen Gebete verrichtet und die Mahlzeiten eingenommen wurden (Abb. 55). Nicht alle besaßen eine eigene Sukka, weswegen in zahlreichen Orten, oft direkt neben

143

56 *Zwei Formen der Sukka: als speziell für das Laubhüttenfest eingerichteter Raum (links) und als Dachbodenkammer (rechts). Deutlich zu sehen ist die Ausschmückung mit Girlanden und Glaskugeln.* (Kupferstich aus P. C. Kirchner, Jüdisches Ceremoniel, 1734)

der Synagoge, eine Gemeindelaubhütte aufgestellt wurde. Wer über ein kleines Anwesen verfügte, errichtete im Garten ein aus Brettern gezimmertes Häuschen, das Jahr für Jahr auf- und wieder abgebaut werden konnte, oder er benutzte das Gartenhaus, woran sich noch heute viele Dorfbewohner erinnern können. Nicht selten war die Sukka auch im Haus selbst oder in einem Nebengebäude untergebracht, so laut Dorfbeschreibung von 1825/30 im Anwesen Haus Nr. 158 des Bernhard Oppenheimer in Goldbach (Lkr. Aschaffenburg), wo man dem Wohnhaus einen Neubau mit Laubhütte angegliedert hatte.[31]

Bei aller Verschiedenheit der Konstruktion sollte sie mit Zweigen bedeckt sein, jedenfalls aber den Himmel und die Sterne durchscheinen lassen. Dies galt auch für die im Wohnhaus, hier durchwegs am Dachboden untergebrachte Sukka, für die dann einige Dachziegel zu entfernen oder – was tatsächlich bezeugt ist – das gesamte Dach hochzuheben waren (Abb. 56).

Zur reichen Ausschmückung mit Zweigen, Bändern, Glaskugeln, Lichtern und Flitterkram trug die gesamte Familie einschließilch der Kinder bei. Noch einmal sei Bruno Stern zitiert, der die Laubhütte seiner Familie in allen Einzelheiten beschrieb:

55 *Aufseß, Judenhaus gegenüber der um 1900 errichteten, heute nicht mehr existierenden Synagoge. Gartenhäuschen dienten häufig als Sukka.*

»Schon einige Wochen vor dem Sukkothfest fing man an, Ketten und Girlanden zur Ausschmückung der Sukkoh herzustellen. Die Ketten bestanden oft aus Kastanien oder Hagebutten. Das war natürlich ein fröhlicher Zeitvertreib für die Jugend, diese zu sammeln und an Schnüren aufzureihen [...] Man stellte auch Papiergirlanden her. Streifen von buntem, glänzendem Papier wurden wie Ringe zusammengeklebt und ineinandergefügt. Auch aus Efeu und Immergrün wand man allerlei Girlanden. Aber in den drei Tagen zwischen Jom Kippur und Sukkoth erhielten diese Arbeiten erst den richtigen Schwung. Rohe Eier wurden ausgeblasen und vier Löcher hineingebohrt. Durch die Löcher schob man gefaltete Papierstreifen. Wenn man die Eier dann aufhängte, so sahen sie aus wie ›Vögel‹. Es gehörte allerdings etwas Phantasie dazu, um dies zu erkennen. Elektrische Birnen wurden mit Bronze überzogen. Von allen Früchten, die gerade reif waren, schaffte man welche herbei und hängte sie auf.

Unsere Laubhütte befand sich in der Mitte des oberen Hausgangs. An dem Platz, an dem die Sukkoh stand, konnte man die Decke, die aus einigen Brettern bestand (es war eigens so eingerichtet), leicht abnehmen. Dann befand man sich schon unterm Dach. Die Dachziegel wurden entfernt. An die Stelle der abgenommenen Bretter legte man ein Gitter aus Holzstäben. Auf das Gitter legten wir belaubte Äste, welche wir meist

von unseren Grundstücken brachten. Im Gang wurden zwei Bretterwände aufgestellt, so daß die Sukkoh ein vollständig abgeschlossener Raum war. Die vier Wände wurden mit Tüchern und Bildern behängt. All die Girlanden, Früchte und sonstigen Verzierungen wurden an dem Holzgitter an der Decke angebracht.
Außer uns besaßen nur wenige Leute eine eingebaute Sukkoh. Die meisten errichteten eine Laubhütte entweder vor oder hinter dem Haus. Auch die Gemeinde hatte eine Sukkoh, welche im Synagogenhof errichtet wurde«.

Simchat Thora

Am achten Tag von Sukkoth beging man Simchat Thora, das Fest der Gesetzesfreude, das sich insofern von den anderen Festen unterschied, als daß alle Thorarollen aus dem Schrein genommen und mit Gesang und Tanz um das Vorlesepult getragen, alle männlichen Gottesdienstteilnehmer zur Thora aufgerufen wurden. Sogar die erstmals in die Synagoge mitgenommenen Kinder durften sich beteiligen; sie gingen mit einem Fähnchen in der Hand den Thorarollen voran, wofür sie nach Beendigung der Feier kleine Geschenke erhielten.
Mit Simchat Thora endete in Freude ein Zyklus, der an Jom Kippur mit Trauer begonnen hatte. Es war zuletzt viel von düsterer Besinnlichkeit die Rede, von Verhalten prägenden Regeln. Daß Juden dennoch auch lachen konnten, belegt ein unanständiger Spruch, der nur aus den strengen Verboten an Jom Kippur seinen Sinn bezog und dabei die Welt umkehrte: Nicht Trauer, sondern Vergnügen an Jom Kippur führe zu Schaden, und nicht zu Freude an Simchat Thora: »Chaumeln am Jomkipper, ist Simches Taura Tripper.«

Chanukka

Mit Freude aber sollte das Jahr zur Neige gehen. Im Dezember, am 25. Kislew, begann das achttägige Chanukka, auch Einweihungsfest oder Fest der Lichter genannt, an dem weder eine Trauerfeier abgehalten noch gefastet werden sollte. Einst hatten die Makkabäer über die Syrer gesiegt, deren Soldaten den Tempel entweiht hatten. Nach dessen Säuberung fehlte lediglich Öl für das Ewige Licht. Man fand ein einziges, unversehrtes Fläschchen mit dem Siegel des Hohen Priesters, dessen Inhalt jedoch nur für eine Nacht reichen würde; doch das Öl brannte acht Tage lang.
In Erinnerung an dieses wunderbare Ereignis besitzt der an Chanukka entzündete Leuchter acht und nicht sieben Lichthalter sowie ein neuntes, zum Anzünden dienendes Licht, den Schammes (»Diener«). Jeden Abend wurde nach dem Gebet ein Licht mehr angezündet, bis nach 8 Tagen alle Kerzen oder Öldochte brannten (Abb. 57/58).
Doch nicht allein der Befreiung des Tempels aus syrischer Hand gedachte man an Chanukka, sondern jeder Errettung aus Unterdrückung. Zu den beliebtesten Lesungen an diesem Fest gehörte die Geschichte vom Mut der Judith, die Holofernes tötete.
Eine weitverbreitete Lustbarkeit an den langen Winterabenden dieser Zeit bildete ein traditionelles Würfelspiel. Dafür benutzten die Spieler einen würfelförmigen Trendelkreisel, der auf jeder der vier Flächen einen hebräischen Buchstaben trug; sie konnten mehrfach gedeutet werden: als

57 *Chanukkaleuchter, Banktyp, Bronze, 19. Jahrhundert.*
(Privatbesitz)

58 *Chanukkaleuchter, Menoratyp, Messing, Ende 19. Jahrhundert; Schammes neu.*
(Privatbesitz)

G für »ganz«, H für »halb«, N für »nichts« und Z oder S für »Zahl«, bzw. »stellen« oder »zahlen«. Der Buchstabe, der obenauf zu liegen kam, bedeutete jeweils Gewinn oder Verlust. Nach kabbalistisch beeinflußter Interpretation der Anfangsbuchstaben ergab sich allerdings ein anderer Sinn, der sich auf den Ursprung des Festes selbst bezog: N̲es gadol h̲aja s̲cham (נס גדול היה שם) »ein großes Wunder geschah dort«.

Kein anderer jüdischer Termin war in seiner familiären Erlebniswelt derart nichtjüdischen Einflüssen ausgesetzt wie Chanukka. Die an den Brauch des Adventskranzes gemahnende schrittweise Entzündung der Lichter, die zeitliche Nachbarschaft des Weihnachtsfestes und seines Brauch- und Stimmungszwangs führte gerade bei assimilierten, nicht mehr den traditionellen Vorschriften verpflichteten Familien zur Aneignung fremder Brauchbestandteile. In der letzten Konsequenz ersetzten sie den Chanukka-Leuchter

59 *Amulett für die Wochenstube, handgeschriebenes Papierblatt, 18./19. Jahrhundert, mit den Engelsnamen Michael, Gabriel, Raphael und Uriel, dem Lobspruch »Du bist mächtig ewiglich, Herr« aus dem Achtzehngebet, kabbalistischen Namen und Psalm 121.*
(Nürnberg, Germanisches Nationalmuseum, HB 12 436 Foto: Germanisches Nationalmuseum Nürnberg)

durch den Weihnachtsbaum, unter dem Geschenke für die Angehörigen lagen. Mit dem alten Sinn war auch ein Stück eigener Kultur verlorengegangen.

Die persönlichen Feste

Eingewoben in das Geflecht der Wochen und Jahre vollzogen sich die Abschnitte des menschlichen Lebens, die Veränderungen des persönlichen und sozialen Status, Freude und Trauer. Die liturgischen Ereignisse des Jahres richteten individuelle Emotionen auf die eigener gefühlsmäßiger Nachvollziehbarkeit letztlich fernliegende Erlebniswelt des Gedenkens an die historischen Geschicke des Volkes Israel. Kollektivrituell gesteuerte Empfindungen aber betrafen nicht den inneren Kern des eigenen Empfindens; Stimmung äußerte sich in normierten Handlungen.

Doch Feste, die Beginn und Ende eines Lebensabschnittes markierten, betrafen den Menschen direkt. Man kann dies vielleicht als Gegensatz formulieren: Die freudigen und traurigen Feiern des Jahres riefen mittels zeremonieller und brauchtümlicher Verhaltensweisen Gefühle hervor, die Ereignisse des Lebens drückten persönliche Emotionen in religiösen und profanen Handlungen aus. Mehr aber als die periodischen Termine des Jahres hingen die Feste des Lebens vom Alltag, von der Umwelt und der persönlichen wie familiären Situation ab.

Geburt

Das Leben begann, so banal diese Feststellung auch klingen mag, mit einem der freudigsten Ereignisse überhaupt, der Geburt. Moderne Hygiene und deutlich gesunkene Kindersterblichkeitsraten haben uns den Blick auf die Ausmaße von Angst angesichts der Umstände einer Geburt im Haus, häufiger Totgeburten oder des Todes der Mutter im Wochenbett, aber auch der Freude über eine glücklich verlaufene Geburt verstellt (Abb. 59). Solange aber die tatsächlichen Ursachen wie Infektionen und fehlende Hygiene unbekannt waren, machte man feindliche Mächte verantwortlich, personifizierte Krankheit und Tod mit den allgegenwärtigen Dämonen und schützte sich gegen sie mit allen zur Verfügung stehenden Mitteln, mit Gebeten, Segenssprüchen und Zeichen. Was uns heute als magisches Handeln erscheint, war früher oft die einzige Reaktion auf die Unausweichlichkeit des Schicksals (Abb. 60).

Als wirksamen Schutz gegen Kindbettdämonen, insbesondere gegen Lilith, betrachtete man handgeschriebene, in der Wochenstube aufgehängte Amulette. Sie bedienten sich der Engelsnamen Michael, Gabriel, Raphael und Uriel, kabbalistischer Verschlüsselungen des Gottesnamens, Segenssprüche wie »Denn Du bist mächtig in alle Ewigkeit, o Herr« oder des Psalms 121. Auch Paul Christian Kirchner bezeugt diesen Brauch: »Wann nun aber gedachte Frau glücklich entbunden, da schreiben sie auf ein Briefflein Cap. 121. oder Capitel 20., und nehen es an die Für-

60 *Faltbares Papieramulett, beidseitig beschrieben, siebenmal sieben Reihen mit kabbalistischen Gottes- und Engelsnamen, Beschwörungsformeln, magischen Quadraten, Hexagrammen und Pentagrammen, Ende 18. Jahrhundert.* (Privatbesitz)

hänge ihres Betts, ziehen auch mit Kreiden rings um die ganze Stube, wo die gedachte Frau ins Wochen-Bette kommen, und über den Strich schreiben sie mit der Kreide diese folgenden Worte: אדם הות חוץ לילית (Adam / Heva / chutz Lilis) oder auch (סנוי סנסנוי סנמנגלף) (Senoi/ Sansenoi/ Sanmangelof).«

Handelte es sich bei dem Neugeborenen um einen Knaben, fand zwischen Geburt und Beschneidung die Zeremonie der »Jidischen Kerz«

61 *Beschneidung. Illustration aus einer Handschrift des Elieser, Sohn des Märtyrers Rabbi Mordechai, von 1590 mit Gebeten und Liedern für Schabbat, Chanukka, Purim, Beschneidung, Hochzeit usw.* (Nürnberg, Germanisches Nationalmuseum, Hs. 7058, Foto: Germanisches Nationalmuseum Nürnberg)

statt, wie sie u. a. ein Fürther Minhagim-Buch des 18. Jahrhunderts bezeugte und wie sie Eduard Silbermann aus Bischberg kannte, wenn sich »die jüdischen Frauen einige Tage vor der Bris Milo (Beschneidung) zur ›Jidd'schen Katz‹ (Jüdische Kerze) in der Wohnung der Wöchnerin« einfanden und beim »Genuß von Kaffee und Kuchen [...] die bei der Beschneidung erforderliche Wachskerze gefertigt« wurde. Der Ursprung dieses bereits im Mittelalter bekannten Brauchs ist unklar, der Zusammenhang mit der »Wachnacht«, in der das noch unbeschnittene Kind vor bösen Geistern beschützt werden sollte, nicht unwahrscheinlich.

B'rit Mila (Beschneidung)

Mit der Beschneidung (B'rit Mila) am achten Tag nach der Geburt wurde der männliche Nachkomme offiziell in die jüdische Religionsgemeinschaft aufgenommen (Gen 17, 9–14) (Abb. 61). Sie fand ursprünglich in der Synagoge, seit dem 19. Jahrhundert jedoch unter dem Druck der staatlichen Gesundheitsvorsorge zunehmend auch in Kliniken statt, wo sie auch von nichtjüdischen Ärzten und dem Krankenhauspersonal beobachtet werden konnte. So schilderte eine ehemalige Hebamme aus Bütthart recht genau den kleinen medizinischen Eingriff, ohne sich

der religiösen Bedeutung dieses Aktes bewußt zu sein.
Die Beschneidung wurde vom Mohel durchwegs unentgeltlich ausgeführt; er unterstand der Aufsicht des jeweils zuständigen Rabbinats (Abb. 62). Jeder Mohel besaß ein »Mohel-Buch«, in das er alle Beschneidungen sorgfältig einzutragen hatte, sowie sein eigenes Beschneidungsbesteck (Abb. 63). Die Zeremonie, zu der die Mutter das Kind nur bis zur Türe trug, um dann in der Frauenabteilung Platz zu nehmen, fand im Beisein der vollständig versammelten Gemeinde, d.h. in Anwesenheit von mindestens zehn erwachsenen Männern statt. In der Synagoge stand der oft zweiplätzige Beschneidungsstuhl, die »Bank des Elias«, dessen einer Sitz symbolisch dem Propheten vorbehalten war, unter dessen Schutz das Kind heranwachsen sollte, und auf dessen anderen Platz sich der Pate (Sandak), der während der Beschneidung den Jungen auf dem Schoß hielt, niederließ (Abb. 64). Nachdem unter einem Segensspruch die Mila als sichtbares Zeichen des Bundes mit Gott vollzogen und damit der Knabe zum Ben B'rit, zum »Sohn des Bundes« geworden war, sagten der Mohel und der Vater des Kindes (Baal B'rit, »Vater des Bundes«) Gott Dank, worauf die Gemeinde antwortete: »Wie er eingetreten in den Bund, so möge er heranwachsen zu einem bewußten Bekenner der Thora, zu einem gottgesegneten Familienvater und zu guten Werken.« Diesen Spruch stickte oder malte man später auf die Thorawimpel (Mappa), zu der das Beschneidungstuch umgearbeitet und die der Knabe bei seinem ersten Gang

62 *Klemme aus einer Beschneidungsgarnitur, 19. Jh.*
(Nürnberg, Germanisches Nationalmuseum, JA 16, Foto: Germanisches Nationalmuseum Nürnberg)

63   Ermreuth, Jüdischer Friedhof; Grabstein des späten 19. oder frühen 20. Jahrhunderts mit Darstellung eines Beschneidungsmessers, das auf die einstige Tätigkeit des Verstorbenen als Mohel hinweist.

in die Synagoge, meist im Alter von drei Jahren, stiftete.

Am Ende der Zeremonie wurde dann zum erstenmal der – hebräische – Name des Kindes ausgesprochen, anschließend tranken alle Teilnehmer einen Schluck Wein auf dessen Wohl, und auch dem Kind tröpfelte man ein wenig Wein in den Mund.

Holekreisch

Ungefähr einen Monat nach der Geburt, meist am Tag des ersten Synagogenbesuchs der Mutter, fand eine kleine Feier statt, das »Holekreisch« (fränkisch: Holekräsch), bei der man dem Jungen oder Mädchen seinen deutschen, d.h. meist westjiddischen Namen gab. Dieser Brauch ist seit dem Mittelalter vor allem für den süddeutschen Raum belegt; Joseph Hahn, Samuel Meseritz von Kleinsteinach (gest. 1681) und Joseph Steinhardt von Fürth (gest. 1776) führten ihn in ihren Aufzählungen regionaler Gebräuche auf.

Beim Holekreisch versammelten sich die Kinder um die Wiege des Säuglings und hoben sie dreimal hoch. Dabei riefen sie, woran sich etwa eine Frau aus Bütthart noch erinnern konnte: »Hollekräsch, Hollekräsch, wie soll's Boppele häß'n?« Darauf wurde der Name des Kindes genannt.

Die Herkunft dieses zu den Minhagim zählenden Brauches, da er nicht der Halacha, dem rabbinischen Gesetz, entsprang, ist ebenso umstritten wie die Etymologie des Wortes. Rabbi Moses Minz deutete ihn um die Mitte des 15. Jahrhunderts in einem Responsum als Zusammensetzung aus hebräischem »chol« (»profan«, auch »gemeinsam«) und deutschem »kreischen« und nahm damit jüdischen Ursprung in Anspruch, andere sprachen sich für Ableitung aus französischem »holer« (»hochheben«) und »crèche« (»Krippe«) oder »haut la crèche« (»Hoch die Krippe«) und folglich für nichtjüdische Entlehnung aus. Schließlich kann »Kreisch« auch mit dem Kreis, der um die Wiege gezogen wurde, um Mutter und Kind vor den Nachstellungen der Dämonen zu schützen, in Verbindung gebracht werden.

Bar Mizwa

Die Beschneidung dokumentierte die Zugehörigkeit zum mosaischen Glauben. Am Sabbat nach dem 13. Geburtstag aber wurde der Junge im Rahmen einer synagogalen Feier zum Bar Mizwa, zum »Sohn der Pflicht« und dadurch offiziell in die jüdische Gemeinde aufgenommen. Dieser im weitesten Sinne und in seiner Bedeutung für die Eltern und Angehörigen mit der Konfirmation vergleichbare Tag stellte einen Umbruch im Leben dar; denn an ihm endeten Kindheit und elterliche Gewalt, mit ihm vollzog sich der Eintritt ins Erwachsensein, begann die rechtliche Selbstverantwortung. Erstmals nahm der Bar Mizwa das Legen der Tefillin vor, legte den Tallit um, erstmals wurde er vor versammelter Gemeinde zur Vorlesung aus der Thora und anschließend der Haftara, des Prophetenabschnitts, aufgerufen, mußte er in einem kleinen talmudischen Vortrag die Reife seines Denkens unter Beweis stellen. Nun trat er als vollberechtigtes Mitglied ein in den Minjan, die »zehn Männer«, die u. a. zur Abhaltung eines Gemeindegottesdienstes und damit zur Bildung einer Synagogengemeinde erforderlich waren.

64 *Beschneidungsbecher, Silber, Augsburg 1759/61, mit umlaufender Inschrift »Becher für die Meziza«.* (Nürnberg, Germanisches Nationalmuseum, JA 25, Foto: Germanisches Nationalmuseum Nürnberg)

Verlobung und Hochzeit

Man ist geneigt zu glauben, daß zu so wichtigen Feiern wie Beschneidung und Bar Mizwa nicht nur die jüdischen Angehörigen, sondern auch christliche Freunde und Bekannte eingeladen wurden, und man möchte annehmen, daß dies in besonderem Maße für Verlobung und Hochzeit galt. Doch man blieb weitgehend unter sich. Niemand, der während der Erhebungen in fränkischen Judenorten hierzu befragt wurde, konnte Auskunft geben; die Juden hätten auswärts geheiratet, lautete die Antwort, man wüßte davon nichts, und bisweilen war ärgerliche Betroffenheit über den Ausschluß von Ereignissen zu vernehmen, zu deren Teilnahme sich jeder einzelne der Dorfgemeinschaft, aus welchen Beweggründen auch immer, verpflichtet fühlte.

Doch ländlicher Sittenkodex registrierte neugierig, was geschah; so fielen in Mainstockheim verlobte jüdische Paare auf, weil sie sich vor dem

Gottesdienst übermäßig lange verabschiedeten, um dann getrennt zum Männerraum und zur Frauenempore der Synagoge zu gehen, und weil sie sich anschließend wieder begrüßten, als hätten sie sich eine Ewigkeit nicht mehr gesehen.

In Mainstockheim aber, wo noch 1942 mehr als dreißig Juden lebten, gab es vielleicht das Problem der Partnerwahl nicht, doch in vielen von der Landflucht betroffenen Gemeinden war es nicht immer leicht, unter den noch verbliebenen Juden einen Partner zu finden. Frauen heirateten nicht selten in weit entfernte Ortschaften, wie etwa die Angaben auf den Grabsteinen eindrucksvoll bezeugen.

Unter diesem Aspekt gewinnt die Person des »Schadchens«, der als Hochzeitsvermittler bis weit ins 19. Jahrhundert hinein tätig war, ein ganz anderes Licht als das des listigen, nur an seinem eigenen Profit interessierten Maklers zwischen den Parteien. Denn seine Aufgabe bestand darin, die Familien zusammenzubringen und die Bedingungen, die später Eingang in den Heiratskontrakt fanden, zur beiderseitigen Zufriedenheit auszuhandeln. Dafür erhielt er festgesetzte Vermittlungsgebühren; so standen um die Mitte des 17. Jahrhunderts in Bamberg dem Schadchen, der eine Partie ausfindig gemacht hatte, ein Drittel, einem zweiten, der sie zum Abschluß gebracht hatte, zwei Drittel des Entgelts für seine Bemühungen zu. Die Verhandlungen betrafen vor allem die Mitgift und die privaten Geschenke zwischen Braut und Bräutigam. Waren die Brauteltern unbemittelt und konnten keine Mitgift aufbringen, sorgten die Gemeinde oder die

65 *Stilisierte Chuppa (Hochzeitsbaldachin) auf einem Thorawimpel des 19. Jahrhunderts aus der Synagoge von Schnaittach; Leinen, bemalt.*
(Schnaittach, Heimatmuseum)

in manchen Orten bestehenden Vereine zur »Ausstattung von Bräuten« (Hachnassat kalla) zumindest für das Allernötigste.

Als Zeichen der Rechtsgültigkeit des aufgesetzten Mitgiftvertrags zerbrach man bisweilen einen Krug und überreichte dem Brautpaar die Scherben, mit denen einmal die Augen des Toten bedeckt werden sollten. Nun aber stand den eigentlichen Hochzeitsvorbereitungen nichts mehr im Wege.

Wie es nicht nur aus der hebräischen Bezeichnung der Trauungszeremonie, Kidduschin (»Heiligung«), hervorgeht, betrachtete das Judentum die Ehe als heilige Institution; ihre Hochschätzung drückte sich nämlich bereits im Segenswunsch für den Neugeborenen aus: »Thora, Ehe und gute Werke.«

Die Trauung, vor der die Brautgeschenke – traditionell ein meist silberner Gürtel für die Braut, ein Tallit und ein Gebetbuch für den Bräutigam – ausgetauscht worden waren, fand in der Synagoge oder im Privathaus, bevorzugt jedoch im Freien, im Synagogenhof statt und wurde vom Rabbiner unter Gegenwart zweier Zeugen und des Minjan vollzogen. Braut und Bräutigam, die sich auf diesen Tag durch Fasten vorbereiten

sollten, kamen getrennt zur Chuppa, dem Hochzeitsbaldachin, der das zukünftige Heim des Ehepaares versinnbildlichte und vereinzelt durch einen über die beiden gehaltenen Tallit ersetzt werden konnte (Abb. 65). Zu Beginn der Zeremonie erhielt der in Aramäisch, der juristischen Sprache des Talmud abgefaßte Ehevertrag (Ketubba) durch die Unterschrift des Rabbiners und zweier Zeugen Rechtskraft; er legte die der Ehefrau zustehenden Rechte fest. Dann sprach der Rabbiner den Segensspruch über die Ehe und den Kiddusch über den Wein, worauf der Bräutigam mit der Trauformel fortfuhr: »Siehe, du bist mir angetraut durch diesen Ring nach dem Gesetze Moses' und Israels.« Mit diesen Worten steckte er seiner Braut den Ring an den Zeigefinger (s. Abb. 3). Die kunstvollen jüdischen Hochzeitsringe, oft in Form eines den Hausstand oder den Tempel symbolisierenden Hauses, die nur während der Trauzeremonie getragen wurden, gehörten in der Regel der Gemeinde, da sie für die einzelnen Familien zu kostspielig waren. Nun wurde die Ketubba verlesen und über einem zweiten Glas Wein die sieben Hochzeitssegenswünsche gesungen. Braut und Bräutigam tranken aus dem gemeinsamen Kidduschbecher, die Anwesenden wünschten dem Paar viel Glück (»Masel tow«), und schließlich zertrat der Ehemann zur Besiegelung der Zeremonie mit dem rechten Fuß ein Glas oder warf es an den Chuppastein (Traustein) an der Außenwand der Synagoge (Abb. 66). Zahlreiche Deutungen bezogen sich auf diesen Akt, u.a., daß auch in Augenblicken höchster Freude nicht des zerstörten Jerusalems vergessen werden sollte, oder, daß Freude und Leid nahe beieinanderliegen. Eine boshafte, wenn auch originelle Erklärung schrieb Johann Jodocus Beck den Juden selbst zu:

»Hierbey will ich unsern Christen ein Geheimniß / so sie weder bey Buxtorfio, noch sonst einem / der von der Juden Ceremonien geschrieben / finden werden / eröffnen. Es ist über der Thür der Synagog ein Stern in Stein gehauen / nach diesen Stern wirfft der Bräutigam das Glaß, dabey die Juden unsere Leute weiß machen / wann der Bräutigam mit dem Glaß den Stern träffe / dörffte er so fort bey der Braut schlaffen / träffe er ihn aber nicht / müsse er 14. Tage sich ihrer enthalten. Allein solches ist ein falsches Vorgeben, damit sie die Christen nur spotten.«

Daß die Juden ihre Hochzeiten ebenso lustig, mit Gastereien, Musik und (Chassene-)Tänzen, feiern konnten wie die Christen, liegt auf der Hand; daß dies aber nur zu oft Beschwerden nach sich zog, resultierte wohl auch aus dem Verhältnis der beiden Bevölkerungsgruppen. So klagten 1667 in Biebelried die Nachbarn, als eine Feier zu laut wurde:

»Christoff Breüttigamb clagt wider Lämble juden, das da er aus gnl. herrschafft befelch in den annoch wehrendten betrübten contagions-zeiten alle ubbigkeiten, dantz, spielleuth und sonsten verbiethen sollen, so hette doch derselb Lämble judt bey seiner schwester erlaubter hochzeit [...] sich der spielleuth gebraucht und frevelmüthig diselbe mit wehrendten dantz offentlich unter die linden geführt. – Ex adverso Lämble judt sagt, weilen ihme die hochzeit erlaubt were, wabey man jederzeit spielleuth brauchte, so were auch sub tacito dessen erlaubnus gewesen, wolle also nit verhoffen, mit straf angesehen zu werden.«

In Aschaffenburg erließ die Oberkellerei am 7. Januar 1782 gleich eine ganze Reihe einschränkender Vorschriften:

66 *Chuppastein an der Synagoge von Memmelsdorf i. Ufr., wohl aus der Erbauungszeit 1728/29.*

»Scribatur den Schultheisen zu Kleinwallstadt: Er hätte den dasigen Juden unter 10 Rtlr. Strafe zu untersagen, daß bey der nächst daselbst gehalten werdenden Hochzeit Keiner, weder Inheimisch noch fremder Jud dem Hoch zeiter oder der Braut entgegen reithen solle, und bey 1 Rthlr. Strafe für jeden Schuß sowohl den Juden, als den Nachbarn das Schiesen zu untersagen. Einem jeden, welcher dagegen handelt, hätte Er auf der Stelle zur Erlegung der Strafe anzuhalten, oder so lang einzuthürmen, bis er selbe erlanget. [...]. Dahingegen hätte Er auch dahin zu sorgen, daß die Juden durch die Nachbarn, noch muthwilliges Gesindel gestört oder gehindert werden. Es wäre denen Hochzeit haltenden Juden Löw Oestrich und Wolff Samson, Sodann dem Löw Liebmann dahier, und Leser Mayer von Lengfeld zu bedeuten, daß Sie wegen dem sogenannten Flohr und Schnupftuch nichts abgeben, sondern diese unnöthige Ceremonien, auch

156

das Henzelgeld gänzlich unterlassen, überhaupt aber solche Anstalten trefen sollen, daß sowohl in dem Hochzeit Hauß, als sonsten in dem Dorf durch ihre Hochzeit Gäste oder bei Kommende inheimische Armen Kein Unordnung vorgehe, widrigenfalls mann sich an Ihnen allein halten werde.«

Mit dem Abschluß der Hochzeitsfeierlichkeiten aber begannen der Alltag des Ehelebens, seine Sorgen und Nöte, und unerwartet griff oft der Tod in die junge Familie ein. Damit trat eine Eigentümlichkeit jüdischen Rechts in Kraft, die Chaliza; denn starb der Ehemann, ohne Kinder zu hinterlassen, so sollte »des Verstorbenen Weib nicht einen Fremden draußen nehmen, sondern ihr Schwager soll sie beschlafen, und zum Weibe nehmen, und sie ehelichen« (Deut 25, 5). Mit der Zeremonie der Chaliza wurde der Bruder des verstorbenen Mannes von dieser Ehepflicht für seine Schwägerin allerdings entbunden; sie sollte »zu ihm treten vor den Ältesten, und ihm einen Schuh ausziehen von seinen Füßen, und ihn anspeien, und soll antworten und sprechen: Also soll man tun einem jeden Manne, der seines Bruders Haus nicht erbauen will« (Deut 25, 9). Durch das Auflösen des Chaliza-Schuhes wurde diese Freisprechung symbolisch vollzogen.

Sicherlich trug auch dieser Akt zu dem weitverbreiteten Mißverständnis bei, daß die jüdische Ehe lediglich auf einer losen Verbindung zwischen Mann und Frau beruhe; es bedürfe nur des vom Ehegatten ausgestellten Scheidungsbriefs, um die Frau aus dem Haus zu weisen. Das Unverständnis, das diese Regelung betraf, führte in der antijüdischen Literatur des 17. und 18. Jahrhunderts zu dem folgenschweren Vorwurf ehelicher und sexueller Libertinität und war sicherlich eine der geistigen Wurzeln für den Rassenschande- und Mischehenparagraphen des Nationalsozialismus.

Mischehen aber gehörten gerade in strenggläubigen jüdischen Familien zu den seltenen Ausnahmen, es sei denn, daß zuvor der christliche Partner freiwillig und ohne Zwang, wie er ausdrücklich erklären mußte, zum mosaischen Glauben übergetreten war. Noch heute sprechen orthodoxe Juden das Totengebet (Kaddisch) über Sohn oder Tochter, wenn sie sich mit einem Nichtjuden verheiraten. Was an solcher Praxis unmenschlich erscheint, entstammte den Bedingungen jüdischen Überlebens, war Reaktion auf die dauernd gegenwärtige Gefahr, sich als Gruppe aufzulösen.

Denn Übertritte zum Christentum waren keine Seltenheit. Nicht nur die Liebe zwischen zwei konfessionsverschiedenen Menschen führte immer wieder zu Konversionen, häufig lockte auch die Hoffnung auf kulturelle Integrierung und gesellschaftlichen Aufstieg, auf das Ende von Verfolgung und Diskriminierung. Die mit Überzeugungskraft betriebene Judenmission tat ihr übriges.

Viele Bekehrungen von Juden erregten Aufsehen; in Nürnberg wurden sogar Medaillen zur Erinnerung an solche Ereignisse geprägt, so als am 21. Dezember 1609 der Jude Michael von Prag getauft wurde. Nicht immer aber war solchen Schritten Dauer und Erfolg beschieden wie etwa im Falle von Dr. Adalbert Friedrich Markus (1753–1816), der von Fürstbischof Franz Ludwig von Erthal, als dessen Leibarzt er wirkte, getauft wurde, der das Krankenhaus in Bamberg gründete, die Altenburg erwarb und dadurch vor dem Verfall rettete und zu einer hochgeachteten Persönlichkeit im kulturellen Leben der Stadt emporstieg.

Häufig führte die Konversion auch zur Entwurzelung, zum ziellosen Wandern zwischen zwei Welten; der einen, der man nicht mehr angehörte, und der anderen, die einen doch nicht vollständig akzeptierte. Dies traf u. a. auf den erwähnten Michael von Prag zu, über dessen weiteres Schicksal uns Andreas Würfel informierte: Bei der Taufe, der auch der berühmte Prediger Michael Dillherr beiwohnte, erhielt er den Namen Burkhard Christoph Leonhard. Wegen seiner Hebräischkenntnisse ermöglichte man ihm das Studium in Altdorf. Doch im Oktober 1660 »ist Er auf Anleitung der Jesuiten nach Amberg gelauffen, und hat daselbst apostasiret«. Auch hier wurde Michael von Prag alias Leonhard nicht glücklich; er endete schließlich an seinem Ausgangspunkt, als er, für Würfel ein »Betrüger«, wieder »ad Judaismum« übertrat.

Tod, Begräbnis, Trauer

Wohl über keinen Bereich jüdischer Kultur herrschte (und herrscht) in der nichtjüdischen Öffentlichkeit ein derartiges Maß an verzerrtem, fehlgeleitetem »Wissen« wie über die Sphäre des Sterbens und des Todes. Dies verwundert angesichts des heute immer noch beschworenen einstigen guten Verhältnisses zwischen Christen und Juden in den Dörfern, das erwarten ließe, daß man nicht nur dem toten jüdischen Freund das letzte Geleit zum Friedhof gegeben hätte, sondern daß man gerade hier durch eigene Beobachtungen die historisch gewachsenen Vorurteile überprüfen und revidieren könne. Erzählt man in unseren Tagen in fränkischen Dörfern vom Tod und Begräbnis der Juden, dann überwiegen dabei die unsinnigsten Spekulationen. Über den jüdischen Tod aus der Sicht der nichtjüdischen Erinnerung zu schreiben, ergäbe ein zentrales Kapitel in der Geschichte der Vorurteile.

In der Betreuung des Sterbenden, im Tod und in der Trauer der Hinterbliebenen äußerte sich wohl am deutlichsten die hohe Ethik des Judentums, aber auch der zur Bewältigung des Alltags erforderliche Optimismus, denn gläubige Juden standen dem Sterben positiv gegenüber. Sie wußten, daß sie in ihrer schwersten Stunde nicht allein gelassen würden, daß die Mitglieder der jüdischen Gemeinde Verantwortung für sie empfanden. Krankenbesuche und Krankentrost gehörten ebenso zu deren verpflichtenden Aufgaben wie die Diskretion beim Sündenbekenntnis, der Zwiesprache zwischen Sterbendem und Rabbiner, die dann sogar die engsten Angehörigen ausschloß. Bis zum letzten Augenblick bemühte man sich, das Sterben zu erleichtern und den Tod hinauszuzögern, notfalls unter bewußter Aufhebung aller Sabbat- und Feiertagsgebote. »Der Sterbende ist in jeder Hinsicht wie ein Lebender zu behandeln«, fordert der Talmudtraktat Smachot, denn »mancher erwirbt sich die kommende Welt in einer Stunde« (Babylonischer Talmud, Awoda Sara 10 b).

67 *Kleinbardorf, Jüdischer Friedhof; Leichenhaus.*

68 *Ermetzhofen, Jüdischer Friedhof; im Leichenhaus hat sich die Innenausstattung nahezu unverändert, wenn auch verstaubt erhalten: die Bahre, auf der man die Toten aus den umliegenden Gemeinden, u. a. Gnodstadt und Uffenheim, heranbrachte (a), der Stein, auf dem man sie aufbahrte und wusch (b), sowie der Ofen zum Wärmen von Wasser (c), das zum rituellen Händewaschen nach der Beerdigung benötigt wurde.*

a

Doch der Tod war für jeden unausweichlich. Eine populäre, weit verbreitete Vorstellung personifizierte ihn mit dem Todesengel (Mal'ach Hamowet), der am Haupt des Sterbenden stehe, einen Tropfen Galle auf dessen Mund fallen ließe oder mit dem Schwert den Lebensfaden durchschneide. Mit diesem Glauben erklärte man auch den Brauch, alles im Haus in Behältern und Gefäßen aufbewahrte Wasser nach Eintritt des Todes wegzuschütten: »sie thun es der Ursach halben, damit der Malach Hamawod (der Engel, der gesetzt sey die Todten abzulangen, oder den Kranken zu tödten) sein Messer mit gedachtem Wasser abwaschen und an der Hand-Quell [Handtuch] abtrucknen könnte. Denn sie glauben, daß gedachten Engels sein Schwerdt voll Blut des Menschen werde.«

Dem Totenritual und der Beerdigung, die nach jüdischer Vorschrift rasch zu erfolgen hatte, fehlten jeglicher Pomp; denn im Tode waren arm und reich gleich. Nach dem Exitus wurde der Körper auf ein Brett oder ein einfaches Strohlager auf dem Fußboden gelegt, mit einem Tuch bedeckt und zu seinen Häupten ein Licht aufgeb   c

stellt. »Demnach waschen sie ihn ab mit warmen Wasser, kleiden ihn an mit seinen Todten-Kleidern, und bedecken ihn sein Haupt mit dem Thalles oder Zehen-Geboten, welches nur drey und nicht vier Fäden, auf einer jedweden Ecke, als wann er beim Leben ist, hat, machen ihm auch nur einen Kasten, der gar schlecht aussiehet, mit zwey Brettern, welche nur zusammen genagelt werden.«

Die Waschung der Leiche (Tahara) wurde im Haus oder auf den Waschtischen in den Leichenhäusern der Friedhöfe (Ab. 67) vorgenommen; daß in Unterriedenburg (Lkr. Bad Brückenau) der Nebenraum des Gemeindebackhauses, wo ein eigener Sandsteintisch vorhanden gewesen sein soll, dafür verwendet wurde, stellt sicherlich die Ausnahme dar[32] (Abb. 68a–c). Aus Gründen der Diskretion gegenüber dem Gott ebenbildlichen Menschen blieb die Leiche während des Waschens mit einem Tuch bedeckt. »Man darf durchaus keinen Teil des Körpers eines Verstorbenen aufdecken, den der lebende Mensch, ohne den Anstand zu verletzen, nicht aufdecken könnte«, lautete die Vorschrift.

Solcher Aufgaben unterzogen sich die Mitglieder der »Chewra Kaddischa«, der »Heiligen Bruderschaft«, die in fast jeder Gemeinde bestand. Sie kümmerten sich um die Pflege der Kranken (Bikkur Cholim), standen ihnen in der Sterbestunde bei, wuschen und bekleideten den Toten mit dem Sargenes, dem leinernen Sterbegewand und – bei Männern – mit dem Tallit, und legten ihn in den einfachen, nur aus rohen Brettern gezimmerten Sarg. Die Mitglieder dieser »Todten-Gesellschaft« sahen diese Beschäftigungen »als verdienstliche Werke an, darum müssen auch diejenigen welche in diese Gesellschaft tretten wollen, Geld geben«. Sie erledigten aber nicht nur die Beerdigungsformalitäten, sie standen den Hinterbliebenen auch mit Trost, mit Rat und mit Tat bei, indem sie z. B. Almosenbüchsen im Trauerhaus aufstellten (s. Abb. 37). Eine dieser Büchsen war oft geöffnet und mit Geld für die Angehörigen gefüllt, die zweite, verschlossene und leere, sollte die Spenden der Kondolenten aufnehmen. Benötigte die Familie das Geld nicht, schüttete sie den Inhalt am Ende der Trauerwoche in die geschlossene Büchse, so daß niemand erfuhr, ob Geld in Anspruch genommen worden war; denn »du sollst den Armen nicht beschämen«. Die Chewra Kaddischa, die meist am Tage des Todes von Moses ihre Jahresversammlung abhielt, übernahm neben ihren karitativen Pflichten gerade in vielen kleineren Gemeinden auch kulturelle Aufgaben.

Ein beliebter Brauch war es, dem Toten ein Säckchen Erde aus dem Heiligen Land mitzugeben und seine Augen mit Scherben zu bedecken.

69 *Ermetzhofen, Jüdischer Friedhof. Nur die wenigsten Friedhöfe lagen so nahe am Ort wie der von Ermetzhofen, dessen Geschichte sich bis ins 17. Jahrhundert zurückverfolgen läßt.*

Dies geschah entweder bereits im Hause oder auf dem Friedhof. Der Gang dorthin aber bedeutete für manchen nicht nur die längste, sondern auch die teuerste Reise seines Lebens (Abb. 69). Die Friedhöfe lagen weit außerhalb der mittelalterlichen und nachmittelalterlichen Rechts- und Siedlungsbezirke; sie zu erreichen, bedurfte es bisweilen mehrerer Tagesreisen, der Weg führte durch verschiedene Territorien, Weg- und Leibzölle waren zu entrichten. Noch die Toten wurden diskriminiert; in Würzburg z. B. mußten laut Torzollordnung vom 20. Dezember 1634 »Drey Heller von einem Schwein. Ein Gulden von einem Doten Juden. Sechs Pf. von einem lebendigen Juden« bezahlt werden.

Betrachtet man heute den Einzugsbereich von Friedhöfen wie Allersheim, Rödelsee oder Schwanfeld, vergegenwärtigt man sich, daß bis 1850, als Bamberg einen eigenen israelitischen Friedhof erhielt, die Toten nach Walsdorf geschafft werden mußten, erahnt man die mit dem Transport verbundenen Schwierigkeiten und Unfälle (Abb. 70). Wer den steilen Weg zum Judenfriedhof in Kleinbardorf hinaufgeht, mag verstehen, daß es noch lange Anlaß zum Dorfklatsch gab, als einmal ein Sarg den Trägern entglitt und den Berg hinunterrollte.

Endlich am Friedhof angelangt, wurde der Sarg verschlossen; hierzu schlug, so Paul Christian Kirchner, jeder Mann »der ihn [den Verstorbenen] hat helfen abwaschen und ankleiden, und das Grab machen, [...] einen Nagel, und hefftet den Deckel auf den Kasten«. Dieser Brauch wurde bis ins 20. Jahrhundert hinein beibehalten. Nachdem nun der Sarg, das Gesicht des Toten nach Osten gerichtet, ins noch einmal zuvor ausgemessene Grab gesenkt worden war, warf jeder Anwesende drei Schaufeln Erde auf den Sarg mit den Worten: »Staub bist du, und zu Staub kehrst du zurück« (Gen 3, 19). Nun stand es dem Sohn des Verstorbenen zu, das Kaddisch, das Totengebet zu sprechen.

In seinem Roman »Sabbatai Zewi« verarbeitete 1897 Jakob Wassermann (1873–1934) die Wirklichkeit, die »Urbestände, Ahnenbestände«, »Mythos und Legende eines Volkes, als dessen Sprößling ich mich zu betrachten hatte« wie auch in seinen »Juden von Zirndorf« zum Versatzstück erzählerischer Fiktion:

»Der Morgen kam. Die Gräber waren rasch gegraben, denn das geschieht bei den Juden mit Hingebung, weil sie alles für ein gutes Werk ansehen, was für einen Verstorbenen geschieht. Die Weiber mußten in der Behausung bleiben, sie durften nicht mitgehen bei Begräbnissen, außer den nächsten Blutsverwandtinnen, und denen durfte sich während dieser Zeit kein Mann nähern, weil es hieß, der Engel des Todes tanze mit dem bloßen Schwert vor den Weibern her. Bevor der Körper in den Sarg gebettet wurde, begoß man ihn dreimal mit Wasser, und ein alter Chronist sagt schon, daß dies etwas anderes bedeute als eine äußerliche Reinigung. Feierlich erklingen dazu die Worte des Propheten: Ich will rein Wasser über euch sprengen, daß ihr rein werdet von eurer Unreinigkeit, und von all euren Götzen will ich euch reinigen. Und als die Begießung geschehen, faßte der Chassan den Körper bei der großen Zehe an und kündigte ihn der Gesellschaft der Menschen völlig auf. Dann wurde der Leichnam mit weißen Kleidern angetan, sein Haupt wurde mit dem Gebetstuch bedeckt und so wurde er in den Sarg gelegt. Und weil die Juden alle Erde außer der Erde Kanaans für unrein achten, so bedeckten sie die Augen des Toten mit einer weißen Erde, die aus dem heiligen Land sein soll, und auf die Erde legten sie zerbrochene Scherben von Töpfen. Dann wurde der Sarg zum Grab getragen, und es war üblich, ihn auf diesem Weg dreimal niederzusetzen. Und jeder Freund warf drei Schaufeln Erde in das Grab, und der nächste Blutsverwandte zerriß seine Kleider. Der Totengräber nahm dabei sein Messer und schnitt oben einen Riß in das Kleid dieses Leidtragenden, der dann den Riß mit der Hand vollendete.«[33]

Jede Einzelheit dieser Darstellung spiegelte die Realität, so den Judenlehrer oder Synagogendiener, der an den Hemdkrägen kleine Einschnitte als Zeichen der Trauer machte und dabei an den bereits vorhandenen Nähten feststellen konnte, daß man aus Sparsamkeit das an früheren Beerdigungen getragene Hemd angezogen hatte.
Nach der Beendigung der Beisetzung stellten sich die Anwesenden in zwei Reihen gegenüber auf und sprachen zu den Hinterbliebenen die Trostworte: »Der Herr möge euch trösten mit den Trauernden über Zion und Jerusalem.« Eine häufig anzutreffende Sitte war es auch, beim Verlassen des Grabes Gras hinter sich zu werfen und dabei zu sprechen: »Blühen sollen sie wie das Gras der Erde.«
Unmittelbar nach der Bestattung begann für die Angehörigen, d.h. für Vater, Mutter, Sohn, Tochter, Bruder, Schwester, Ehegatten, die Schiw‘a, die strenge siebentägige Trauerwoche; fromme Juden ließen sich den Bart wachsen, wuschen sich nicht und saßen im Zimmer auf dem Boden oder niedrigen Schemeln, ohne eine Tätigkeit zu verrichten. Sie bereiteten nicht einmal ihre Mahlzeiten zu, sondern ließen sie sich von Nachbarn bringen. Es war üblich, daß sich morgens und abends zu den Gebetszeiten der Minjan im Trauerhaus zusammenfand, um das Kaddisch zu sprechen. Solch ein gemeinsam verrichtetes Totengebet fand auch im Haus des seit 1908 in Würzburg als Tierarzt tätigen Dr. Martin Mayer statt, weswegen er am 21. September 1933 von der Kreisbetriebszellenleitung der NSDAP bei der Gauleitung angezeigt und am 24. Oktober 1933 von der Bayerischen Politischen Polizei verhört wurde:

»Ich habe noch nie einer Partei angehört und war stets ein Feind aller Linksparteien. Die in der Anzeige der Gauleitung erhobenen Vorwürfe [...] muß ich zurückweisen. In meiner Wohnung fanden noch nie Zusammenkünfte von Glaubensgenossen statt. Vor etwa 4 Wochen starb in unserem Hause ein Lehrer X. Bei uns [Juden] ist es Sitte, daß nach Beerdigung des Verstorbenen etwa 8 Tage lang Andachten im Hause stattfinden, und zwar morgens und abends. Bei diesen Andachten müssen mindestens 10 gläubige Juden männlichen Geschlechts über 13 Jahre alt beisammen sein. In einer frommen Gemeinde wie Würzburg sind bei diesen Andachten, die zu Ehren der Verstorbenen stattfinden, immer mehr beisammen. Bei der in der Anzeige genannten Versammlung kann es sich nur um eine Gebetandacht gehandelt haben, die in unserem Hause, im Parterre bei dem Wohnungsinhaber X, aus

70 *Walsdorf, Jüdischer Friedhof, Rabbinergrabmal. Die Form des Hochgrabs, in Osteuropa nicht unüblich (z. B. Prag), findet sich in Franken nur selten. Auffallend ist die Häufung auf dem Walsdorfer Friedhof.*

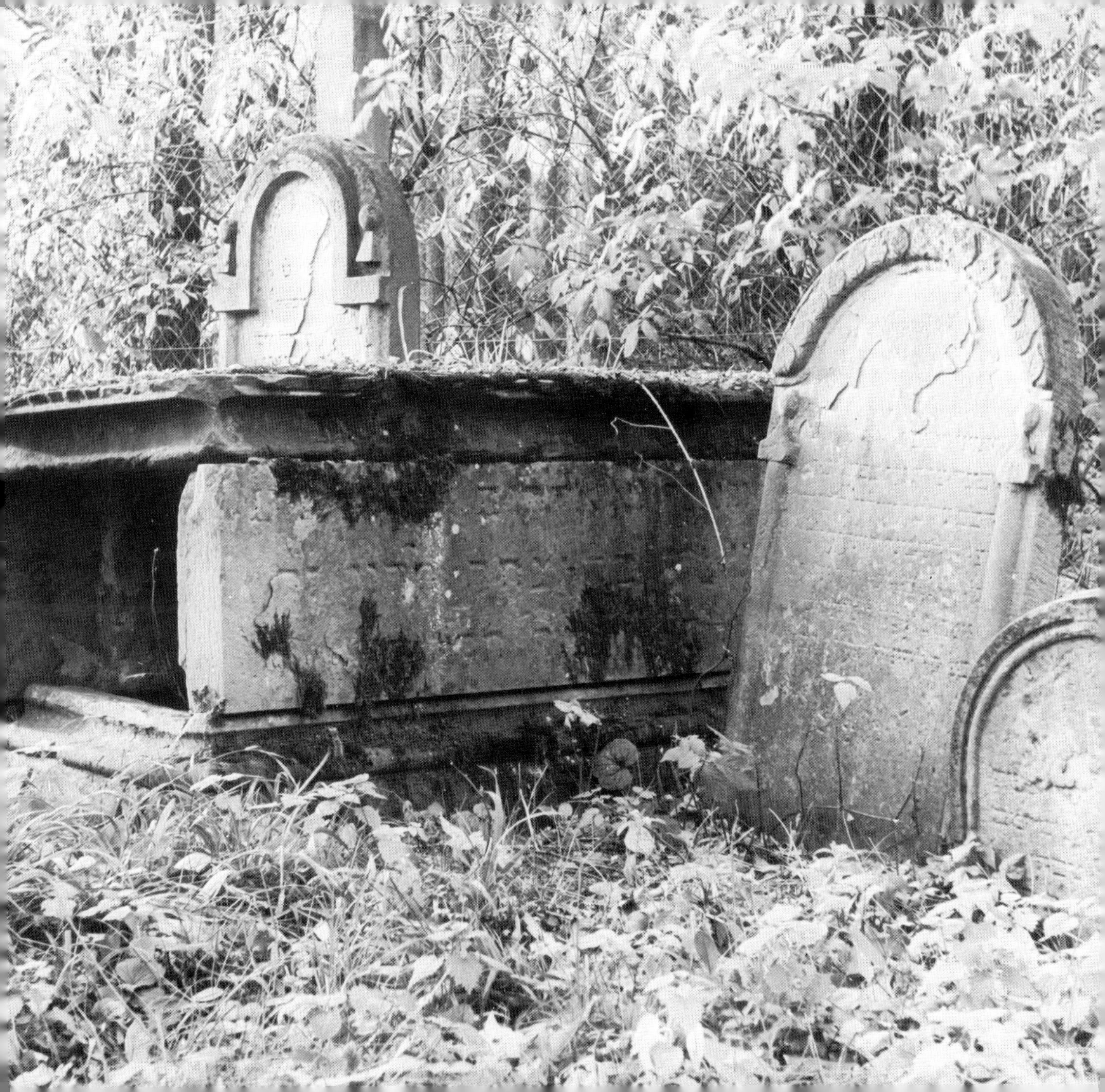

71 *Totengedenken. Steinchen und ein kleiner Strauß Schlüsselblumen auf einem Grabstein; Ermreuth, jüdischer Friedhof (Aufnahme: Mai 1985). Der Brauch, Blumen als Grabschmuck und zum Totengedenken zu verwenden, wird von orthodoxen Juden strikt abgelehnt. Eine Reihe von Minhagim-Entscheidungen setzte sich in der zweiten Hälfte des 19. Jahrhunderts mit diesem Problem auseinander.*

Anlaß des Todesfalles seines Vaters stattgefunden hat. Ich habe mit der ganzen Angelegenheit selbstverständlich nicht das Mindeste zu tun. Weiter bitte ich, daß meine Angaben nachgeprüft und die ganze Angelegenheit geklärt wird.«[34]

Der Trauerwoche schloß sich der dreißigtägige Trauermonat (Sch'loschim) an. Man ging nun wieder seinen alltäglichen Verrichtungen nach, doch die Männer rasierten sich weiterhin nicht, man badete nicht und ließ die Finger- und Zehennägel wachsen. Kinder aber trauerten um die Eltern ein ganzes Jahr; oft brannte während dieser Zeit sowohl zu Hause wie in der Synagoge ein Licht für den Toten als Symbol für dessen abgeschiedene Seele, und am Ende eines jeden Gottesdienstes verrichteten die Söhne vor der versammelten Gemeinde das Kaddisch.

Meist am ersten Jahrestag des Todes wurde im Rahmen einer kleinen Feier auf dem Friedhof der Grabstein (Mazzeba) aufgestellt. Alljährlich gedachte man des Sterbtages (»Jahrzeit«), beliebte Termine für den Gräberbesuch waren der Monat Elul und die Tage zwischen Rosch Haschana und Jom Kippur.

Friedhöfe

Das unverkrampfte Verhältnis des Juden zum Tod drückte sich nicht nur im Namen des Gebetbuchs für Krankheitsfälle, Tod und Begräbnis, Sefer Hachajim, »Buch des Lebens«, aus, es fand seinen Niederschlag auch in den Bezeichnungen für den Friedhof: »Haus der Ewigkeit« (Bet olmin), »Haus des (ewigen) Lebens« (Bet Hachajim) oder einfach »Gut Ort«. Wenigstens er garantierte Frieden, Sicherheit und Unversehrtheit für alle Ewigkeit; Exhumierungen von Gebeinen oder Umbettungen waren untersagt.

Die Sorge der Juden um die Intaktheit ihrer letzten Ruhestätten trug wesentlich zu dem bemerkenswert guten Erhaltungszustand der zahlreichen jüdischen Friedhöfe in Franken bei. Zudem führte offensichtlich die allgemeine Scheu vor der Sphäre des Todes zur konsequenten Verfolgung und Bestrafung von Schändungen und Zerstörungen, so als 1755 die Mauer des Aschaffenburger Friedhofs beschädigt, eine Anzahl von Grabsteinen umgestoßen worden war und die Täter zu zwei Tagen Turm und zur Bestreitung der Renovierungskosten verurteilt wurden. Einen makabren Streich leisteten sich 1773 Aschaffenburger Schüler; sie stießen etwa zwanzig Steine um, zerschlugen einige, zerstörten die Mauer und öffneten Gräber. Der Leiche des Thora-Gelehrten Rabbi Jerachmiel rissen sie den Kopf ab. Wo hier Mutwillen und pure Zerstörungslust endeten und gezielte antijüdische Aktionen begannen, läßt sich heute in der langen, traurigen Geschichte der Schändungen jüdischer Friedhöfe nicht immer mit Sicherheit entscheiden; doch in den meisten Fällen bedingten sie sich gegenseitig. Leider ist die Tradition dieser pervertierten Meinungskundgebungen bis heute nicht abgerissen. Die jüdischen Friedhöfe gehören auf ihre Art und Weise zu den eindrucksvollsten Zeugnissen jüdischen Lebens in Franken, erzählen oft mehr als manch eine Urkunde. Sie gleichen sich durch ihre Lage, die Form ihrer Grabsteine, ihre regelmäßige Gliederung – manchmal befinden sich, so in Mellrichstadt, die Kindergräber in einer eigenen Abteilung, oft setzte man auch nur Grab neben Grab in der Reihenfolge des Ablebens –, und dennoch sind sie so individuell wie die Menschen, die dort bestattet liegen. Namen, auf neueren Grabsteinen sowohl in hebräischer wie in deutscher Sprache eingemeißelt, werden lebendig, Ortschaften und Berufe. Wer die hebräischen Inschriften zu lesen versteht, in den oft schematisierten und doch immer wieder variierenden Sinnsprüchen die Hoffnung der Lebenden erkennt, und wer die Symbole auf den Steinen zu deuten weiß, erahnt das einstige Selbstbewußtsein ebenso wie die traurigen Lebensschicksale: segnende Kohanim-Hände, die Wasserkanne der Leviten, die gebrochene Blume für im

167

Jugendalter verstorbene Menschen, der geknickte Baum für Frauen und Männer, die in der Blütezeit ihres Lebens dahinschieden. Man sieht die Kindergräber, die Doppelsteine für Ehepaare, und man denkt auf dem Walsdorfer Judenfriedhof angesichts der ansonsten seltenen Rabbinergräber in Sarkophagform (Abb. 70) an eines der berühmtesten jüdischen Gräber der westlichen Hemisphäre, das des Rabbi Löw auf dem alten Prager Judenfriedhof, und begreift, daß jüdische Kultur in Franken nur Teil eines gesamteuropäischen Phänomens war.

Doch unwillkürlich überkommt Beklemmung den Besucher eines jüdischen Friedhofs. Die Vergoldung der Buchstaben auf den Grabsteinen ist längst verblaßt, die Marmortafeln sind zersprungen, der Sandstein abgebröckelt. Denn die Pflege der Friedhöfe durch den Landesverband der Israelitischen Kultusgemeinden Bayerns kann nicht das Fehlen der Menschen ersetzen, die ihre toten Eltern besuchen kämen. Blumenschmuck auf Gräbern kannten die Juden nicht, doch sie legten kleine Steinchen auf die Denkmäler (Abb. 71). Vereinzelt kann man sie noch beobachten und weiß dann, daß vor kurzem überlebende Angehörige aus Amerika oder Israel zu Besuch im Ort waren, wo einst die Vorfahren als jüdische Franken lebten und starben, und vielleicht mag erneut das Kaddisch erklungen sein, das man nach der Beisetzung gebetet hatte:

»Möge es dein Wille sein, Herr, Gott der Seelen, die Seele des Dahingeschiedenen mit Liebe und Wohlwollen aufzunehmen. Sende deine guten Engel, ihn in den Garten Eden zu geleiten, so wie du unserem Stammvater Jakob Engel sandtest, die ihn auf seinem Wege geleiten mußten, wie es heißt: ›Und Jakob zog seinen Weg, da begegneten ihm Engel Gottes, und er sprach, da er sie sah: das ist das Lager Gottes! und er nannte den Ort Machanajim (Doppellager),‹ auf daß bei ihm in Erfüllung gehe die Verheißung: ›Die auf den Herrn hoffen, sammeln Kräfte, erheben wie Adler die Schwingen; sie laufen und ermatten nicht, sie gehen und werden nicht müde.‹

Laß ihm deine unendliche Liebe angedeihen; seine Seele erfreue sich der Glückseligkeit und an dem hohen Gut, das du deinen Frommen aufbewahrst. Und so sei seine Seele in den Bund des ewigen Lebens aufgenommen, vereint mit den verklärten Seelen aller Entschlafenen, deren Leiber in dieser Erde ruhen, mit allen Frommen und Seligen im Garten Eden. Amen!«

DER MENSCH. JÜDISCHE FRANKEN

Der Friedhof war mehr als nur die letzte Ruhestätte. Er bedeutete ein Stück Heimat, in dem die Vorfahren ruhten, und zugleich die Gegenwart Israels, woher die Erde in dem kleinen, dem Toten mitgegebenen Säckchen Erde stammen sollte. Wer die Mentalität der fränkischen Juden begreifen will, muß bei den Friedhöfen beginnen, denn sie stellten konkret erfahrbare Heimat dar, oder: fränkisches Israel, jenes Land, das man sich aus Träumen in der Diaspora errichtet hatte und zu dessen Territorium die alltäglichen Freuden und Leiden, die jüdische Mischpoche (Familie, Gemeinschaft) und die nichtjüdische Umwelt gleichermaßen gehörten.

Juden in Franken, das waren in erster Linie jüdische Franken (Abb. 72). Die Umschreibung »fränkische Juden« würde nämlich ihre Identifizierung mit einer Landschaft und deren Kultur verneinen, sie der Kulturgeschichte dieser Region entziehen. Jüdische Existenz bliebe auf das Aufenthaltsrecht reduziert, auf die nur kurze Rast während einer nie enden wollenden Wanderschaft. Doch trotz Beschränkung, Diskriminierung und Anfeindung, trotz körperlicher und seelischer Verletzung trifft dies auf jüdisches Leben in Franken nicht zu. Der davon betroffene Mensch lernte, über die Bedingungen hinwegzusehen, um sich seine Heimat zu schaffen (Abb. 73–76).

Die Erfahrung von Heimat aber beruht auf der

72 *Dr. Adolf Eckstein (1857–1935), Rabbiner in Bamberg, Verfasser mehrerer Werke über die Geschichte der Juden in Bamberg und Bayreuth, maßgeblich beteiligt an der Überführung der von Elieser Sussmann angefertigten Innenausmalung der Horber »Betstube« ins Historische Museum Bamberg (heute im Israel-Museum, Jerusalem), Mitglied u. a. der Hamburger »Gesellschaft für jüdische Volkskunde«.*

73 *Gebet für König Maximilian, sog. »Königsgebet«, 1820; aus der Synagoge von Welbhausen.* (Uffenheim, Heimatmuseum)

74 *Jüdische Teilnehmer am 1. Weltkrieg. Feldgottesdienst am Vorabend des Versöhnungsfestes 1914, Lithographie.* (Uffenheim, Heimatmuseum)

Intaktheit der Lebensverhältnisse. Es hieße einseitig zu verallgemeinern, zeichne man das Bild vom Verhältnis zwischen Christen und Juden in allzu schwarzen Farben, betone die Benachteiligungen oder falle ins andere Extrem und beschwöre euphorisch das gute Auskommen zwischen den beiden Bevölkerungsgruppen, beschreibe es als Freundschaft, Hilfsbereitschaft und Kooperation. Die Wahrheit liegt in der Mitte. Die Verbindungen waren weniger ideell denn materiell geprägt. Wirtschaftliche Interessen, das Eingeständnis, aufeinander angewiesen zu sein, schlossen zusammen und förderten seit dem 19. Jahrhundert zusehends auch den Lern-

75 *Für Volk und Vaterland. Grabmal eines jüdischen Angehörigen des 32. Infanterieregiments mit der einzigartigen Darstellung einer Pickelhaube; Wenkheim, Jüdischer Friedhof.*

76 *Die bürgerliche Kleinstadtfamilie. Rosa, Anna, Eli, Emanuel und Lina Lindheim, Miltenberg, um 1920.* (Miltenberg, Stadtarchiv)

prozeß der Toleranz, ohne altes, gefährliches Unwissen zu beseitigen. Dennoch sind auch hier allgemeine Aussagen fehl am Platze, da das individuelle, Liebe und Haß, Hilfe und Verleumdung umfassende Verhältnis zwischen Menschen eigenen Gesetzmäßigkeiten unterliegt.

Jüdische Geschichte in Franken blieb über Jahrhunderte hinweg konstant, Juden waren Spielball wie Teil der Wirren und Wirrungen, Hoffnungen und Rückschläge dieser Geschichte; sie trug dazu bei, daß in der Gefolgschaft der Aufklärung endlich der Franke mosaischen Glaubensbekenntnisses entstand, der glaubte, in Franken seine Heimat gefunden zu haben, den überschaubaren Lebensbereich.

Menschen, Namen, Erinnerungen

Es gehört jedoch zu den Tragödien der jüngeren Geschichte, daß ein Abschnitt über die Menschen, die Lebenden, zum Kaddisch für die Toten wird, zum Memorbuch, das die Namen der Verstorbenen, Ermordeten und Vertriebenen festhält. Namen, ein paar dürftige Daten, verblaßte Erinnerungen, einige wenige Fotografien aber dürfen nicht über die Schwierigkeiten hinwegtäuschen, die mit der Rekonstruktion von Lebensgeschichten verbunden sind. Gewöhnliche Schicksale blieben namenlos, weil die Chronisten fehlten, weil auch das Leben eines einfachen Dorfjuden nicht in Denkwürdigkeiten verlief.

Schon deswegen kann die Suche nach dem, was einem Juden die fränkische Heimat bedeutete, nicht zu befriedigenden Ergebnissen gelangen, ist man auf Beispiele angewiesen. Wie eine magische Formel aber taucht in den literarischen und mündlichen Erinnerungen sowohl von Juden wie von Nichtjuden die Phase der Kindheit und ihrer Freundschaften auf, die nicht nach dem Glaubensbekenntnis unterschied, sondern geprägt von der Schule zum Zusammenleben und damit auch zum Verständnis zwang, es auf Ausflügen (Abb. 77) festigte und in der Gestaltung der Freizeit und der Ferien fortsetzen ließ. Aus Spielen und gemeinsamen Streichen wurden die Beschäftigungen der Jugend, die Besuche von Schwimmbädern und Tanzveranstaltungen, bis eine menschenverachtende Ideologie den Riegel vorschob. Die Älteren saßen am Wirtshaustisch zusammen, wo Rabbiner und Bauern ohne Unterschied miteinander Schafkopf spielten. Alfred Dietz erinnerte sich z. B. an seinen Großvater, der mit Rabbiner David Kissinger, dem Großvater des späteren amerikanischen Außenministers Henry Kissinger, in Ermershausen (Lkr. Haßberge) sich die Feierabende mit Kartenspielen vertrieb. Juden wirkten in den dörflichen Fußballvereinen mit; Siegfried Rindsberg gründete nicht nur den Fußballclub Mainstockheim, sondern wirkte auch einige Zeit als dessen Erster Vorsitzender. Ähnlich verhielt es sich in anderen Orten und mit anderen Vereinen, ob es sich nun um die Feuerwehr oder um die Schützen handelte. Die Juden schlossen sich von den zahlreichen Ereignissen im Gemein-

77 *Ruhe vor dem Sturm. Bamberger Schulausflug 1932. Kurz später verschwanden die jüdischen Schülerinnen Hilde Lipp (4. Reihe, 3. von links, verdeckt), Lieselotte Löw (4. Reihe, 1. von rechts, verdeckt), Lu Silbermann (2. Reihe, 1. von links) und Hella Pauson (3. Reihe, 1. von rechts) aus der Klasse. Sie überlebten den Holocaust durch rechtzeitige Auswanderung.* (Foto: Privatbesitz Bamberg)

78 *Erinnerungsfotografie von 1929 für den letzten Stadtrat von Heidingsfeld, dem auch die Jüdin Herta Mannheimer (geb. 6. Mai 1891, umgekommen im KZ; 2. Reihe, 6. von links) als Schriftführerin angehörte.*
(Foto: Privatbesitz Heidingsfeld)

schaftsleben eines Dorfes, von den Faschingsbällen und Kirchweihveranstaltungen nicht aus, und sie wurden auch nicht ausgeschlossen (Abb. 78–79).
Doch solche Beispiele der vollzogenen Eingliederung werden oft vorschnell überbewertet. Denn es darf nicht vergessen werden, daß die dabei geknüpften Kontakte nicht ausreichten, sie im privaten Bereich, etwa bei Familienfeiern, zu vertiefen. Gesellschaftliche Verpflichtungen bedingten nicht unbedingt private Verbindungen; sonst hätte es nicht der von den jüdischen Gemeinden organisierten Lustbarkeiten, der Festbälle und kulturellen Veranstaltungen bedurft.

Heimat, oder: Der Berg Sinai auf dem Kreuzberg

Somit bleibt die Frage, wie die in fränkischen Dörfern und Kleinstädten lebenden Juden ihre Umgebung empfanden, wie sie sich mit ihr auseinandersetzten, ob sich überhaupt aus der Beziehung zu einer Landschaft und ihren Menschen die Erfahrung als – jüdische – Heimat rechtfertigen läßt.
In Uffenheim wirkte z.B. Abraham Strauß als Lehrer. Geboren am 4. Mai 1858 in Rieneck (Lkr. Main-Spessart), besuchte er von 1870 bis 1873 die Israelitische Präparandenschule seines Großonkels, Rabbi Lazarus Ottensoser, in Höchberg und anschließend bis 1876 das zu dieser Zeit von Distriktrabbiner Seligmann Bär Bamberger geleitete Würzburger jüdische Lehrerbildungsseminar. Im Juli 1876 legte er am Bayerischen Schullehrerseminar Würzburg die Prüfung ab und unterrichtete seitdem als Lehrer, seit 1913 als Hauptlehrer, an der Lateinschule, dem späteren Progymnasium in Uffenheim, nahm regelmäßig Anteil an den Fortbildungs- und Bezirkslehrerkonferenzen, leitete ein Knabenpensionat und war als Verwaltungsmitglied im jüdischen Lehrerverein Bayerns tätig. 1926 beging Strauß sein fünfzigjähriges Jubiläum in der Gemeinde Uffenheim; bis hier also ein Lehrerschicksal, das rasch in Vergessenheit geraten wäre. Doch der gläubige Jude Abraham Strauß gründete 1914 das Heimatmuseum der Stadt, nachdem er 1913 zu diesem Zweck einen Verein ins Leben gerufen hatte. Einen Raum dieses Museums richtete er mit den Ritualien der 1876 auf-

79 *Dörfliche Koexistenz. Ilse Feldhahn (2. von rechts) als Kindermädchen bei der Weinlese in Mainstockheim 1917.*
(Freundlicher Hinweis von Jürgen Niedermeier)

gelösten Synagoge von Welbhausen als »Jüdisches Zimmer« ein, das heute in der ursprünglichen Konzeption nicht mehr vorhanden ist (s. Abb. 73–74). Heimat aber bedeutete ihm weniger die eigene Kultur als die Landschaft, in der sie sich ereignete, von der sie geformt wurde; indem er sich – wie es zu Beginn des 20. Jahrhunderts üblich war – bevorzugt der Welt der heimischen Trachten und der Volkskunst, der Möbel und des Haushaltsgeräts zuwandte und sich ihre Dokumentation zur Aufgabe machte, identifizierte sich der Heimatforscher Strauß mit seinem Lebensraum.[35]

Doch die Erfahrung von Heimat beließ es nicht bei dem Ort, in dem man geboren und aufgewachsen war, sie schuf sich ihr fränkisches Israel, bedingt durch das Bewußtsein der Gleichzeitigkeit des Ungleichzeitigen, der Auseinandersetzung und Identifikation mit dem Unmöglichen, der Symbiose zweier Kulturen. Paradoxe Äußerungen dieses Zustandes fehlten nicht, wenn etwa »inbrünstige Bittgebete für Regen [...] im Schneegestöber« gesungen wurden, wie sich der Würzburger Yehuda Amichai erinnerte. Dies geschah allerdings in der abgeschlossenen Welt des Hauses, wo an der Ostwand eines Zimmers die

Mizrach hing. »Hinter dieser Wand begann der Osten. Die riesigen Flächen von Europa und Mittelmeer wurden ignoriert; es waren da gleich das Land Israel, Jerusalem, Wüste, Milch und Honig und Gott.« Die Mythologien des Judentums ignorierten die Ferne; das Gelobte Land lag zu weit entfernt, um es in einem Leben erreichen zu können. Darum holte man es in die vertraute Umgebung, erbaute sein Israel in Franken:

»Der Kreuzberg in der Rhön war für meine [= Amichai's] kindliche Phantasie der Berg Sinai, auf dem Moses die Gesetzestafeln in Donner und Blitz erhalten hatte. Daß ich seitdem den richtigen Sinaiberg bestiegen habe, ändert nichts an der verinnerlichten Wahrheit des Erlebens. Unweit von Würzburg in einer Talmulde war für mich das Teil Eilah, in dem der junge Hirte, David, den Riesen Goliath besiegte. Daß ich später auf Schulausflügen das richtige Tal im Lande Israel sah, stört mein tiefes Bild nicht [...] Ich könnte, endlos, Beispiele dieser Art bringen. Judentum und jüdische Geschichte geschahen für mich auf deutschem Boden. Die ganze Welt war jüdisch, ohne es zu wissen. Ich wußte es.«

Heimweh

Wer Heimat erlebte, den verband Heimweh mit ihr, sobald er sie, sei es aus wirtschaftlichen Gründen, infolge von Pogromen, oder sei es, um den nationalsozialistischen Mördern zu entkommen, verlassen mußte. Man ließ nicht nur die Eltern und Angehörigen zurück, sondern auch die alltäglichen Gewohnheiten, einen Erlebnisraum, dessen Besonderheit erst dann zu Bewußtsein kam, nachdem man ihn verloren hatte.

1842 wanderte Abraham Kohn, geboren 1824 in Fürth, zusammen mit seinem Bruder von Fürth in die USA aus. In seinem zwischen 1842 und 1847 geführten Tagebuch beschrieb er die Schwierigkeiten, sich in die neue Umgebung einzugliedern, und den Schmerz, den ihm die Sehnsucht nach seiner Heimat bereitete:

»Dies also das gepriesene Glück der bayerischen Einwanderer. O ihr verblendeten Toren, o ihr von Habsucht und Geldgeiz eingenommenen Menschen! Dies ist euer Zweck, warum ihr eure Eltern und Verwandten, eure Freunde und Bekannten, eure Wohnsitze und Vaterland, eure Sprache und Sitten, euren Glauben und Religion verlaßt, um in Amerikas wilden Steppen, in einsamen Bauernhäusern, in kleinen Dörfern etwas Waren zu verkaufen und hin und wieder ja einen kleinen guten Handel macht! Lohnt dies, solche Verluste zu ertragen? Lohnt dies, solche Gefahren zu Wasser und zu Land zu überstehen? Lohnt dies den Verlust des Zusammenseins mit euren Eltern und Verwandten? Ist dies die gepriesene Freiheit auf Amerikas Boden? Heißt ihr dies Freiheit des Denkens und Handelns, wenn ihr, um in irgendeinem Staate Geschäfte zu machen, licenses für 100 Dollar kaufen, den heiligen Sabbat vollkommen entweihen und statt diesen den Sonntag feiern müßt? Ist hierbei euer Leben, euer Denken, euer Tun und Lassen weniger oder mehr eingeschränkt als in eurem Vaterlande? Gut, ihr hört nicht den Namen ›Jude‹. Warum? Weil ihr ihn nicht nennt! Aber nennt ihr dies ein Leben, in weitem, fernen Lande herumzuirren und heute nicht zu wissen, welcher Bauer mich morgen über Nacht behält? [...]

Oh, hätte ich nie dieses Amerika gesehen! Oh, hätte ich mich in Deutschland mit einem geringen Handwerksmann auf dem Lande verbunden, ich würde unter dem Drucke der königlichen Steuer, unter der Zurücksetzung der Juden gegen andere Glaubensgenossen doch ein glücklicheres und froheres Leben leben als in der großen Hauptstadt Amerikas unter Befreiung von königlichen Steuern, unter Gleichstellung unseres Glaubens mit jedem anderen. Und welche Empfindungen muß nun erst der Mann haben, wenn er den ganzen Wintertag im Schnee gebadet, durch irgendeinen Zufall schlechte Geschäfte gemacht, des Abends vor Kälte halb erstarrt um Nachtquartier anhält, und ihm vom kalten Amerikaner ein ›no convenient‹ zugerufen wird! Nun wieder hinaus in die grimmige Kälte und im Walde drei bis vier Meilen weit ein anderes Haus gesucht, wo ihn dieselbe Antwort erwarten kann! Hat er auch nur den kleinsten Teil von einem Menschenverstand, lebt er nicht gleich dem Tiere, das nicht das

Vermögen hat, an sein Wohl oder Wehe zu denken, welche Gefühle müssen nun in seinem Innern aufkommen? Soll ich dazu von Gott bestimmt sein? Soll dies der glückliche, in meinem Geiste schon empfundene Zustand sein, der mir vor der Abreise von meinem lieben Vaterlande, von meinen Eltern und Verwandten, ja noch beim traurigen und wehmutsvollen Abschied von ihnen vor Augen stand, der mir beim Aufstehen und Niederlegen ahnte, ohne welchen ich mich nie entschlossen hätte, nach Amerika zu gehen? Wehe, wehe, dreimal Wehe über ein Geschick, das man in Europa glänzend preist, das jeden träumend von den lieben Seinigen reißt und beim Erwachen des Traumes in kalter, eisiger Nacht auf einsamen Wegen in Amerika mit starren Augen anstarrt!«

Ähnlich mögen auch diejenigen empfunden haben, die nach 1938 nur durch Flucht ins Ausland das nackte Leben retten konnten. Doch ihr Heimweh galt weniger einem Land, dessen Menschen unbegreiflicher Verbrechen fähig gewesen waren, sondern der unbeschwerten Kindheit, die am wenigsten das künftige Schicksal vorherzusehen in der Lage war. Auf der Suche nach Zeugnissen für seine Geschichte der »Letzten Mergentheimer Juden« erhielt Hermann Fechenbach von Marta Bukofzer aus Paris einen langen, eindrucksvollen Brief:

»Ich denke gerne an Mergentheim zurück. Ich finde, daß man sich kaum eine schönere und freiere Kinder-, Schul- und Jugendzeit wünschen kann wie die unsrige. Alles gehörte uns: der Obere Marktplatz und der Schulhof, die Grabenallee und der herrliche Schloßgarten – alles – und überall konnten wir Versteck und andere Spiele spielen, alles gehörte uns Kindern, und überall waren wir zu Hause und fühlten uns daheim, und nie empfand ich einen Unterschied zwischen Juden und Christen. Ich erinnere mich sehr gut, daß meine Schwester und ich jedes Jahr an Weihnachten bei dem Stadtschultheißen Klotzbücher, mit dessen Töchter wir befreundet waren, zum Christbaum eingeladen waren. Dafür brachten wir ihnen am Pessach Mazzes, die sie mit Freude annahmen. Und so war es mit anderen christlichen Freundinnen ebenfalls.«

Einige Seiten später fuhr sie fort:

»Was nun Mergentheim weiter betrifft, so war ich im Jahre 1955 noch einmal dort. Ich wollte das Grab meines Vaters in Unterbalbach besuchen und meinem Mann, der immer in Norddeutschland gelebt hatte, gerne den Ort zeigen, wo ich so schöne Jugendjahre verbracht hatte. Wir wollten nur einige Tage bleiben, aber wir blieben drei Wochen. Es war wohltuend, wie ich überall aufgenommen wurde, die Leute sprachen mich auf der Straße an, ob ich nicht das Fräulein Oppenheimer sei, ehemalige Freundinnen luden uns ein, und wir fühlten uns wohl bei ihnen. Ich kann die Einzelheiten nicht aufzählen, aber ich hatte das Gefühl, daß die echten Mergentheimer keine Antisemiten waren. Ich unterhielt mich mit vielen Mergentheimern und wollte wissen, wer denn die Aktionen hier gegen die Juden unternommen habe, und man sagte mir immer, daß es nie Mergentheimer Bürger gewesen seien, man hätte fremde Nazis kommen lassen müssen, um die diversen Untaten auszuführen. Mehr konnte ich nicht erfahren, und ich habe es gerne geglaubt, weil ich diese Stadt liebe, selbst heute noch.«

Noch aus der Distanz des Alters und der leidvollen Erfahrungen verklärte man das Bild der verlorenen Heimat, wusch sie sogar rein von Schuld. Viele jüdische Zeugnisse, noch mehr aber die Menschen in den Dörfern und Städten, die sich an die Reichskristallnacht und an das plötzliche Verschwinden der Juden erinnern können, bestätigen, daß die Horden der SA und SS von anderen Orten kamen, nie aus dem eigenen Dorf stammten; Fremde hätten das Unrecht verübt. Nur, woher kamen sie dann eigentlich, fragt man, wenn sie immer nur von auswärts in die heile Welt eindrangen. Heimweh, das bedeutet nicht nur Glorifizierung, sondern auch Verdrängung des am eigenen Leib erfahrenen Unrechts, wenn es in dieser Heimat geschah.

Leopold Bamberger, alias Lord Bambux

Unter den jüdischen Franken gelang dem einen oder anderen der Aufstieg zu einer Persönlichkeit, die aus dem Stadtbild nicht mehr wegzudenken war. Mit Leopold Bamberger (Abb. 80), einem Würzburger Original, der wegen seines auffallenden Äußeren besser unter dem Namen Lord Bambux bekannt war, machte Friedrich Wencker-Wildberg um die Jahrhundertwende Bekanntschaft:

»Mit seinem bürgerlichen Namen hieß er Leopold Bamberger. Aber der stand eigentlich nur im Adreßbuch. Die Würzburger nannten ihn Lord Bambux, und als solcher war er eine stadtbekannte Persönlichkeit. Diesen Titel hatte ihm der Volksmund verliehen, und er paßte zutreffend zu seiner ganzen äußeren Erscheinung, die durchaus dem Urbild des steifen, spleenigen Engländers entsprach, der eine beliebte und immer wieder kopierte Stammfigur der damaligen Witzblätter war. Im Sommer trug Lord Bambux eine kremfarbene Nankinghose, die in Verbindung mit dem blauen Cheviotsakko, dem gepflegten graumelierten, später schneeweißen Tirpitzbart, den rosig angehauchten Wangen und dem an einem schwarzen Seidenband befestigten goldenen Kneifer auf der Adlernase der Erscheinung dieses Mannes in der Tat einen würdevoll gemessenen und eigenwilligen Anstrich verlieh, der ihn von der unpersönlichen Masse der uniform gekleideten Straßenpassanten abhob.
So konnte man ihn Jahrzehnte hindurch Tag für Tag in den Morgenstunden gemächlich von Heidingsfeld, wo er wohnte, zu Fuß nach Würzburg wandern sehen. Im Laufe des Nachmittags fuhr er dann vom Südbahnhof aus mit dem Vorortzug zurück – zweimal am Tag für diese Fahrt 20 Pfennig auszugeben, hätte er für sträfliche Verschwendung gehalten.«

Bambux lebte von Geldgeschäften, die er im »Hirschen« am Vierröhrenbrunnen abwickelte, und zu seiner Kundschaft gehörten auch Studenten in Geldnöten, unter ihnen der spätere Schriftsteller Ludwig Ganghofer.

80 *Leopold Bamberger, wegen seiner Vorliebe für die englische Mode »Lord Bambux« genanntes Würzburger Original.* (Foto: Wencker-Wildberg 1953)

Leopold Bamberger war bis zu seinem Tod am 11. Mai 1912 derart geizig, daß er sich das Mittagessen in der »Blauen Glocke« von seinem Glaubensgenossen Leopold Pauly anschreiben ließ, so armselig, daß man nicht den geringsten Besitz bei ihm vermutete. Bambux, eine Würzburger Legende, sorgte sogar noch nach seinem Tode für Gesprächsstoff:

»In der von Schmutz und Gerümpel starrenden Wohnung, die seit Menschengedenken nicht mehr aufgeräumt und gereinigt worden war, in einem alten verrosteten Ofen lag ein mit Bindfaden zusammengeschnürtes Paket, unansehnlich wie ein Pack alter Zeitungen. In Wirklichkeit aber enthielt es Wertpapiere, Aktien und Obligationen im Werte von rund anderthalb Millionen Goldmark. Beim Aufräumen des übrigen Plunders kamen aus muffigen Strohsäcken und verstaubten Winkeln noch einige Töpfe voll Gold- und Silbermünzen und Bündel längst verfallener Coupons und Zinsverschreibungen zum Vorschein.
Lord Bambux, der alte Sonderling, der seit Jahrzehnten keine Steuern bezahlt hatte, da er angeblich ›machule‹ war, war in Wirklichkeit ein reicher Mann gewesen, der von den Zinsen seines Vermögens wie ein richtiggehender Lord hätte leben können, statt das freudlose Dasein eines weltabgewandten Asketen zu führen.«[36]

Willy Lessing

Unter den Namen, die in das fränkische Memorbuch eingetragen sind, nimmt für viele, die ein ähnliches Schicksal erlitten, der des Bamberger Kommerzienrates Willy Lessing einen stellvertretenden Platz ein. Am 19. Januar 1881 geboren, gehörte er zu den prominenten Bamberger Bürgern und war u. a. Vorsitzender der Repräsentantenversammlung der jüdischen Gemeinde. Am 10. November 1938 zündeten SS- und SA-Leute die neue Synagoge an; das Feuer vernichtete neben anderen Ritualien rund 40 Thorarollen, die Thoravorhänge, Thoraschilder und eine wertvolle Chuppa, die David ben Chajim aus Baiersdorf zusammen mit seiner Mutter, der berühmten Glückel von Hameln, anläßlich der Hochzeit seiner Tochter gestiftet hatte. Als Willy Lessing von den Ausschreitungen hörte, versuchte er, zumindest die Thorarollen zu retten. Er wurde gepackt und brutal niedergeschlagen. Schwer verletzt konnte er sich zwar noch in sein Haus retten, doch von dort zerrte man ihn heraus und schlug ihn erneut. Lessing starb am 17. Januar 1939 an den Folgen der Mißhandlungen.

Simon Ansbacher

Sehr viel unauffälliger verschwand der am 21. 8. 1881 geborene Simon Ansbacher, ein Dorfjude aus der Karlstadter Gegend, im Gegensatz zu Willy Lessing einer der zahlreichen Namenlosen, über den kaum etwas bekannt geworden wäre, hätte er nicht im Rahmen eines Verfahrens wegen Tierquälerei 1940 – angeblich hatte er sieben Gänse in einem zu engen Raum gehalten – ein unbeholfenes, schwer leserliches Gesuch an den Landrat von Karlstadt verfaßt, das auch einen Lebenslauf enthielt:

»Möchte dem Landrat Karlstadt mein Lebenslauf bekannt geben.
Ich habe keine bessere Schule genossen, wie die Volksschule. Bei meinen Eltern seelig hatten wir größere Landwirtschaft. Ungefähr 12 ha Feld das sind 60 Morgen. Wir wurden zur Landwirtschaft angehalten mußten arbeiten. Ich habe die Landwirtschaft auch gelernt. Im Oktbr. 1903 wurde ich zu Militär eingezogen, habe beim 9. Infantrie-Regiment gedient von 1903–1905. Im Jahre 1905 beim 9. Infantrie-Regiment

habe ich mir einen rechtsseitigen Leistenbruch zugezogen. Wurde später mit einer monatlichen Rente per Mt. von 6 M zugewiesen. 1910 wurde mir meine Rente entzogen. Ich wurde Felddiensttauglich geschrieben, und im Milliterpaß eingetragen, am 6. Mobilmachungstage in der Ludwigshalle zu stellen. Am 6. August 1940 [für: 1914] bin ich zum Kriege eingerückt. Im Dezember 1918 war meine Entlassung. Ich habe mir während des Krieges ein Leiden zugezogen. Dies Leiden besteht aus doppeldenten Leistenbruch und Nierenleiden. Nachweislich durch das Versorgungsamt Würzburg und Herrn Dktr. [...] hier in Karlstadt. Im Jahr 1935 und 1936 war ich jedesmal 3 Tage zur Beobachtung in Würzburg in Versorgungsheim. Das Ergebnis war, es kam eine Verfügung 1936. [...] Ein rechtsseitiges Bruchband könnte mir zu Teil werden die andere Hälfte von doppeldenten Bruchband mußte ich daraufzahlen. [...] Ich habe mich während meiner aktiven Dienstzeit, sowie während des Krieges gut geführt im Millitärpaß heißt sogar Führung sehr gut. Und keine Strafen. [...] Bin ein kranker Mann. Gehe ins 59. Lebensjahr. Im Novbr. in der Gemeinde Schönau auf den Nebenstraßen gearbeitet. Auch 1940 im Januar habe ich in der Gemeinde bei Schnee und Eis mitgeholfen bis es nicht mehr ging. Nachweislich durch Medizinalrat Dktr. Schulz in Lohr a/M. [...]. Bitte gehorsamst den Landrat Karlstadt meine Angaben zu prüfen.
Die Hohen Herrn des Bezirksamts Karlstadt, sowie die Hohen Herren des Amtsgerichts Karlstadt auch die Hohen Herren des Finanzamts Karlstadt kennen mich.
Ich war nie ein reicher Mann aber sehr ehrlich.
Bitte freundlichst, dem Landrat Karlstadt meine Angaben geprüft hat, mich wegen Vergehen gegen das Tierschutzgesetz vom 24. Novb. 1933 aus der Polizeihaft im Amtsgerichtsgefängnis Karlstadt zu entlassen.
Ich habe in keiner Art und Weise gegen das Tierschutzgesetz vergangen. Es war ein Racheakt. Ich bin Unschuldig.
Mit aller Hochachtung   Simon Israel Ansbacher.«

Simon Ansbacher starb am 24. November 1940 im Konzentrationslager Dachau.[37]

Ludwig Gutmann, der letzte Dorfjude

»Heute leben keine Juden in N.« Mit dieser stereotypen Formel enden die einzelnen Abschnitte in der hebräischen wie in der deutschen Ausgabe von Baruch Zvi Ophirs umfassendem Werk über »Die jüdischen Gemeinden in Bayern 1918 bis 1945«. Die Überlebenden kehrten nach 1945 nicht mehr in ihre alte Heimat zurück. Doch zumindest für einen wog das Heimweh stärker als die Erinnerung, für Ludwig Gutmann. Am 26. Februar 1902 in Schwanfeld geboren, wurde er mit dem ersten Transport von Juden am 27. November 1941 von Würzburg aus in den Osten deportiert. Seine Frau und sein Kind, ein Junge, kamen am 26. März 1942 im Konzentrationslager Jungfernhof bei Riga, sein Vater, Louis Gutmann, im Alter von 70 Jahren im Mai 1943 in Theresienstadt um. Gutmann selbst überlebte die Gefangenschaft in mehreren Vernichtungslagern, wurde im Mai 1945 bei der Befreiung nach Rußland verschleppt und kam erst 1956 wieder über Würzburg nach Schwanfeld zurück. Doch er war ein kranker, gebrochener Mann, der nun mit seiner zweiten Gattin, die er in Israel kennengelernt hatte, seinen Lebensabend in Schwanfeld verbrachte. Ludwig Gutmann, zeitweise auch Vorstandsmitglied der Würzburger Israelitischen Kultusgemeinde, starb 1984, und mit ihm einer der letzten Vertreter der jahrhundertealten Kultur der fränkischen Dorfjuden. Mit ihm, der auf dem Israelitischen Friedhof in Würzburg seine letzte Ruhestätte fand, starb auch ein Stück der Kultur Frankens, das für die Juden Heimat bedeutete, das es aber den Juden in seiner Geschichte nicht leicht machte, eine Heimat zu finden.[38]

DER KLEINE UND DER GROSSE ANTISEMITISMUS

Mit dem Begriff »Kultur« verbindet sich gemeinhin die Vorstellung von hervorragenden schöpferischen Leistungen, nicht von Leiden und Demütigungen. Doch gerade die Schattenseiten sind elementare Bedingung jüdischer Kultur, verleihen ihr angesichts der Umstände, unter denen sie entstand, besondere Bedeutung.

Der kleine und der große Antisemitismus ist ein Abschnitt voller Widersprüchlichkeiten, nicht nur, weil eben von Heimat und Symbiose, von Heimweh und Toleranz die Rede war. Denn schon die Ursachen des Judenhasses stecken voller Ungereimtheiten; der gleiche religiöse Geist, der Christen veranlaßte, oft unter Lebensgefahr aus den in der Reichskristallnacht gebrandschatzten Synagogen die Ritualien zu retten, hatte auch die antisemitischen Ausfälle von den kleinen alltäglichen Spötteleien bis hin zu den schlimmsten Formen der Vernichtung von Menschenleben rechtfertigen helfen.

Die lange Tradition von Vorurteilen und Ausschreitungen gegen Juden ist kein ausschließlich fränkisches Phänomen; andererseits fällt auf, wie gerade in dieser Region Überlieferungen konkretisiert, dadurch am Leben erhalten wurden und somit stets aktualisierbar waren. Um dies zu begreifen, dürfen die Ereignisse nicht chronologisch aneinandergereiht, sondern müssen rückblickend betrachtet werden; sehr viel beklemmender als die Ursachen sind nämlich die Wirkungen. In seiner Autobiographie hatte Jakob Wassermann die Erinnerungsmale dieses dumpfen, latenten, immer in der Gefahr des Hervorbrechens stehenden, sich bis zur Aggression steigernden Antisemitismus beschrieben:

»Auffallender, weitaus quälender war mir in dieser Beziehung das Verhältnis der Mannschaften [während der Militärzeit]. Zum erstenmal begegnete ich jenem in den Volkskörper gedrungenen, dumpfen, starren, fast sprachlosen Haß, von dem der Name Antisemitismus fast nichts aussagt, weil er weder die Art, noch die Quelle, noch die Tiefe, noch das Ziel zu erkennen gibt. Dieser Haß hat Züge des Aberglaubens ebenso wie der freiwilligen Verblendung, der Dämonenfurcht wie der pfäffischen Verstocktheit, der Ranküne des Benachteiligten, Betrogenen ebenso wie der Unwissenheit, der Lüge und Gewissenlosigkeit wie der berechtigten Abwehr, affenhafter Bosheit wie des religiösen Fanatismus. Gier und Neugier sind in ihm, Blutdurst, Angst verführt, verlockt zu werden, Lust am Geheimnis und Niedrigkeit der Selbsteinschätzung. Er ist in solcher Verquickung und Hintergründigkeit ein besonderes deutsches Phänomen. Es ist ein deutscher Haß.

Jeder redliche und sich achtende Jude muß, wenn ihn zuerst dieser Gifthauch anweht und er sich über dessen Beschaffenheit klar zu werden versucht, in nachhaltige Bestürzung geraten. Und so erging es auch mir. Kam hinzu, daß die katholische Bevölkerung Unterfrankens, reichlich durchsetzt mit einem unerfreulichen Schlag noch halb ghettohafter, handelsbeflissener, wuchernder Juden, Krämer, Trödler, Viehhändler, Hausierer, einer dauernden Verhetzung preisgegeben war, an Urbanität und natürlicher Gutherzigkeit weit unter benachbarten Stämmen stand und das Andenken an Brunnenvergiftungs- und Passahschlachtungsmärchen, bischöfliche Bluterlässe, mörderische und gewinnbringende Judenverfolgungen noch lebendig im Sinne trug.«

*Vergegenständlichte Erinnerungen:
Fränkische Wallfahrtsorte*

Kleiner und großer Antisemitismus bedingen sich gegenseitig, stellen nur eine unterschiedliche Intensität des Ausdrucks dar. Wenn psychische Verletzungen, Spott und Beleidigung als harmlos im Vergleich zu roher, körperlicher Gewalt betrachtet werden, dann handelt es sich um falsche, kategorisierende Unterscheidungsmerkmale, die in dieser Form auf das tägliche Leben nicht zutreffen. Denn allein die Existenz von Wallfahrtsorten und Kultstätten, die ihren Ursprung auf eine angebliche jüdische Freveltat zurückführen, muß einen Juden schmerzlicher berühren als die Erinnerung an die Opfer der Pogrome.

Für alle Spielarten aber, von der Hostienschändung über die Kultbildverletzung bis hin zum Ritualmord, gab es in Franken mit Iphofen, Röttingen, Lauda, Maria Buchen und Euerfeld ein allzeit gegenwärtiges Wahrzeichen. Antijüdische Propaganda hatte einst diese Orte geschaffen und ihnen den Stempel des zeitbedingten Judenhasses aufgeprägt. An ihnen konfrontierte sich andererseits über Jahrhunderte hinweg der fromme Besucher mit dem negativen Bild des Juden, rechtfertigte mit dem dort Gehörten und Gesehenen seine Einstellung zu den Juden als Gruppe und seine Distanz zum jüdischen Nachbarn. Es wäre falsch, diese Andachtsstätten einseitig als Kristallisations- und Ausgangspunkte antisemitischer Vorstellungen zu bezeichnen; trotzdem läßt es sich rechtfertigen, sie als Vermittler judenfeindlicher Klischees zu betrachten.

Hostienfrevel und Kultbildverletzungen

Die Vorwürfe, Juden hätten konsekrierte Hostien geschändet, Christus- und Marienbilder verletzt und Kinder grausam getötet, unterscheiden sich nur durch die Art der Tat, nicht durch den Geist, dem sie entsprangen.

In Franken führen sich gleich drei Orte, Lauda, Iphofen und Röttingen, auf angeblich von Juden verübte Hostienfrevel zurück. Juden hätten sich, so die auch andernorts bezeugte Legende, durch List eine Hostie beschafft, sie mit Messern, Nadeln oder Pfriemen durchstochen, Blut sei ausgetreten, wunderbares Leuchten hätte zu ihrer Auffindung und zur Verhaftung der Missetäter geführt. Der Widerspruch dieser Anschuldigungen war so offenkundig, daß er sogar den hochmittelalterlichen Zeitgenossen hätte auffallen müssen, da sich plötzlich die Juden in ihrem vermeintlichen Haß auf Christus als gute Gläubige erwiesen, wo doch mancher scholastische Theologe an der Transsubstantiationslehre zweifelte. Beweisverfahren für theologische Aussagen aber bedienten sich des mittelalterlichen Wunderglaubens, und zugleich bot die Anschuldigung des Hostienfrevels einen willkommenen Vorwand für grausame Judenverfolgungen, hinter denen sich weniger religiöse denn soziale und wirtschaftliche Motive verbargen.

Die Datierung dieser Ereignisse gelingt durch das 1296 von Isak ben Samuel aus Meiningen angelegte Nürnberger Memorbuch recht genau. Demnach fielen am 20. April 1298 die Juden in Röttingen, am 24. Juni 1298 in Iphofen Ausschreitungen zum Opfer, und im gleichen Jahr wurden auch die Juden in Lauda verfolgt.

Hinter den Pogromen von 1298 stand mit dem »losen Fischer und schlechten Bawersmann« Rindfleisch ein Fanatiker, der in einer Zeit massiver Verschuldung bei Juden, gerade unter dem niedrigen Adel, begeisterte Anhänger fand. Mehr als 3000 Juden fanden nach den Angaben des Memorbuchs den Tod, viele wurden »obel behandelt, geschlagen, gefangen, vertrieben«, wie die Hennebergsche Chronik vermerkte, und nicht nur die genannten Orte, sondern zahlreiche andere jüdische Gemeinden, etwa in Bamberg, Mergentheim, Nürnberg, Schweinfurt und Windsheim, waren betroffen.

Doch in diesem Zusammenhang interessieren weniger die weitgehend erforschte Frühgeschichte dieser Kultorte und die historischen Hintergründe, sondern das Phänomen der Überlieferung bis ins 20. Jahrhundert hinein. Denn der Kult vieler mittelalterlicher Stätten erlosch mit der Reformation, nicht jedoch der von Lauda, Röttingen und Iphofen. 1791 wurde für die Blutkapelle in Lauda ein Mirakelbild angefertigt, das ausführlich den Hergang des Wunders erzählt, von Röttingen sind sogar drei solcher Tafeln bezeugt.

Auffallender aber ist der Befund in der Heilig-Blut-Kapelle in Iphofen. Dort hängt nicht nur ein am 4. Januar 1905 ausgestellter Ablaßbrief Papst Pius' X., das Hochgrab selbst, das den Ort des Geschehens bezeichnet und an dem vier Medaillons mit der Darstellung des Hostienfrevels angebracht sind, stammt aus dem letzten Drittel

81 *Jude verletzt ein Marienbild. Darstellung der Ursprungslegende von Maria Buchen auf einem kleinen Andachtszettel; Holzschnitt, 19. Jahrhundert.*
(Institut für Deutsche Philologie, Volkskundliche Abteilung, Universität Würzburg, Sammlung Hofmann)

des 19. Jahrhunderts. In einer Zeit also, die Toleranz gegenüber den Juden erwarten ließe, wurde die Erinnerung an eine antijüdische mittelalterliche Legende neu belebt. Die Wallfahrt nach Iphofen zeigte die gesellschaftliche Simmung, den sich gegen Ende des 19. Jahrhunderts wieder verstärkt zeigenden Antisemitismus und seine konkrete Vermittlung sehr viel sensibler an als so manches literarische Pamphlet.

Hier aber schließt sich mit Maria Buchen ein auch heute noch bedeutender fränkischer Wallfahrtsort an. Dort soll laut der ältesten erhaltenen Legendenfassung in Valentin Leuchts »Miracula s. imaginum«, die 1591 in Mainz erschien, ein Jude auf ein Marienbild in einem Baum eingestochen und dieses daraufhin laut zu klagen begonnen haben. Wiederum gab man im 19. Jahrhundert ein – inzwischen entferntes – Bild mit der recht drastischen Darstellung der Tat in Auftrag und hängte es in der Kirche auf, ganz zu schweigen von den zahllosen Andachtszetteln, die unter das gläubige Volk gebracht wurden (Abb. 81).

Wir können heute nicht mehr erforschen, was der einfache Mann empfand, als er diesen Bildern gegenüberstand. Daß er als Antisemit von der Wallfahrt nach Hause zurückkehrte, ist zu bestreiten; ob er sich wenig dabei dachte, kann nur gehofft werden; daß er aber immer wieder auf lebendig erhaltene Traditionen stieß, steht außer Zweifel.

Deren folgenschwere Auswirkungen betrafen die Juden über Jahrhunderte hinweg. Denn die Orte Iphofen, Lauda und Röttingen, wo vor 1298 jüdische Gemeinden existiert hatten, blieben bis ins 20. Jahrhundert frei von Juden, und so konnte etwa Heinrich Mohr 1933 hämisch anmerken: »Die Laudaer Blutskapelle mag auch Zeugin dafür sein, wie das betriebsame Städtchen sich schützte gegen die Ausbeutung durch die Juden.«

Ritualmorde

Die maßlose Perifidie der Vorwürfe gegen Juden wird lediglich von der Uneinsichtigkeit übertroffen, mit der die Volksmeinung wider besseren Wissens bis heute daran festhält; denn noch 1983 wurde in einem Zeitungsbericht ernsthaft behauptet, Juden benötigten einen Tropfen Christenblut für die Mazzen an Pessach, jüngstes Beispiel für die – wenn auch in dieser Form abgeschwächte – Ritualmordbeschuldigung.[39] Nachdem 1144 die Juden im englischen Norwich des Mordes an einem zwölfjährigen Knaben namens William bezichtigt worden waren, sorgte das Gerücht dafür, daß überall, wo Kinder verschwanden, einem Sexualmord zum Opfer fielen oder die Leichen schrecklich zugerichtet aufgefunden wurden, Juden in Verdacht gerieten. Man konstruierte einen Zusammenhang mit dem jüdischen Pessachfest, glaubte, die Juden benötigten Christenblut für die Feier oder als Heilmittel gegen ein geheimes Erbübel, sie vollzögen auf blutige Weise die Beschneidung, rächten sich an Jesus von Nazareth, indem sie Kinder schächteten oder gar kreuzigten.

Wie rasch sich die Nachrichten verbreiteten, wie leichtgläubig man sie übernahm und mit welchen Folgen sie für die Juden verbunden waren, zeigen die Vorkommnisse in Franken. Nach der Ermordung eines Knaben kam es im Januar 1235 zu Verfolgungen in Lauda und Tauberbischofsheim, bei der acht Menschen getötet wurden. Am Weihnachtsfest des gleichen Jahres beschuldigte man zwei Fuldaer Juden, die fünf Knaben eines gerade in der Messe weilenden Müllerehepaares umgebracht, ihr Blut aufgefangen und die Mühle angezündet zu haben. Daraufhin brachte der Pöbel unter tätiger Mithilfe von gerade in Fulda weilenden Kreuzrittern 32 Juden um. Für sie zumindest kam es zu spät, daß Kaiser Friedrich II., von der Unschuld der Juden überzeugt, sie im Juli 1236 von der Beschuldigung freisprach, das Verbot erließ, fernerhin derartige Vorwürfe vorzubringen, und allen Juden des Reiches den kaiserlichen Schutzbrief verlieh.

Doch trotz aller Vorbehalte der Staatsgewalt war ein Mechanismus in Gang gesetzt, den literarische, dingliche und mündliche Überlieferung in Bewegung hielten und der besonders dann gefährlich wurde, wenn religiöser Fanatismus hinzutrat. Das aufsehenerregende Beispiel des am 23. März 1475 verschwundenen Simon von Trient, dessen Leiche im Garten eines als Synagoge genutzten Hauses gefunden und der bald als Heiliger verehrt wurde, zog ähnliche Fälle nach sich. So führte Matthäus Rader (ca. 1561/64–1634), der bayerische Hagiograph, in seinem »Heiligen Bayer-Land« (Augsburg 1714) neben anderen Mordfällen in München und Regensburg auch den »seel. Michael von Sappenfelden« an, der 1540 von Juden gefoltert, beschnitten und getötet worden und dessen Leichnam in die Jesuitenkirche nach Eichstätt gebracht worden sei.

Daher verwundert es nicht, wenn die Beschuldigungen nicht abrissen. 1675 warf man den beiden Juden »Güssel Itzig vndt Benjamin« vor, am 13. Oktober Anna Hagel aus Großheubach umgebracht und die Leiche zerstückelt zu haben. Dazu genügte bereits die Aussage eines Zeugen, daß in »Itzigs Hauß ein groß geläuff gewesen« sei, »welches Er Itzig zwahr nit leugnet, aber dabei vorgibt, daß denselben tag ein Rindt geschlachtet, abendts die Sültz gebutzet, dabey die benachbarte Weiber auß vndt eingangen, Ihnen zuzesehen«. Zuerst war man überzeugt, daß an diesem Abend der Mord geschah, »das Blut gefaßt, vndt sonst das werck vollbracht worden« sei, da der zehnjährige Sohn Itzig Güssels, Alexander beobachtet wurde, wie er »gedörte blosen herbeigetragen« habe, »wodurch die Muthmaßung entstanden, als ob Er selbe mit bludt ahngefüllt, vndt darauf den folgenden tag mit sich nacher Frankfurth vndt Hanau geführt haben solle«. Es dauerte seine Zeit, bis man erkannte, daß die Juden tatsächlich ein Rind geschlachtet und Sülze gekocht, nicht aber das Mädchen getötet hatten.

Als 1732 ein elfjähriger Knabe aus Zimmerau umgebracht worden war, vermerkte das Sterberegister des Kirchenbuchs von Rieth:

»Erhard Wirsching von Zimmerau, ein Knabe von 11 Jahren, der elendiglich und grausam zwischen Rieth und gedachtem Zimmerau ermordet, das Blut alles von ihm abgezapfet und im Sternberger Schlag in einer Dornhecke Mittwoch, den 11. Juni gefunden, ist auf Förstlichem Consistorial-Befehl, weil er auf dem hiesigen Gebiet gelegen, abends in der Stille begraben.

Gott sei seiner Seele gnädig, offenbare und bekehre den unmenschlichen Mörder.«

Wiederum waren hierbei die Juden in Verdacht geraten.[40]

Der berühmteste Fall aber hatte sich vierzig Jahre zuvor in Euerfeld zugetragen. Der dreijährige

185

Johann Michael Estenfelder war am 6. April 1692, einem Ostersonntag, verschwunden, am 9. April fand sein Pate, der Bauer Johann Michael Scheller, die Leiche in einem Getreideacker bei Euerfeld. 33 Juden aus Schernau sowie der Jude Salomon von Bibergau wurden festgenommen, ohne daß ihnen trotz Anwendung der Folter auch nur die geringste Schuld nachgewiesen werden konnte. Obwohl man daraufhin am 16. Juni 1692 einen Steckbrief gegen Unbekannt veröffentlichte und eine Belohnung von 1000 Dukaten zur Ergreifung des Täters aussetzte, standen für die Bevölkerung die Juden als Mörder fest. Der gerade nach Euerdorf berufene Pfarrer Johann Martin Förtsch ließ die Leiche des Kindes am 15. April 1692 in der Kirche beisetzen, predigte gegen die Juden, bis ihm seine Vorgesetzten dies Ende April 1692 untersagten, und legte im Hochsommer 1692 ein Buch über vermeintliche Heilungen an. Die Wallfahrt zum Euerfelder Michelein hatte eingesetzt, obwohl die kirchliche Obrigkeit sie zu verbieten suchte und bereits im September befahl, die Kirche nur noch zu Gottesdienstzeiten zu öffnen und die Votivgaben zu entfernen. Dies hinderte die Mutter des Kindes, Dorothea Estenfelder, nicht, allenthalben in Franken ein »Controfey« anzubieten, während der Vater, Jakob Estenfelder, zeitweilig aus den Einnahmen der Wallfahrt unterstützt wurde.

Verbote aber konnten die Tradition nicht untergraben. Die am Euerfelder Michelein verübte Tat blieb weiterhin in der Erinnerung des Volkes lebendig, wovon u. a. ein in der zweiten Hälfte des 18. Jahrhunderts entstandenes Votivbild zeugt, das heute wieder in der Kirche hängt. Drei Studenten der Universität Würzburg, die gemeinsam am 23. November 1751 unter den »Nomina Poetarum« immatrikuliert worden waren, der am 4. Januar 1738 in Euerfeld geborene Johann Paul Ros(s)kopf und seine beiden aus Würzburg stammenden Kommilitonen Johann Wendelin Hesse und Johann Baptist Euerheim(b), hatten sich an das Michelein verlobt; zweien von ihnen kamen jedoch nachträglich Bedenken; sie ließen sich auf der Tafel übermalen. Doch die Kette der Ritualmordbeschuldigungen riß nicht ab. So wurde 1803 einem 72jährigen Juden aus Sugenheim vorgeworfen, an Ostern ein zweijähriges Kind aus Buchhof bei Nürnberg entführt und getötet zu haben. Einen letzten, schaurigen Beweis für die Lebensfähigkeit dieses Motivs aber lieferte schließlich das nationalsozialistische Kampf- und Hetzblatt Julius Streichers, »Der Stürmer«, das »Nürnberger Wochenblatt zum Kampfe um die Wahrheit«, das aus populären Traditionen schöpfte und sich zugleich als deren Vermittler betätigte.

Schon im Juli 1926 hatte es in der Titelgeschichte »Ritualmord? Wer ist der Kinderschlächter von Breslau?« das Thema aufgegriffen und im Mai 1939 den Lesern seine wissenschaftlichen Verdienste um die Untersuchung des «Ritualmordes«, des »größten Geheimnisses des Weltjudentums«, erläutert: »Am gründlichsten aber ist über den jüdischen Ritualmord die Bauernbevölkerung fast aller Länder unterrichtet. In Deutschland, in Polen, in Rußland, in Rumänien, in der Türkei, in der Slowakei, kurz in all den Ländern, in denen Juden schon seit langer Zeit sitzen, ist auch das Wissen über den Ritualmord vorhanden. Die Alten erzählen es den Jungen, und diese berichten es wieder ihren Kindern und Kindeskindern. Sie berichten, daß die Juden ein Mördervolk sind.«

Das vom »Stürmer« vorgelegte Material beruhte vor allem auf Leserbriefen, unter denen sich auch eine Euerfeld betreffende Version befand, die – historisch unkorrekt – ein hervorragendes Zeugnis darstellt, wie sich Traditionen im System dörflicher Kommunikation bewahrten, veränderten und jederzeit abrufbar waren, wenn sie mit ähnlichen Fällen assoziiert werden konnten:

»Dachsbach, 1. März 1938
An die Schriftleitung des Stürmers in Nürnberg.
In den letzten Stürmernummern wurden wieder einige sogenannte Ritualmorde behandelt, welche mich veranlassen die Schriftleitung auf einen ähnlichen Fall aufmerksam zu machen. In meinem unterfränkischen Heimatdorfe Euerfeld, eine Wegstunde von Dettelbach entfernt, hat sich um das Ende des 16. Jahrhunderts nach den Aussagen älterer Leute und unseres damaligen Ortspfarrers folgender Mord an einem Christenknaben zugetragen. Im Frühjahr fanden alljährlich Wallfahrten in die näheren Ortschaften so nach Dettelbach-Effeldorf und Biebergau statt. Ein Knabe lief den Wallfahrern nach und wurde unterwegs von einem Juden unter einem Baum umgebracht. Zur Erinnerung an diesen Mord wurde in die Pfarrgartenmauer ein Steinbild ungefähr 1 m lang und 50 cm breit eingefügt auf welchem ein Baum und ein darunter liegender Knabe sich befindet. Erwähntes in Stein gehauenes Bild ist noch sehr gut erhalten, leider habe ich kein Bild davon sonst hätte ich es ohne weiteres beigefügt, nur einen Ausschnitt aus einer Heimatbeilage des Würzburger Generalanzeigers älteren Datums welcher sich auf diesen Fall bezieht lege ich zur Richtigkeit meiner Angaben bei und wäre dem Stürmer sehr dankbar, wenn er in dieser Sache eine Aufklärung bringen könnte.
Heil Hitler　　　　　　　　Michael Frankenberger
　　　　　　　　　　　　　Dachsbach b. Neustadt a/A.«

Verfolgungen

Die Kultfrevel- und Ritualmordbeschuldigungen wirkten durch ihre Gegenwärtigkeit über viele Jahrhundert hinweg nicht nur verhaltensprägend, sondern auch gewaltauslösend. Dabei bedurften die Verfolgungen nicht immer des religiös verbrämten Anlasses. Denn seit der Zeit des ersten Kreuzzugs zielten in grauenvoller Regelmäßigkeit kollektiv organisierte wie spontane Angriffe auf jüdisches Leben, sei es 1147 in Würzburg, 1336 im Zuge der Armlederbewegung oder 1348 während der Pestepidemie. Die Juden hielten als Sündenböcke für vermeintliche Brunnenvergiftungen und wirtschaftliche Ausbeutung her.

In den zahllosen Ausschreitungen brach der latente gesellschaftliche Haß gegen die Juden hervor, der oft nur mühsam über eigene Mißwirtschaft hinwegtäuschen konnte. Pogrome stellten ein einfaches und noch dazu nachträglich meist legitimiertes Mittel dar, um sich aus Zwangslagen zu befreien. Auch in Phasen relativer Ruhe bedurfte die Volksstimmung nur eines winzigen auslösenden Funkens, um sich massiv gegen die Juden zu wenden. Der Haß war allgegenwärtig, wie ein fürstliches Mandat vom 18. November 1700 belegt: Juden könnten »weder in unserer Residentz-Stadt [= Würzburg] dahier, noch auff dem Land, auch sogar denen offenen freyen Strassen sicher und ohngehindert passiren [...], indeme auff sie nicht allein auff denen Gassen und Strassen, sondern auch aus denen Häusern, und zwar ohne unterschied, so von grossen gewachsenen Personen, als aus Anstifftung und

Geheiß dieser, denen kleinen Jungen, mit Steinen, Erdtschrollen, Unflath und dergleichen steths geworffen, dieselbe ohne Scheu verfolget, gewalthätig angegriffen, geplündert, geschlagen, und, inmassen bereits geschehen, so gar an Leib und Leben gefährlich verwundet wurden«.

Noch im 19. Jahrhundert waren die Juden vor Übergriffen nicht sicher. Bei der über ganz Deutschland verbreiteten Hep-(Hep-)Verfolgung hatten Würzburger Studenten am 2. August 1819 den Pöbel gegen die Juden gehetzt, und nur dem Eingreifen der Regierung in München und der Königlichen Regierung von Unterfranken und Aschaffenburg war es zu verdanken, daß Blutvergießen verhindert werden konnte. Manche wie Jacob von Hirsch verließen daraufhin Würzburg. Die jüdische Gemeinde von Heidingsfeld gründete zur Erinnerung an die überstandene Gefahr einen Thilimverein; in dessen Besitz befand sich das Chewra-Buch des Leser Kraft, eines Augenzeugen der Ereignisse, wie auch der Gemeindediener Jacob ben Joel in seinem Tagebuch über den Hep-Aufstand berichtete.

Stereotypen, Spottlieder, Beleidigungen

Zwischen diesen Ecksteinen des Sensationellen ereignete sich der kleine, alltägliche Antisemitismus des Spottes, der Beleidigung und der üblen Nachrede, der seinen Inhalt aus erstaunlich alten Bild- und Vorstellungsmustern bezog und sich mit dem für wahr erachteten Zerrbild vom häßlichen Juden rechtfertigte. Nach Jakob Wassermann war nicht der einzelne Jude, sondern die Gruppe Opfer dieser Haltung:

»Die meinem Judentum geltenden Anfeindungen, die ich in der Kindheit und ersten Jugend erfuhr, gingen mir, wie mich dünkt, nicht besonders nahe, da ich herausfühlte, daß sie weniger meine Person als die Gemeinschaft trafen. Ein höhnischer Zuruf von Gassenjungen, ein giftiger Blick, abschätzige Miene, gewisse wiederkehrende Verächtlichkeit, das war alltäglich. Aber ich merkte, daß meine Person, sobald sie außerhalb der Gemeinschaft auftrat, das heißt, sobald die Beziehung nicht mehr gewußt wurde, von Sticheleien und Feindseligkeit fast völlig verschont blieb. Mit den Jahren immer mehr. Mein Gesichtstypus bezichtigte mich nicht als Jude, mein Gehaben nicht, mein Idiom nicht. Ich hatte eine gerade Nase und war still und bescheiden. Das klingt als Argument primitiv, aber der diesen Erfahrungen Fernstehende kann schwerlich ermessen, wie primitiv Nichtjuden in der Beurteilung dessen sind, was jüdisch ist und was sie für jüdisch halten. Wo ihnen nicht das Zerrbild entgegentritt, schweigt ihr Instinkt, und ich habe immer gefunden, daß der Rassenhaß, den sie sich einreden oder einreden lassen, von den gröbsten Äußerlichkeiten genährt wird, und daß sie infolgedessen über die wirkliche Gefahr in einer ganz falschen Richtung orientiert sind. Die Gehässigsten waren darin die Stumpfesten.«

Die individuelle Reaktion der Betroffenen ist heute ebenso schwierig abzuschätzen wie kindlichen Unverstand von gefährlichen Angriffen abzugrenzen. Auch Yehuda Amichai hatte die Feindseligkeit am eigenen Leib zu spüren bekommen:

»Da gab es fast tagtäglich Steine und Rufe wie ›Saujuden‹ usw. Es war mehr die historische, christliche Feindlichkeit, auf die später der politische Antisemitismus der Nazis aufbaute. Einmal als Fünfjähriger erhielt ich sogar eine Ohrfeige, weil ich beim neugierigen Betrachten einer Fronleichnamsprozession die Mütze nicht abgetan hatte. Einer der gehässigsten Rufe war: ›Isaak, geh' nach Palästina!‹ [...] Doch gerade die Fremd- und Feindlichkeit der Umwelt verstärkte meine tiefe Zugehörigkeit zum Judenvolk. Mein Vater trug immer mit Stolz Gebetbücher und Gebetsmantel sowie am Laubhüttenfest Palmzweige durch die Straßen. Da gab es allerdings jüdische Mitbürger, die dies alles diskret in Papier

82 »*Judensau*«; *farbig gefaßtes Modelgebäck, wie es noch nach 1945 in Dettelbach verkauft wurde.* (Privatbesitz Würzburg)

einwickelten: Es sollte keinen ›Risches‹ machen. ›Risches‹ ist ein altjüdisches Wort für Antisemitismus.«

Je weniger man aber das Verhalten der Juden verstand, desto gröber wurde der verletzende Spott. Man faßte ihn in Lieder, Sprüche und Redensarten; so teilte 1913 ein junger Friseurgehilfe aus Forchheim Heinrich Heerwagen folgende Verse mit:

»Der Itzig kam geritten / Auf einem Ziegenbock, / Da glaubten alle Juden, / Es wär' der liebe Gott.
Der Itzig kam geritten / Auf einer alten Geis, / Da glaubten alle Juden, / Es wär' der heil'ge Geist«.

Hinter dieser Persiflage auf die jüdische Messiaserwartung standen bösartige antisemitische Vorstellungsmuster. Denn unschwer erkennt man im Ziegenbock als Reittier das Schwein und stößt damit auf das mittelalterliche Bildmotiv der »Judensau« (Abb. 82). Dazu paßt auch die Aussage des Forchheimer Gewährsmannes, der Text dieses Liedes sei noch um 1900 auf der alten Synagoge des Ortes angebracht und zu lesen gewesen. Hier handelte es sich mit Sicherheit um eine judenfeindliche Kritzelei von christlicher Hand. Doch auf welch infame Weise die »Judensau« noch nach der Jahrhundertwende aufgegriffen wurde, beweist ein Gedicht von Otto Krämer über die 1780 errichtete Synagoge von Heidingsfeld, das unverständlicherweise 1979 nachgedruckt wurde: Nach der Fertigstellung des Synagogenbaus hätten die Juden vergeblich beim Heidingsfelder Magistrat um die Erlaubnis gebeten, ein Wappen anbringen zu dürfen; daraufhin seien sie in Würzburg vorstellig geworden, »Wo just beim hochgefüllten Glas, Der Fürstbischof behaglich saß. Die Armen klagten ihr Beschwer. Der Fürstbischof, der lachte sehr: ›Ei, will Stadt Heidingsfeld nicht dran, So nehmt getrost mein Wappen an. – Wer solch ein Wappen führen kann, Der ist ein hochgepries'ner Mann!‹. Die Juden jauchzten – ach in Leid, Verkehrte sich die

Herrlichkeit:, Ein Saunsheim war der Fürst im Schild, Führt er zwei Säue – gräßlich Bild! Doch Fürstenwort hat leider Kraft; So haute denn die Judenschaft, An ihrem neuen Gotteshaus, Sein Wappen mit zwei Säu'chen aus.«[41]

Spottverse wie »Eva, zind de Lampe a, Denn der Schawwes geht jetzt a; Eva, lesch die Lampe aus, Denn der Schawwes ist jetz aus« bezogen sich auf den Kult. Vor allem aber schilderten sie den Juden als unordentlichen, dreckigen, arbeitsscheuen Menschen. In Hofstetten bei Obernburg kannte man z. B. folgendes Lied: »Der Itzig geht den Berg naus, S'Schnupftuch hängt ihm hinten 'raus. Kommt die Sara hinterdrein: Itzig, steck dein Schnupftuch ein«. Beliebt waren in Unterfranken – wie auch andernorts – skatologische Versionen: »Wer kennt nit de Jure Feist? Wer kennt nit de Schmuhl? Der die große Haife scheißt, En de Jureschul«. Oder: »De Itzig un de Schmuhl, Die sitze ufm Mist, De Itzig hat n Forz gelosse, De Schmuhl hat n erwischt«.

Ein längeres, noch zwischen 1870 und 1900 im oberfränkischen Michelau gesungenes Judenspottlied nahm die vermeintliche Tanzsucht aufs Korn: »Auf einmal fällt ihm [= Judenlöbelein] Schottisch ein, Den tanzt er alle Stund. Und wie die Frau die Zeit net hat, Dann tanzt er mit sein Hund«.[42] Den Viehhandel hatte ein jüngst in Mainstockheim aufgezeichneter Reim zum Inhalt: »Jud, Jud, verkauf' jetzt dei' Kuh, wart' net lang, der Dollar steigt im Nu«.

Solches Repertoire ergänzten alltägliche Schimpfwörter wie »Judenstinker« oder »Judenscheißer«. Daß sie ihre Wirkung hinterließen, steht ebenso außer Zweifel wie, daß sie nicht immer ernst gemeint waren. Auch den christlichen Freund bedachte man mit ähnlichen Ausdrücken, doch er war dann lediglich ein »Stinker« oder »Scheißer«. Man unterschied in der Anwendung, und die gleichen Streiche übten, ob jeweils Juden oder Christen die Opfer waren, eine andere Wirkung aus. Eine ältere Frau, die als Kind in Mainstockheim die Schule besucht hatte, biß einmal spaßeshalber in den Pausenapfel eines jüdischen Mitschülers; dieser habe ihn daraufhin mit der Begründung, er sei durch die Berührung eines Christen »trefer« (unrein) geworden, weggeworfen. So habe sie jedesmal, wenn sie ihn ärgern wollte, in seinen Apfel gebissen. Die Harmlosigkeit des kindlichen Verhaltens darf allerdings nicht vergessen lassen, daß von diesem kleinen, oft unbeabsichtigten Antisemitismus nur zu oft etwas hängenblieb.

Das Ende einer Kultur: die Reichskristallnacht

Was mit 1933 zum Ausbruch kam, wäre ohne den immer latent vorhandenen Judenhaß nicht erklärbar gewesen, trotz der zahllosen Beteuerungen des guten Verhältnisses zwischen Christen und Juden in den Dörfern und Städten. Die Brachialgewalt der Ausschreitungen gegen Besitz und Leben bezog ihre Motivation aus der nie überwundenen Distanz und aus dem unübersehbaren Fundus falscher Meinungen und Vorurteile; der Nährboden für die Aktionen der Nationalsozialisten war seit langem vorhanden. Spätestens 1933 aber mußte jeder Jude ahnen, was er von den neuen Herren zu erwarten hatte. Im Halbmonatsbericht des Regierungspräsidenten von Ober- und Mittelfranken vom 20. September 1933 hieß es etwa: »Die Stimmung gegen die Juden auf dem flachen Lande findet ihren Ausdruck in vielfachen Verboten von Ortspolizeibehörden gegen die Juden. Anschläge an den Ortseingängen ›Juden unerwünscht‹, ›Zutritt zum Viehmarkt für Juden verboten‹, Ausschluß aus öffentlichen Bädern, Anschläge von ›Prangerlisten‹ mit Namen von Personen, die bei Juden kaufen, sind vielfach im Lande, aber auch in Städten (Coburg) zu finden.«

Fünf Jahre später explodierte der Haß gegen die jüdische Bevölkerung. Am Morgen des 7. November 1938 hatte der deutsch-polnische Jude Herszel (Herschel) Grynszpan (Grünspan) in Paris den deutschen Gesandtschaftsrat Ernst vom Rath ermordet. Dies löste ein Pogrom von unglaublichen Ausmaßen aus, die »Reichskristallnacht«. Am 8. November brachte der »Völkische Beobachter« neben dem Bericht vom Mord in einem Leitartikel unverhohlene Drohungen gegen die Juden zum Ausdruck. Dann trat ein fast überall ähnlicher Mechanismus in Gang. Am Abend hielten die jeweiligen Ortsgruppenleiter ihre Hetzreden, im Anschluß daran zogen die SA-Horden zu den Synagogen, zündeten sie an und demolierten sie, zerschlugen die Schaufenster jüdischer Geschäfte, plünderten Privatwohnungen, mißhandelten Juden und sperrten sie ein. Zahlreiche Juden kamen in dieser Nacht ums Leben oder erlagen später den erlittenen Verletzungen. Sie wurden körperlich, aber auch geistig

83 *Nach der Reichskristallnacht. Zerstörte Inneneinrichtung der Synagoge in der Essenweinstraße, Nürnberg.* (Foto: Diamant 1978)

erniedrigt; nicht wenige beginnen unter dem Eindruck der Ereignisse Selbstmord und kamen damit einer noch sehr viel schlimmeren Demütigung, der Deportation in die Vernichtungslager, zuvor.

Die Synagogen in den Städten wurden meist völlig zerstört oder derart in Mitleidenschaft gezogen, daß die Bausubstanz nicht mehr zu retten war (Abb. 83). Anders verhielt es sich auf dem Land. Die Enge der Dörfer machte ein Niederbrennen der Synagogen wegen der umliegenden Häuser und Gehöfte zu gefährlich. Wo der Mob Feuer legte, sorgten Bürgermeister, Anlieger und die dörfliche Feuerwehr meist schnell für das Löschen des Brandes. Doch dieser Einsatz bewahrte selten die Inneneinrichtung und die Kultgeräte. Man zerschlug sie in der Synagoge, schaffte sie ins Freie, zündete sie dort an oder zwang die zusammengetriebenen Juden, es selbst zu besorgen. Die Angst, die in diesen Nächten umherging, verspürt man noch heute in den Augenzeugenberichten.

Dem Vandalismus fielen nicht nur Ritualien von unermeßlichem Wert zum Opfer, mit ihm begann auch das Ende einer jahrhundertealten Kultur. Am 11. November 1938 war im »Völkischen Beobachter« zu lesen:

»Das Judentum soll aber auf jeden Fall wissen, daß mit den rauchenden Trümmerhaufen der jüdischen Synagogen und den geborstenen Schaufenstern der Judenläden die Erbitterung des deutschen Volkes über die jüdischen Schandtaten nicht besänftigt ist.«

Am 11. November 1938 zog man eine erste Bilanz des Grauens. Demnach waren in Deutschland 815 jüdische Geschäfte zerstört, 29 Warenhäuser, 171 Wohnungen und 191 Synagogen in Brand gesteckt, 76 Synagogen vollständig demoliert, 11 Gemeindehäuser und Friedhofshallen beschädigt, etwa 20 000 Juden, sieben Deutsche und drei Ausländer festgenommen, 36 Juden getötet, weitere 36 schwer verletzt worden.

Bei diesen Zahlen handelte es sich lediglich um Schätzwerte, die Adolf Diamant als falsch bezeichnet; er spricht von rund 1200 während der Reichskristallnacht und durch spätere Kriegseinwirkungen zerstörten Synagogen. Scheinen diese Angaben auch angesichts des in Franken erhaltenen Bestandes zu hoch gegriffen, es spielt keine Rolle, ob 191 oder 1200 Synagogen demoliert wurden, wo schon eine zuviel gewesen wäre. Mit kaltblütig-bürokratischer Diktion teilte der Monatsbericht des Regierungspräsidenten von Ober- und Mittelfranken am 8. Dezember 1938 mit:

»Im Zuge der Protestaktion gegen das jüdische Mördergesindel wurden im Regierungsbezirk 772 Juden festgenommen, von denen sich noch 389 in Haft befinden. Außerdem wurden nach dem Bericht der Staatspolizeistelle Nürnberg-Fürth 17 Synagogen ausgebrannt, 25 Synagogen demoliert, 115 jüdische Geschäfte zerstört; weitere 39 jüdische Geschäfte wurden nur geschlossen. In 594 jüdischen Wohnungen wurde die Inneneinrichtung zerstört bzw. beschädigt. Außerdem wurde das Geschäft einer Deutschblütigen beschädigt, weil der Bevölkerung bekannt war, daß die Inhaberin mit einem Juden Rassenschande getrieben hatte. [...] Judenfrei sind bereits die Städte Dinkelsbühl, Eichstätt, Schwabach, Zirndorf und die Bezirke Hersbruck, Neustadt a.d. Aisch, Nürnberg, Pegnitz, Rothenburg o.d.T. und Staffelstein.«

Die Bevölkerung reagierte gerade auf dem Lande mit Angst, aber auch mit Unverständnis auf die Ereignisse. Am 27. November 1938 meldete z. B. die Gendarmerie-Station Königsfeld: »Ein kleiner Teil der Bevölkerung, die seither Judenfreunde gewesen sind und Geschäfte mit diesen gemacht haben, sind mit den Maßnahmen über die Juden in den letzten Tagen nicht recht einverstanden. Ein großer Teil der Bauern von Poxdorf haben in den letzten Jahren, ja sogar im Frühjahr und Sommer laufenden Jahres noch sehr viele Geschäfte mit dem Juden Landenberger aus Scheßlitz gemacht.« Einen Tag zuvor, am 26. November 1938, hatte die Gendarmerie-Station Muggendorf berichtet:

»Bezüglich der jüngst erfolgten Aktion gegen die Juden ist die Bevölkerung zweierlei Meinung. Der eine Teil vertritt den Standpunkt, daß bewußte Aktionen mit den damit zusammenhängenden Verhaftungen und Zerstörungen noch viel zu mild ausgefallen seien. Der andere Bevölkerungsteil aber, *und das ist der weitaus größte,* ist der Anschauung, daß diese Zerstörungen nicht am Platze gewesen seien. In diesem Zusammenhang erscheint noch erwähnenswert, daß in der Bevölkerung schon wiederholt die Frage aufgeworfen wurde, ob die an der Aktion beteiligten Personen auch der Bestrafung zugeführt werden.«

Andernorts war ebenfalls die Meinung geteilt, wie aus dem Monatsbericht der Gendarmerie-Station Waischenfeld vom 25. November 1938 hervorgeht:

»Über die Ermordung des Gesandtschaftsrats vom Rath waren alle Schichten der Bevölkerung entrüstet. Die darauf einsetzende Zerstörung von jüdischen Geschäften und Synagogen wurden von einem Teil der Bevölkerung befürwortet, während der andere Teil dies mißbilligte. Befürwortet wurde die Aktion gegen die Juden von alten Kämpfern und den jüngeren Leuten, die schon aus der Hitlerjugend hervorgegangen sind. Dagegen wurde von der Mehrzahl der Bevölkerung hierfür kein Verständnis aufgebracht, daß man ohne weiteres fremdes Eigentum zerstören darf.«

Wenn nach der Reichskristallnacht wieder Gottesdienste gehalten wurden, etwa in Fulda, Mergentheim und Nürnberg, dann in Notquartieren. Am 8. Januar 1939 fand in einem Raum der jüdischen Volksschule in Würzburg noch einmal eine religiöse Feier statt. Aber die Agonie der jüdischen Kultur hatte längst eingesetzt.

Diejenigen in den Dörfern, die ein gutes Verhältnis mit Juden besaßen, wunderten sich, die anderen mögen sich gefreut haben, als die Juden nach und nach verschwanden. Vielleicht begannen sie auch zu fühlen, daß damit ein Teil ihres eigenen, gewohnten Lebens zu Ende ging. Nie mehr würde es in einer Synagoge »so laut« zugehen »wie in einer Judenschul'«, an Rosch Haschana »ins Judenhörnla« gestoßen, würden die Kinder Mazzen erhalten oder neugierig durch die Zweige der Laubhütte sehen. Der Sabbatklopfer würde verstummen, die Lichter an Chanukka verlöschen. Der Bäcker bräuchte nicht mehr im Backofen die Speisen für den Sabbat warmhalten, das jüdische Kolonialwarengeschäft, in dem man sich getroffen hatte und wo man anschreiben lassen konnte, würde geschlossen werden. Das Dorf würde ohne die Sterns, Kitzingers und Bambergers nicht mehr so sein wie früher. Vielleicht wurden sich einige in diesen Tagen endgültig bewußt, daß man es über alle Anfeindungen hinaus mit Menschen zu schaffen gehabt hatte, die nicht mehr wollten, als in Frieden zu leben.

Nur wenige Juden schafften es, sich durch Auswanderung nach Palästina oder in die Vereinigten Staaten von Amerika in Sicherheit zu bringen; womit denn auch? Sie besaßen ja, wie eine alte Frau in Lülsfeld sagte, genausowenig wie die Nichtjuden. Womit hätten sie dann die Visagebühren bezahlen können? Die meisten gelang-

ten über die Kreis- und Hauptstädte in die Vernichtungslager; man sollte nur die allerwenigsten wiedersehen (Abb. 84).
Der Deutsche hatte es mit der ihm eigenen Präzision geschafft, eine alte Kultur, die auch Teil seiner eigenen war, zu vernichten.

84   *Rödelsee, Jüdischer Friedhof; Gedenkstein für die zwischen 1941 und 1943 in verschiedenen Konzentrationslagern umgekommen Angehörigen der Familie Glückstein; rechts unten: Steinchen, die von Hinterbliebenen oder Freunden zum Totengedenken auf die Grabplatte gelegt worden waren.*

> ZUM GEDÄCHTNIS
> UNSERER LIEBEN MUTTER
> ESTER RAHEL GLÜCKSTEIN
> GESCHWISTER
> JETTE · MALCHEN · HANNI
> JULIUS · SALOMON · BERTA
> SIE WURDEN 1941 – 1943
> IN KONZENTRATIONSLAGERN
> DEPORTIERT OPFER IHRES
> GLAUBENS.

Anmerkungen

[1] Henriette Hannah Bodenheimer (Hg.), Im Anfang der zionistischen Bewegung. Eine Dokumentation auf der Grundlage des Briefwechsels zwischen Theodor Herzl und Max Bodenheimer von 1896 bis 1905, Frankfurt a. M. 1965, S. 269–270.
[2] Jacob Katz, Die Anfänge der Judenemanzipation, in: ders., Zur Assimilation und Emanzipation der Juden. Ausgewählte Schriften, Darmstadt 1982, S. 83–98, hier S. 92.
[3] Louis Lamm, Das Memorbuch in Buttenwiesen, in: Monatsschrift für Geschichte und Wissenschaft des Judenthums 45 [N. F. 9] (1901), S. 540–549, hier S. 544.
[4] Stefan Schwarz, Die Juden in Bayern im Wandel der Zeiten, München/Wien 1963, S. 236.
[5] Hanns Hubert Hofmann, Ländliches Judentum in Franken, in: Tribüne. Zeitschrift zum Verständnis des Judentums 7, Heft 25 (1968), S. 2890–2904, hier S. 2902.
[6] Joseph Heller, Muggendorf und seine Umgebungen oder die fränkische Schweiz, Bamberg 1829 (Nachdruck Erlangen 1979), S. 181.
[7] Shaul Esh (Hg.), The Bamberger Family. The Descendants of Rabbi Seligmann Bär Bamberger, the »Würzburger Rav« (1807–1878), Jerusalem 1964, S. 12.
[8] Guido Kisch, Studien zur Geschichte des Judeneides im Mittelalter, in: Hebrew Union College Annual 14 (1939), S. 431–456, hier S. 451.
[9] S. Willi Ruttor, Fränkische Judeneidsformeln, in: Mainfränkisches Jahrbuch für Geschichte und Kunst 22 (1970), S. 153–154.
[10] Theodor Dassovius, Dissertatio de ritibus Mesusae, in: Blasius Ugolinus, Thesaurus Antiquitatum Sacrarum, Bd. 21, Venedig 1758, S. 737–764, hier S. 737.
[11] Adolf Eckstein, Geschichte der Juden im Markgrafentum Bayreuth, Bayreuth 1907, S. 124–128.
[12] Hans Günther Adler, Der verwaltete Mensch. Studien zur Deportation der Juden aus Deutschland, Tübingen 1974, S. 658.
[13] Inge Lippert, brieflicher Hinweis vom 4. August 1981.
[14] Institut für Deutsche Philologie, Volkskundliche Abteilung, Universität Würzburg; Max Walter-Archiv, Kasten 55 (Irdene Ware – Werkstücke), Nr. 11.
[15] Freundlicher Hinweis von Dr. Hans Dünninger, Würzburg.
[16] Karl H. Mistele, Hans Schaub, Urvater der Blue jeans stammt aus Buttenheim, in: Fränkischer Tag Nr. 76, 30. März 1984, S. 6.
[17] Georg Goepfert, Amt Wallburg und Stadt Eltmann. Beitrag zur fränkischen Geschichte, Eltmann 1908, S. 111–112.
[18] Hermann Weber, Mönchberg im Spessart. Geschichte einer fränkischen Centene, Mönchberg 1967, S. 51–52, 193–194.
[19] Adler (wie Anm. 12), S. 841–842, Zitat S. 841.
[20] Goepfert (wie Anm. 17), S. 111–112.
[21] Martin Broszat, Elke Fröhlich, Falk Wiesemann, Bayern in der NS-Zeit. Soziale Lage und politisches Verhalten der Bevölkerung im Spiegel vertraulicher Berichte. München/Wien 1977, S. 448.
[22] Broszat u. a., S. 438.
[23] S. hierzu auch Franz Joachim Behnisch, Die Tracht Nürnbergs und seines Umlandes vom 16. bis zur Mitte des 19. Jahrhunderts. Nürnberg 1963, S. 41.
[24] Karl Dinklage, Fünfzehn Jahrhunderte Münnerstädter Geschichte. Münnerstadt 1935, S. 72.
[25] Gutachten Opplers vom 5. August 1863 und vom 15. Februar 1864 über die Synagoge in Hannover; s. Harold Hammer-Schenk, Synagogen in Deutschland, Hamburg 1981, S. 206 mit Anm. 471 und 481.
[26] Vgl. hierzu Hermann Herz, in: Allgemeine unabhängige jüdische Wochenzeitung, Jg. 25, Nr. 44, 30. Oktober 1970, S. 2, ferner Hannelore Künzl, Die Architektur der mittelalterlichen Synagogen und Bäder, in: Kurt Schubert (Hg.), Judentum im Mittelalter (Ausstellungskatalog Schloß Halbturn), o. O. 1978, S. 40–59, hier vor allem S. 47.
[27] Sigmund Mayer, Ein jüdischer Kaufmann 1831 bis 1911. Lebenserinnerungen, Leipzig 1911, S. 58.
[28] Mayer S. 59.
[29] Moshe Gorali, Moshe Bick, Gideon Almagor (Hg.), Di goldene pawe. Yidishe folkslider, Haifa 1970, S. 45, num. 31 (jiddisch).
[30] Adler (wie Anm. 12), S. 838–841.
[31] I. M. Wohlfahrt, Goldbach. Geschichte des Dorfes und

seiner Kirche aus ältester Zeit bis zur Gegenwart, Goldbach 1950, S. 301.

[32] Günther Kapfhammer, Gemeindebacköfen im nördlichen Unterfranken, in: Bayerisches Jahrbuch für Volkskunde 1969, S. 137.

[33] Jakob Wassermann, Fränkische Erzählungen, Berlin 1925, S. 71–72.

[34] Adler (wie Anm. 12), S. 746–758, Zitat S. 747.

[35] A. Mannheimer, Ein Doppeljubiläum in Uffenheim, in: Bayerische Israelitische Gemeindezeitung Nr. 7, 1. Juli 1926, S. 198–200, hier S. 199–200.

[36] Friedrich Wencker-Wildberg, Würzburg um die Jahrhundertwende. Jugenderinnerungen, Würzburg 1953, S. 105–112.

[37] Adler (wie Anm. 12), S. 714–725, hier S. 717–718.

[38] Ludwig Gutmann, Schwanfeld bei Würzburg, in: Neue Jüdische Nachrichten 8. Jg., Nr. 4, 24. Februar 1984, S. 6.

[39] Am Sabbat durfte das Dorf nicht verlassen werden, in: Saale Zeitung Bad Kissingen, Freitag, 14. Oktober 1983, S. 16.

[40] Zimmermann, [...], Erinnerungen aus alten Tagebüchern, geführt an der würzburgisch-thüringischen Grenze. Von Reg.-Landmesser Zimmermann, Hildburghausen, in: Archiv für den Bezirk Königshofen i. Gr., Blätter für Heimatkunde, Folge 2 (1936), S. 4.

[41] Franz Schneider, Heidingsfeld, ein altfränkisches Städtebild, Heidingsfeld 1908 (Nachdruck Würzburg-Heidingsfeld 1979), S. 54.

[42] Deutsches Volksliedarchiv Freiburg i. Br., Nr. 75883, 12238, 75892, 75879, 93565.

Gedenkstein für die in der Reichskristallnacht zerstörte Bamberger Synagoge in der Herzog-Max-Straße.

EPILOG

Dem Umstand, daß jüdisches Leben in Franken der Vergangenheit angehört und in der geschilderten Form nicht mehr existiert, trug diese Untersuchung auch sprachlich Rechnung, obwohl dies in letzter Konsequenz unkorrekt ist.

Denn nach 1945 entstanden aus bescheidenen Anfängen in Bamberg, Bayreuth, Erlangen und Nürnberg, Fürth, Hof und Würzburg wieder Israelitische Kultusgemeinden. Doch die Zahlen sprechen für sich; während 1933 allein in Bayern noch rund 45 000 Juden lebten, betrug am 1. Januar 1983 laut Angabe der Zentral-Wohlfahrtsstelle in Frankfurt/Main die Zahl der Mitglieder jüdischer Gemeinschaften in Deutschland insgesamt 28 202. Die Entwicklung ist rückläufig; Todesfälle und Auswanderungen übersteigen Geburten und Zuwanderungen. Wie die Statistik zeigt, sind die Gemeinden stark überaltert: 3482 Personen im Alter bis 20 Jahre, 10 572 zwischen 21 und 50 Jahren und 13 148 über 51 Jahre. Zudem beeinträchtigen Assimilation und Eheschließung mit nichtjüdischen Partnern die einzelnen Gemeinden; so gingen 1981 nur 34 Prozent eine jüdische Ehe ein.

Sieht man von Großstädten wie Berlin, Frankfurt/Main, Hamburg oder München ab, haben die meisten Gemeinden nurmehr wenige Mitglieder. Sie verteilten sich in Bayern nach den Angaben von David Schuster, Würzburg, 1978 folgendermaßen: Amberg 84, Augsburg 239, Bamberg 77, Bayreuth 31, Fürth 193, Hof 42, München 3823, Nürnberg 316, Passau 20, Regensburg 110, Straubing 125, Weiden 59 und Würzburg 186.

Doch trotz der Altersstruktur und des Rückgangs der jüdischen Bevölkerung ist das religiöse und kulturelle Leben der einzelnen Gemeinden auffallend vielseitig. Wer regelmäßig einen Blick in die in München erscheinenden »Neuen Jüdischen Nachrichten« wirft, weiß, was hier etwa von der Israelitischen Kultusgemeinde Würzburg geleistet wird, ob es sich nun um die gemeinsamen Purim- und Pessachfeiern oder um das Engagement für den christlich-jüdischen Dialog handelt.

Mit den bescheidenen Neuansätzen in den Städten aber wird die Tragik der Auslöschung einer Kultur besonders schmerzlich bewußt. Heute erinnern Gedenksteine an die zerstörten großen Synagogen, an eine Zeit, die so unendlich lange zurückzuliegen scheint und doch so fühlbar nahe ist (Abb. 85–86). Die wenigen Menschen, die in ihre alte Heimat zurückkehren, begnügen sich heute mit kleinen Synagogen, die nichts mehr von der Pracht der vernichteten Gotteshäuser besitzen.

Niemand kann systematischen Völkermord ungeschehen machen, und Geld ist kein Ersatz für Menschenleben. Wir müssen uns heute damit abfinden, daß die Kultur der fränkischen Dorfju-

85 *Reste zweier hebräischer Gebetbücher für die Wochen- und Festtage sowie lose Seiten aus Andachtsbüchern des 19. Jahrhunderts lagen im Mai 1985 auf der Frauenempore der Synagoge von Ermreuth.*

den untergegangen ist. Uns bleibt aber die dringende Pflicht der Erinnerung an Menschen, die wir gerne kennengelernt hätten. Gedenksteine und Gedenktafeln allein werden den Schicksalen nicht gerecht. Erst wenn wir die letzten Reste jüdischer Kultur in Franken vor dem endgültigen Verfall retten, schaffen wir Mahnmale, die uns und spätere Generationen mit einem Teil auch der eigenen Geschichte konfrontieren und die lehren, zu welcher Zerstörung fanatische Raserei und irregeführte Ideologie fähig sind.

Doch am meisten können wir von den Überlebenden selbst lernen. Wer nach 1945 zurückkehrte, benötigte Mut und Stärke. Er trat einem Land, einem Volk gegenüber, das die Ermordung seiner Familie, seiner Angehörigen und Freunde zugelassen hatte. Vielen, gerade jungen Menschen erscheinen heute Angst und Verbitterung dieser Menschen als Hindernis für eine Aussöhnung. Sie dürfen aber nicht vergessen, daß bereits durch den Akt der Rückkehr die Hand zur Verzeihung und Versöhnung ausgestreckt wurde. Die Fähigkeit, Schuld zu vergeben, gehört zu den hohen, ewigen Prinzipien jüdischer Ethik. Wir können uns davor nur beschämt verbeugen und zusammen mit den Juden hoffen, daß eintreten möge, um was sie in einem alten Wochentagsgebet flehen und flehen: »Frieden bringe über alle Menschensöhne und über Israel! Unser Vater, segne uns Allesammt wie Einen mit dem Lichte deines Angesichtes, denn im Lichte deines Angesichtes verliehest du uns die Lehre des Lebens und der Liebe. Ja, gut sei es in deinen Augen, Israel zu segnen alle Zeit mit deinem Frieden.«

86 Zerstörung nach dem Holocaust. Ein Grabstein, der zum Mahnmal für die Schändung des Rödelseer Friedhofs durch die Nationalsozialisten umgearbeitet worden war, wurde erneut demoliert.

DER JÜDISCHE KALENDER*

Monat		Feste und Festzeiten
Nissan	März/April	*Pessach*, 14. Nissan, Dauer: acht Tage; 15. Nissan: Beginn des *Omer-Zählens*
Ijar	April/Mai	Omer-Zeit, 18. Ijar: *Lag baomer*
Siwan	Mai/Juni	*Schawuot*, 6.–7. Siwan
Tam(m)us	Juni/Juli	17. Tam(m)us: *Fasttag* (Táanit)
Aw	Juli/August	9. Aw: Fasttag zum Andenken an die Zerstörung des Tempels
Elul	August/September	*Bußtage*
Tischri	September/Oktober	*Rosch Haschana*, 1.–2. Tischri; 3. Tischri: Trauertag; *Jom Kippur*, 10. Tischri; *Sukkoth*, 14./15.–23. Tischri; *Simchat Thora*, 22. Tischri
Marcheschwan	Oktober/November	
Kislew	November/Dezember	*Chanukka*, Beginn am 25. Kislew
Tewet	Dezember/Januar	10. Tewet: Trauertag zur Erinnerung an die Belagerung Jerusalems
Sch'wat	Januar/Februar	15. Sch'wat: Neujahr der Bäume
Adar	Februar/März	*Purim*, 14.–15. Adar
Adar Scheni		nur in Schaltjahren mit 13 Monaten

* Der Kalender zählt nach Jahren der Weltschöpfung. Bei den Jahresangaben unterscheidet man zwischen der »großen Zählung« unter Beifügung der Tausender und der »kleinen Zählung«, die auf die Tausender verzichtet. Das christliche Jahr errechnet man dadurch, indem man zur »kleinen Zählung« 1240 addiert, wenn das jüdische Datum zwischen dem 1. Januar und dem jüdischen Neujahr (1. Tischri) liegt, dagegen nur 1239, wenn es auf den Zeitraum zwischen 1. Tischri und 31. Dezember fällt.
Beispiel: jüdisches Jahr 722 + 1239 = 1961 // 722 + 1240 = 1962 (1961/62). Dies bedeutet, daß das jüdische Jahr 5722 – gerechnet von Herbstanfang zu Herbstanfang – dem christlichen Jahr 1961/62 entspricht.

QUELLEN UND LITERATUR (Auswahl)*

1. Ungedruckte Quellen

Bayerisches Staatsarchiv Würzburg

Standbuch 1114, fol. 555: Gerichts- und Achtsbuch von Kitzingen 1452–1497 (Kitzinger Judeneid).

Standbuch 149 p: Gerichtsbuch Biebelried, 1667 (Bl. 98^r: Klage über eine jüdische Hochzeit in Biebelried, 1667).

Gebr. Amt. Rep. VII P, No. 80/65 (Bau der Synagoge von Rimpar, 1791–1792).

Gebr. Amt VI. T. 30 (Bau der Synagoge in Westheim, 1767).

Gebr. Amt. Rep. VII H, No. 255 (Regelung von Sterbfällen bei Juden und bei Anfertigung des Nachlaßverzeichnisses; Streitfall Heidingsfeld 1788).

AG Ochsenfurt, Nachlässe und Testamente, Sign. 1898 (Inventar der Hendel Traub, Sommerhausen, 1820–1822).

AG Ochsenfurt, Verlassenschaft, Sign. 1620 (Inventar des Salomon Strauß, Fuchsstadt, 1826).

LG Alzenau – ältere Ordnung – Sign. 425, 1843/44 (Inventar der Rosina Reis, Hörstein, 1843–1844).

Rentamt Würzburg/Stadt Nr. 23, Randersackerer Teilungsinventaria Pro 1737 Mit 1739 (Versteigerungsinventar des Anton Schwind, Randersacker, 1739).

Stadtprozelten 1797/98 (Inventar des Johann Herberich, Stadtprozelten 1797/98).

Stadtprozelten 1831 (Inventar des Heinrich Hain, Stadtprozelten, 1831).

AG Dettelbach, Teilungs- und Verlassenschaftsakte 15 (Erbteilungsprotokoll vom 15. Dezember 1721).

AG Dettelbach, Teilungs- und Verlassenschaftsakte 10 (Nachlaßverzeichnis des Georg Schnitzer, Gerlachshausen, 1713).

Rep. VII S, No. 166 (Verbot des Handels mit Kosherwein durch das Landgericht Schwanfeld vom 27. September 1801).

Regierung von Unterfranken, Sign. 14549 (Synagoge und jüdische Schule von Kleinheubach, Inspektionsbericht vom 11. Oktober 1876).

Statistische Sammlung 707 (Synagoge und jüdische Schule von Kleinheubach).

AG Dettelbach, Zivilpr. Abg. vor 1930/20 (Streit um die Einrichtung einer Mikwa in Bibergau, 1825).

Stadtarchiv Würzburg

Ratsakt Nr. 658 (Zollordnung von 1634).

Ratsprotokolle 64, 1700, fol. 654 1/2 (Mandat vom 18. November 1700).

---

* Das Quellen- und Literaturverzeichnis mußte aus Gründen des Umfangs erheblich gekürzt werden. Bei der Auswahl wurde berücksichtigt, daß sich der Leser einerseits einen Überblick über die wissenschaftshistorische Auseinandersetzung mit der Geschichte jüdischer Kultur in Franken verschaffen und sich andererseits auf allgemeiner Grundlage über die Bedingungen jüdischen Lebens im Galut (Diaspora) informieren kann.

Nicht im einzelnen aufgeführt sind die Aktenbestände der ehemaligen jüdischen Gemeinden in Ober-, Mittel- und Unterfranken, die sich heute, entweder als Original oder als Mikrofilm, in den Central Archives for the History of the Jewish People in Jerusalem befinden.

Stadtarchiv Miltenberg

Nachlaß Rudolf Vierengel (u. a.: Abschrift des Mainzischen Toleranzedikts vom 27. September 1784; Abschrift einer »Kurtzen Relation« zu einem vermeintlichen Ritualmord von 1675).

Fürstlich Leiningensches Archiv Amorbach

Rechnungsband R 1023 (Geschäftsbuch der Firma Samuel und Moyses Mayer, 1754–1756).

Gemeindearchiv Mainstockheim

A 334/4 (»Tabelle über die Hausier-Patente der Juden pro 1826«).

2. *Handschriften*

Darmstädter Machsor, zwischen 1347 und 1348 (Hessische Landes- und Hochschulbibliothek Darmstadt, Sign. Orient. Hdschr. 13).

Elieser ben R. Mordechai (Kolophon), Liturgisches Buch, 1590 (Germanisches Nationalmuseum Nürnberg, Bibliothek, Sign. As 7058).

Juda ben Samuel Reutlingen Mehler (oder Meila), Sefer ha-evronoth (Kalenderregeln, Marktverzeichnis), Bingen 1649 (Staatsbibliothek/Westdeutsche Landesbibliothek Marburg/Lahn ehem. Stiftung Preußischer Kulturbesitz), Sign. Ms. or. oct. 3150).

3. *Gedruckte Quellen*

Carl Anton, Kurzer Entwurf der Erklärung Jüdischer Gebräuche sowol Geistlicher als Weltlicher zum Gebrauch Akademischer Vorlesungen entworfen. Helmstedt 1751.

R. Chajim Josef David Asulai, Ma'gal-tōb ha-shalem. Itinerarium (1753–1794), hrsg. von Aron Freimann. Jerusalem o. J. (hebr.). [Teilbearbeitungen durch: Elkan Nathan Adler, Jewish Travellers. New York 1931; Leo Prijs, Das Reisetagebuch des Rabbi Ch. J. D. Asulai. In: Zeitschrift für bayerische Landesgeschichte 37 (1974), S. 878–916].

Johann Jodokus Beck, Tractatus de Juribus Judaeorum. Nürnberg 1741.

Benjamin von Tudela, Itinerarium. Bearbeitung: Marcus Nathan Adler, The Itinerary of Benjamin of Tudela. Critical Text, Translation and Commentary. London 1907.

Johann Christoph Georg Bodenschatz, Kirchliche Verfassung der heutigen Juden sonderlich derer in Deutschland. 4 Tle., Frankfurt a. M./Leipzig/Erlangen 1748.

Johann Christoph Georg Bodenschatz, Aufrichtig Teutsch Redender Hebräer. 4 Tle., Frankfurt a. M./Leipzig/Bamberg 1756.

Joseph Caro, Schulchan 'arūk. Venedig 1567 (hebr.).

Israel Gumpiel, Dov Jacob, Minhag k. k. Firth. Fürth 1767.

Paul Christian Kirchner, Jüdisches Ceremoniel oder Beschreibung derjenigen Gebräuche, welche die Jüden [...] in acht zu nehmen pflegen. Nürnberg 1734.

Adam Rudolph Georg Christoph Matthäi, Beschreibung des Jüdischen Sabbaths nach ihrer Lehre und gewöhnlichen Gebräuchen aus den talmudischen/rabbinischen Schriften vorgestellt. Nürnberg 1751.

Minhagim. Amsterdam 1707 (jüdischdeutsch).

Minhagim. Frankfurt/Oder 1707 (jüdischdeutsch).

Tekunoth: Das Tekunos Büchlein der Fürther Juden. d. i. Der Aeltesten und Vorstehere der Jüdischen Gemeinde daselbst ertheilte Instructiones. In: Andreas Würfel, Historische Nachricht. Frankfurt/Prag 1754, S. 107–170.

Andreas Würfel, Historische Nachricht von der Judengemeinde in dem Hofmarkt Fürth Unterhalb Nürnberg. Frankfurt/Prag 1754.

Andreas Würfel, Historische Nachrichten von der Juden-Gemeinde welche ehehin in der Reichstadt Nürnberg angerichtet gewesen aber Ao. 1499. ausgeschaffet worden. Nürnberg 1755.

4. *Literatur*

a) *Allgemeine Literatur (Übersichtsdarstellungen, Nachschlagewerke, Kataloge)*

Julius Aronius, Regesten zur Geschichte der Juden im Fränkischen und Deutschen Reich bis zum Jahr 1273. Bearbeitet unter Mitwirkung von Albert Dresdner und Ludwig Lewinski. Berlin 1887–1902.

Dieter Berg, Horst Steur (Hgg.), Juden im Mittelalter (Hist. Texte/Mittelalter, 17). Göttingen 1976.

Encyclop. Judaica. 16 Bde., Jerusalem 1971–72.

Encyclopaedia Judaica. Das Judentum in Geschichte und Gegenwart. Bd. 1–10 (A-Lyra), Berlin 1928–1934.

Klaus Geissler, Die Juden in Deutschland und Bayern bis zur Mitte des vierzehnten Jahrhunderts (Zeitschrift für Bayerische Landesgeschichte, Beiheft 7, Reihe B). München 1976.

Judaica. Kölnisches Stadtmuseum. Bearbeitet von Liesel Franzheim (Wissenschaftliche Kataloge des Kölnischen Stadtmuseums). Köln 1980.

Jüdisches Lexikon. Ein enzyklopädisches Handbuch des jüdischen Wissens in vier Bänden. Bd. I–IV/2, Berlin 1927–1930 (Nachdr. Königstein/Ts. 1982).

Monumenta Judaica. 2000 Jahre Geschichte und Kultur der Juden am Rhein. Eine Ausstellung im Kölnischen Stadtmuseum 15. Oktober 1963 – 15. März 1964. 2 Bde. (Katalog und Handbuch), Köln 1964.

Syngagoga. Kultgeräte und Kunstwerke von der Zeit der Patriarchen bis zur Gegenwart. 2. Aufl. Recklinghausen 1960/61.

b) *Judenorte (Franken und angrenzende Gebiete)*

S. Adler-Rudel, Moritz Baron Hirsch. Profile of a great Philanthropist. In: Leo Baeck Institute Year Book VIII (1963), S. 29–69.

Alfons Arnold, Rimpar. Beitrag zur fränkischen Heimat- und Landesgeschichte, dargestellt am Schicksal seiner Menschen und am Werdegang des Dorfes. Rimpar 1965.

Herz Bamberger, Geschichte der Rabbiner der Stadt und des Bezirkes Würzburg vom 12. Jahrh. bis auf die Neuzeit. Würzburg 1906.

Moses Löb Bamberger, Beiträge zur Geschichte der Juden in Würzburg-Heidingsfeld. Würzburg o. J.

Moses Löb Bamberger, Ein Blick auf die Geschichte der Juden in Würzburg. Würzburg 1905.

Naphtalie Bamberger, Geschichte der Juden von Kitzingen. Festgabe anläßlich des 25jähr. Bestehens der Synagoge 1883–1903. o. O. (Kitzingen) 1908.

Salomon Bamberger, Historische Berichte über die Juden der Stadt und des ehemaligen Fürstentums Aschaffenburg. Straßburg 1900.

Hugo Barbeck, Geschichte der Juden in Nürnberg und Fürth. Nürnberg 1878.

Karl Josef Barthels, Maßbacher Chronik. Bd. I: Beiträge aus den ersten tausend Jahren; Bd. II: Katholische Beiträge aus dem neunzehnten und beginnenden zwanzigsten Jahrhundert. o. O. 1970–1972.

Robert Bauer, Heimatbuch Reistenhausen mit Kirschfurt. Reistenhausen 1965.

Markus Bohrer, Die Juden im Hochstift Würzburg im 16. und am Beginne des 17. Jahrhunderts. Phil. Diss. Freiburg i. Br. 1922.

Meinrad Brachs, Das bayerische Judenedikt vom 10. Juni 1813 und die Wiederverleihung erledigter Matrikelstellen an Bamberger Juden. In: Historischer Verein für die Pflege der Geschichte des ehemaligen Fürstbistums Bamberg, 121. Bericht (1985), S. 153–185.

Harm-Hinrich Brandt, Hundert Jahre Kitzinger Synagoge. Zur Geschichte des Judentums in Mainfranken (Mainfränkische Hefte, 81). Würzburg 1984.

Anton Chroust, Das Würzburger Land vor hundert Jahren. Eine statistisch-ökonomische Darstellung in amtlichen Berichten und Tabellen. Würzburg 1914.

L. David, Geschichte der Israelitischen Kultusgemeinde Erlangen. Erlangen 1931.

Hermine Dietz, M. Euphebia Holzbauer †, Auf den Spuren der Israelitischen Kultusgemeinde in Höchberg. In: Franz Adam, Herbert Klein (Hgg.), Höchberg 748–1973, ältester Marienwallfahrtsort Frankens, einst ein Häcker- und Bauerndorf, heute eine bedeutende Vorort- und Stadtrandgemeinde der Großstadt Würzburg. Höchberg 1973, S. 77–84.

Adolf Eckstein, Geschichte der Juden im ehemaligen Fürstbistum Bamberg, bearbeitet auf Grund von Archivalien, nebst urkundlichen Belegen. Bamberg 1898 (Nachdruck Bamberg 1985).

Adolf Eckstein, Geschichte der Juden im Markgrafentum Bayreuth. Bayreuth 1907.

Adolf Eckstein, Festschrift zur Einweihung der neuen Synagoge in Bamberg. Bamberg 1910 (Nachdruck Bamberg 1985).

Adolf Eckstein, Die Emanzipationsbestrebungen in Bamberg. In: Monatsschrift für Geschichte und Wissenschaft des Judentums 54 [N.F. 18] (1910), S. 257–267, 474–480.

Adolf Eckstein, Haben die Juden in Bayern ein Heimatrecht? Berlin 1928.

Rudolf Endres, Juden in Franken. Würzburg 1977.

Heinrich Epstein, Ein Beitrag zur Geschichte der Juden im ehemaligen Herzogtum Ostfranken. In: Monatsschrift für Geschichte und Wissenschaft des Judentums 1880, S. 193–204, 258–267, 452–472, 496–513.

A. Feilchenfeld, Zur Geschichte der israelitischen Realschule (vorm. israel. Bürgerschule) in Fürth. Festschrift zur Feier des 50jähr. Bestehens der Anstalt 1862–1912. Fürth 1912.

Roland Flade, Die Würzburger Juden. Ihre Geschichte vom Mittelalter bis zur Gegenwart. Mit einem Beitrag von Ursula Gehring-Münzel. Würzburg 1987.

Max Freudenthal, Die Israelitische Kultusgemeinde Nürnberg 1874–1924. Nürnberg 1925.

Heide Friedrich-Brettinger, Die Juden in Bamberg. o.O. o.J. (1962).

August Gabler, Schopfloch, eine vergangene Sprachinsel. In: Deutsche Gaue 57/58 (1970/71), S. 56–74.

Eckhard Günther, Das Judentum in Mainfranken 1789–1816. Phil. Diss. Würzburg 1942 (nationalsozialistisch).

Leo Günther, Würzburg Chronik. Personen und Ereignisse von 1802–1848, Bd. 3. Würzburg 1925.

Friedrich Gutmann, Sommerhausen in Wort und Bild. Geschichtliche und kulturgeschichtliche Darlegungen nach Quellen. 2. Aufl. Sommerhausen 1970.

Siegfried Haenle, Geschichte der Juden im ehemaligen Fürstenthum Ansbach. Mit Urkunden und Regesten. Ansbach 1867.

Ludwig Heffner, Die Juden in Franken, ein unparteiischer Beitrag zur Sitten- und Rechtsgeschichte Frankens. Nürnberg 1855.

Hartmut Heller, Jüdische Landgemeinden im 18./19. Jahrhundert. Ansiedlung, Erwerbsleben, Mobilität. In: Jüdische Gemeinden in Franken 1100 bis 1975.

16. Fränkisches Seminar des Frankenbundes vom 5.–7. November 1976 in der Heimvolkshochschule Schloß Schney bei Lichtenfels/Ofr. (Frankenland. Zeitschrift für fränkische Landeskunde und Kulturpflege. Sondernummer, 1978). Würzburg 1978, S. 6–13.

Franz Xaver Himmelstein, Die Juden in Franken, ein Beitrag zur Kirchen- und Rechtsgeschichte Frankens. In: Archiv für Geschichte und Altertumskunde von Unterfranken 12 (1853), S. 2–3, 125–188.

Alfred Höck (Hg.), Judaica Hassiaca (Hessische Blätter für Volks- und Kulturforschung N. F. 9). Gießen 1979.

Hermann Hoffmann, Die Würzburger Judenverfolgung von 1349. In: Mainfränkisches Jahrbuch für Geschichte und Kunst 5 (1953), S. 91–114.

Hanns Hubert Hofmann, Ländliches Judentum in Franken. In: Tribüne. Zeitschrift zum Verständnis des Judentums 7, Heft 25 (1968), S. 2890–2904.

Rainer Hofmann (Hg.), Jüdische Landgemeinden in Franken. Beiträge zu Kultur und Geschichte einer Minderheit (Schriften des Fränkische-Schweiz-Museums, Bd. 2). o. O. 1987.

Paul Horn, Naftali Herbert Sonn, Zur Geschichte der Juden in Fulda. Ein Gedenkbuch. Tel-Aviv 1969.

Franz Hundsnurscher, Gerhard Taddey, Die jüdischen Gemeinden in Baden. Denkmale, Geschichte, Schicksale (Veröffentlichungen der Staatlichen Archivverwaltung Baden-Württemberg, Bd. 19). Stuttgart 1968.

Utz Jeggle, Judendörfer in Württemberg (Volksleben. Untersuchungen des Ludwig-Uhland-Instituts der Universität Tübingen, Bd. 23). Tübingen 1969.

Josef Kehl, Chronik von Haßfurt. Die Geschichte eines fränkischen Landstädtchens. Würzburg 1948.

Wilhelm Kraft, Zur Geschichte der Juden in Pappenheim. In: Monatsschrift für Geschichte und Wissenschaft des Judentums 70 [N. F. 34] (1926), S. 277–283.

Karl-Sigismund Kramer, Bauern und Bürger im nachmittelalterlichen Unterfranken. Eine Volkskunde auf Grund archivalischer Quellen (Beiträge zur Volkstumsforschung, hrsg. von der Bayerischen Landesstelle für Volkskunde, Bd. XI; Veröffentlichungen der Gesellschaft für fränkische Geschichte, Reihe IX, Darstellungen aus der fränkischen Geschichte, Bd. 12). Würzburg 1957.

Louis Lamm, Das Memorbuch in Buttenwiesen. In: Monatsschrift für Geschichte und Wissenschaft des Judenthums 45 [N. F. 9] (1901), S. 540–549.

Leopold Löwenstein, Zur Geschichte der Juden in Franken 1772–1775. In: Zeitschrift für die Geschichte der Juden in Deutschland 3 (1889), S. 275–282.

Leopold Löwenstein, Das Wiener Memorbuch in der Klaussynagoge von Fürth. In: Monatsschrift für Geschichte und Wissenschaft des Judenthums 42 [N. F. 6] (1898), S. 272–278.

Leopold Löwenstein, Zur Geschichte der Juden in Fürth. In: Jahrbuch der Jüdisch-Literarischen Gesellschaft VI (1908), S. 153–233; VIII (1910), S. 65–213; X (1912), S. 49–192.

(Luxus:) Über den zunehmenden Luxus bei den Juden in Franken. In: Fränkischer Merkur 3 (1796), S. 248–249.

Fritz Mägerlein, Judengemeinden im Kitzinger Land. In: Im Bannkreis des Schwanbergs 1969. Heimatjahrbuch für den Landkreis Kitzingen, S. 160–172.

Karl H. Mistele, Jüdische Sachkultur auf dem Lande. Der Nachlaß des Mosche Wolf aus Reckendorf. In: Historischer Verein für die Pflege der Geschichte des ehemaligen Fürstbistums Bamberg, 120. Bericht (1984), S. 589–596.

Karl H. Mistele, Bamberg, verlorene Heimat der Juden. Bamberg 1986.

Josef Motschmann, Der Leidensweg der Juden am Obermain. Vom Ende der jüdischen Gemeinden in Lichtenfels, Burgkunstadt und Altenkunstadt in den Jahren 1933–1942. Lichtenfels 1983.

Arnd Müller, Geschichte der Juden in Nürnberg 1146–1945 (Beiträge zur Geschichte und Kultur der Stadt Nürnberg, 12). Nürnberg 1968.

Friedrich Neubürger, Verfassungsrecht der gemeinen Judenschaft zu Fürth und in dessen Amt im 18. Jahrhundert. In: Monatsschrift für Geschichte und Wissenschaft des Judenthums 45 [N. F. 9] (1901), S. 404–422, 510–539.

Friedrich Neubürger, Das Sonderrecht der gemeinen Judenschaft zu Fürth und in dessen Amt im 18. Jahrhundert. Bd. I: Das Verfassungsrecht, historisch-dogmatisch dargestellt. Fürth/Nürnberg 1902.

Edith Nierhaus-Knaus, Geheimsprache in Franken – Das Schillingsfürster Jenisch. Rothenburg o.d.T. 1973.

Baruch Zvi Ophir, Pinqas ha-qehillot [...] germaniya bawariya. Jerusalem 1972 (hebr.).

Baruch Zvi Ophir, Falk Wiesemann (Hgg.), Die jüdischen Gemeinden in Bayern 1918–1945. Geschichte und Zerstörung. München/Wien 1979.

Max Ottensoser, Alex Roberg (Hgg.), ILBA. Israelitische Lehrerbildungsanstalt Würzburg, 1864–1938. By the Alumni of 1930–38. Detroit 1982.

Franz Pfrang, Die Juden im Raum Volkach. In: Im Bannkreis des Schwanbergs. Jahrbuch des Landkreises Kitzingen 1981, S. 97–105.

C. E. Reinhard, Geschichte des Dorfes Röllbach. Obernburg/Main 1905.

Paul Sauer, Die jüdischen Gemeinden in Württemberg und Hohenzollern. Denkmale, Geschichte, Schicksale. Mit einem Beitrag von Julius Wissmann, Zur Geschichte der Juden in Württemberg 1924–1939 (Veröffentlichungen der Staatlichen Archivverwaltung Baden-Württemberg, Bd. 18). Stuttgart 1966.

Otto Schaffrath, Der Judenpogrom 1591 in Fulda. In: Fuldaer Geschichtsblätter 50 (1976), S. 131–134.

August Schnizlein, Zur Geschichte der Vertreibung der Juden aus Rothenburg o./Tauber 1519/20. In: Monatsschrift für Geschichte und Wissenschaft des Judentums 61 [N. F. 25] (1917), S. 263–284.

Ludwig Schnurrer, Rabbi Meir ben Baruch von Rothenburg. In: Fränkische Lebensbilder, Bd. 3. Würzburg 1969, S. 35–49.

Stefan Schwarz, Die Juden in Bayern im Wandel der Zeiten. München/Wien 1963.

Karl Fürst zu Schwarzenberg, Judengemeinden Schwarzenbergischer Herrschaften. In: Schwarzenbergischer Almanach 34 (1968), S. 283–298.

Karl Seiler, Walter Hildebrandt, Die Landflucht in Franken (Berichte zur Raumforschung und Raumordnung, Bd. III). Leipzig 1940.

Salomon Stein, Geschichte der Juden in Schweinfurt. Zwei Vorträge, gehalten im Verein für jüdische Geschichte und Literatur zu Schweinfurt. Frankfurt a. M. 1899.

Leonhard Stiegler, Schnodsenbach, ein Rittergut im fränkischen Iffgau. Neustadt a.d. Aisch 1952.

Andreas Sebastian Stumpf, Die Juden in Franken. In: Denkwürdigkeiten der teutschen, besonders fränkischen Geschichte 1 (1802), S. 119–156.

Moszek Awigdor Szulwas, Die Juden in Würzburg während des Mittelalters. Phil. Diss. Berlin 1934.

Walter Tausendpfund, Gerhard Philipp Wolf, Die jüdische Gemeinde von Schnaittach. Aus dem wechselvollen Leben der Juden im Herrschaftsgebiet Rothenberg (Altnürnberger Landschaft, Mitteilungen 30. Jg., Sonderheft 1981/II). Nürnberg 1981.

David Weger, Die Juden im Hochstift Würzburg während des 17. und 18. Jahrhunderts. Phil. Diss. Würzburg 1920.

Leopold Weil, Die israelitische Kultusgemeinde Hof und deren Vorgeschichte. Zur Einweihung des neuen Gotteshauses. o. O. (Hof) o. J. (1927).

Jakob Weißbart, Geschichtliche Mitteilungen über Ende der alten, Wiedererstehung und Entwicklung der neuen israelitischen Gemeinde Würzburg. Würzburg 1882.

Alfred Wolf, The First Pinkes of Heidingsfeld. In: Hebrew Union College Annual XVIII (1943/44), S. 247–278.

Bernhard Ziemlich, Eine Bücherconfiscation zu Fürth im Jahre 1702. In: Markus Brann, F. Rosenthal (Hgg.), Gedenkbuch zur Erinnerung an David Kaufmann. Breslau 1900, S. 457–486.

c) *Alltag, Lebensverhältnisse, Lebensbedingungen (Pauperismus, Erwerbsleben, Kleiderordnungen)*

Marcus Adler, Chronik der Gesellschaft zur Verbreitung der Handwerke und des Ackerbaues unter den Juden im Preussischen Staate. Gegründet 1812. Für die Jahre 1812 bis incl. 1898. Berlin 1899.

Friedrich Christian Benedict Avé-Lallement, Das deutsche Gaunertum in seiner sozialpolitischen, literarischen und linguistischen Ausbildung zu seinem heutigen Bestande. 4 Teile in 3 Bänden, Leipzig 1858–1862.

Franz Joachim Behnisch, Die Tracht Nürnbergs und seines Umlandes vom 16. bis zur Mitte des 19. Jahrhunderts. Nürnberg 1963.

Adolf Brüll, Trachten der Juden im nachbiblischen Alterthume. Ein Beitrag zur allgemeinen Kostümkunde. I. Theil (alles Erschienene), Frankfurt a. M. 1873.

Otfried Dascher, Das Textilgewerbe in Hessen-Kassel vom 16. bis 19. Jahrhundert (Veröffentlichungen der Historischen Kommission für Hessen und Waldeck, 28: Quellen und Darstellungen zur hessischen Sozial- und Wirtschaftsgeschichte, Bd. 1). Marburg 1968.

Christoph Daxelmüller, Jüdische Kleider- und Schnittwarenhändler. In: Wolfgang Brückner (Hg.), Fränkisches Volksleben im 19. Jahrhundert. Wunschbilder und Wirklichkeit. Möbel – Keramik – Textil in Unterfranken 1814 bis 1914 (Land und Leute. Veröffentlichungen zur Volkskunde). Würzburg 1985, S. 177–181.

Christoph Daxelmüller, Kulturvermittlung und Gütermobilität. Anmerkungen zur Bedeutung des jüdischen Handels für die ländliche und kleinstädtische Kultur. In: Nils-Arvid Bringéus u. a. (Hgg.), Wandel der Volkskultur in Europa. Festschrift für Günter Wiegelmann zum 60. Geburtstag, Bd. I (Beiträge zur Volkskultur in Nordwestdeutschland, Heft 60/I). Münster 1988, S. 223–253.

Max Freudenthal, Leipziger Messgäste. In: Monatsschrift für Geschichte und Wissenschaft des Judenthums 45 [N. F. 9] (1901), S. 460–509.

Max Grunwald, Berufe der Juden. In: Jahrbuch für jüdische Volkskunde 1923, S. 394–426.

Joseph Isaak, Unmaßgebliche Gedanken über Betteljuden und ihre bessere und zweckmäßigere Versorgung menschenfreundlichen Regenten und Vorstehern zur weitern Prüfung vorgelegt. Nürnberg 1791.

Carsten Küther, Räuber und Gauner in Deutschland. Das organisierte Bandenwesen im 18. und frühen 19. Jahrhundert (Kritische Studien zur Geschichtswissenschaft, Bd. 20). Göttingen 1976.

Leopold Löw, Die Amtstracht der Rabbinen. In: Ben Chananja III (1859), S. 97–115; nachgedruckt in:

Leopold Löw, Gesammelte Schriften. Hrsg. von Immanuel Löw, Bd. IV, Szegedin 1898 (Reprint Hildesheim/New York 1979), S. 217–234.

Ludwig Pfister, Aktenmäßige Geschichte der Räuberbanden an den beiden Ufern des Mains, im Spessart und im Odenwalde. 2 Bde., Heidelberg 1812.

Arthur Prinz, Juden im Deutschen Wirtschaftsleben. Soziale und wirtschaftliche Strukturen im Wandel 1850–1914. Bearb. und hrsg. von Avraham Barkai (Schriftenreihe wissenschaftlicher Abhandlungen des Leo Baeck Instituts, 43). Tübingen 1984.

Alfred Rubens, A History of Jewish Costume. London 1973.

Ernst Schubert, Arme Leute. Bettler und Gauner im Franken des 18. Jahrhunderts (Veröffentlichungen der Gesellschaft für Fränkische Geschichte, Reihe IX: Darstellungen aus der fränkischen Geschichte, Bd. 26). Neustadt a. d. Aisch 1983.

Heinrich Silbergleit, Bevölkerungs- und Berufsverhältnisse der Juden im Deutschen Reich. Berlin 1930.

Werner Sombart, Die Juden und das Wirtschaftsleben. Leipzig 1911.

Raphael Straus, The ›Jewish Hat‹ as an Aspect of Social History. In: Jewish Social Studies IV (1942), S. 59–72.

Jakob Toury, Jüdische Textilunternehmer in Baden-Württemberg 1683–1938 (Schriftenreihe wissenschaftlicher Abhandlungen des Leo Baeck Instituts, 42). Tübingen 1984.

d) *Synagogen, Ritualbäder, Friedhöfe, liturgische Gegenstände*

Joachim Braun, Die ehemalige jüdische Synagoge in Goßmannsdorf. In: Ochsenfurter Geschichten Nr. 9, September 1987. o. O. (Ochsenfurt), o. J. (1987), unpag.

Tilmann Breuer, Landkreis Lichtenfels (Bayerische Kunstdenkmale XVI, Kurzinventar). München 1962.

Gustav Cohn, Der jüdische Friedhof. Seine geschichtliche und kulturgeschichtliche Entwicklung. Mit besonderer Berücksichtigung der ästhetischen Gestaltung. Frankfurt a. M. 1930.

Ernst Cohn-Wiener, Die jüdische Kunst. Ihre Geschichte von den Anfängen bis zur Gegenwart. Berlin 1929.

David Davidovicz, Wandmalereien in alten Synagogen. Das Wirken des Malers Elieser Sussmann in Deutschland. Hameln/Hannover 1969.

Christoph Daxelmüller, Fränkische Dorfsynagogen. In: Volkskunst. Zeitschrift für volkstümliche Sachkultur 4 (1981), S. 234–241.

Hermann Deckert, Robert Freyhan, Kurt Steinbart (Hgg.), Religiöse Kunst aus Hessen und Nassau. Kritischer Gesamtkatalog der Ausstellung Marburg 1928. 3 Bde., Marburg 1932.

Adolf Diamant, Zerstörte Synagogen vom November 1938. Bestandsaufnahme. Frankfurt a. M. 1978.

Adolf Eckstein, Die Synagogenmalereien von Horb a. M. in der städtischen Gemäldesammlung zu Bamberg. In: Bamberger Blätter für fränkische Kunst und Geschichte 1 (1924), S. 29–31.

Ismar Elbogen, Der jüdische Gottesdienst in seiner geschichtlichen Entwicklung. 3. Aufl. Frankfurt a. M. 1931 (Nachdruck Hildesheim 1967).

Helmut Eschwege, Die Synagoge in der deutschen Geschichte, Wiesbaden o. J. (1980).

Hermann Fischer, Theodor Wohnhaas, Die Orgel in bayerischen Synagogen im späten 19. Jahrhundert. In: Jahrbuch für fränkische Landesforschung 33 (1973), S. 1–12.

Alfred Grotte, Deutsche, böhmische und polnische Synagogentypen vom XI. bis Anfang des XIX. Jahrhunderts (Mitteilungen der Gesellschaft zur Erforschung jüdischer Kunstdenkmäler zu Frankfurt a. Main VII. VIII.). Berlin 1915.

Joseph Gutmann (Hg.), The Synagogue: Studies in Origins, Archaeology and Architecture. N. Y. 1975.

Rudolf Hallo, Jüdische Volkskunst in Hessen. Festschrift der Sinai-Loge zu Kassel. Kassel 1928.

Harold Hammer-Schenk, Untersuchungen zum Synagogenbau in Deutschland von der ersten Emanzipation bis zur gesetzlichen Gleichberechtigung der Juden (1800–1871). Phil. Diss. Tübingen 1974.

Harold Hammer-Schenk, Ästhetische und politische Funktionen historisierender Baustile im Synagogenbau des ausgehenden 19. Jahrhunderts. In: Kritische Berichte 3, Heft 2/3 (1975), S. 12–24.

Harold Hammer-Schenk, Synagogen in Deutschland. Geschichte einer Baugattung im 19. und 20. Jahrhundert (1780–1933). Teil 1–2 (Hamburger Beiträge zur Geschichte der deutschen Juden Bd. VIII). Hamburg 1981.

Theodor Harburger, Werke jüdischer Volkskunst in Bayern. In: Bayerischer Heimatschutz. Zeitschrift für Volkskunst und Volkskunde, Heimatschutz und Denkmalpflege 26 (1930), S. 94–100.

Gerhard Hojer, Ehemaliger Landkreis Scheinfeld (Bayerische Kunstdenkmale XXXV, Kurzinventar). München 1976.

M. Jankelowitz, Die berühmte Synagoge und der Judenfriedhof in Bechhofen (Mittelfranken). In: Das Bayerland. Illustrierte Monatsschrift für Bayerns Land und Volk 37, Num. 20 (1926), S. 605–606.

Richard Krautheimer, Mittelalterliche Synagogen. Berlin 1927.

Hannelore Künzl, Islamische Stilelemente im Synagogenbau des 19. und frühen 20. Jahrhunderts (Judentum und Umwelt, Bd. 9). Frankfurt a. M./Bern/Nancy/New York 1984.

Karl-Ludwig Lippert, Landkreis Staffelstein (Bayerische Kunstdenkmale XXVIII, Kurzinventar). München 1968.

Helen Rosenau, German Synagogues in the Early Period of Emancipation. In: Leo Baeck Institute Year Book VIII (1963), S. 214–225.

Helen Rosenau, The Synagogue and Protestant Church Architecture. In: Joseph Gutmann (Hg.), The Synagogue. New York 1975, S. 309–333.

Samson Wolf Rosenfeld, Die Israelitische Tempelhalle, oder die neue Synagoge in Mkt. Uhlfeld, ihre Entstehung, Einrichtung und Einweihung; nebst den den dabei gehaltenen Reden. Erlangen 1819.

Israel Schwierz (ed. Rudolf Sussmann), Zeugnisse jüdischer Vergangenheit in Ufr. Bamberg 1983.

Richard Strobel, Ehemaliger Landkreis Neustadt an der Aisch (Bayerische Kunstdenkmale XXXII, Kurzinventar). München 1972.

S. Ph. De Vries, Jüdische Riten und Symbole. Wiesbaden 1981.

Ulrich Wagner (Hg.), Zeugnisse jüdischer Geschichte in Unterfranken (Schriften des Stadtarchivs Würzburg, Heft 2). Würzburg 1987.

Rahel Wischnitzer-Bernstein, Symbole und Gestalten der jüdischen Kunst. Berlin-Schöneberg 1935.

(Würzburg, Synagoge:) Einweihung der Synagoge Würzburg, 24. März 1970. Würzburg 1970.

e) *Die religiöse Welt (Alltag, Feste, Friedhöfe)*

Yehuda Amichai, in: Hans Jürgen Schultz (Hg.), Mein Judentum. München 1986 (¹Stuttgart 1978), S. 19–32.

Seeligmann Bär Bamberger, Amirah le-beth Jakob. Die drei besonderen Pflichten jüdischer Ehefrauen: Niddah, Challah, Hadlakah, nebst einem Anhang:

Die Vorschriften über das Fleischsalzen. 2. verb. Aufl. Frankfurt a. M. 1922.

Markus Brann, Eine Sammlung Fürther Grabschriften. In: ders., F. Rosenthal (Hgg.), Gedenkbuch zur Erinnerung an David Kaufmann. Breslau 1900, S. 385–450.

Salomo Buber, Midrasch Tanchuma. Wilna 1885.

Abraham Chill, The Minhagim. The Customs and Ceremonies of Judaism, Their Origins and Rationale. New York 1979.

Gustav Cohn, Der jüdische Friedhof. Seine geschichtliche und kulturgeschichtliche Entwicklung. Mit besonderer Berücksichtigung der ästhetischen Gestaltung. Frankfurt a. M. 1930.

Theodor Dassovius, Dissertatio de ritibus Mesusae. In: Blasius Ugolinus, Thesaurus Antiquitatum Sacrarum Bd. 21. Venedig 1758, S. 737–764.

Schelomo Ganzfried, Kizzur Schulchan Aruch. Ins Deutsche übertragen von Rabbiner Dr. Selig Bamberger. Neue verb. Ausgabe, 2 Bde., Basel 1978.

Theodor H. Gaster, Festivals of the Jewish Year. A Modern Interpretation and Guide. New York 1968.

Theodor Herzl Gaster, Purim and Hannukah in Custom and Tradition. Feast of Lots and Feast of Lights. New York 1950.

Ulrich Gerhardt, Jüdisches Leben im jüdischen Ritual. Studien und Beobachtungen 1902–1933. Bearbeitet und kommentiert von Zwi Sofer. Unter Mitwirkung von Malwine und Peter Maser hrsg. von Dietrich Gerhardt (Studia Delitzschiana N. F. Bd. 1). Heidelberg 1980.

Max Grunwald, Die Fürther Megilla. In: Mitteilungen z. Jüdischen Volkskunde 16, H. 46 (1913), S. 1–13.

David Kaufmann, Communal Minute Book of Bamberg, 1696 (hebr.). In: Kobeẓ ʿal Yad 7 (1896/97), S. 1–46.

A. Landau, Holekreisch. In: Zeitschrift des Vereins für Volkskunde 9 (1899), S. 72–77.

Siegfried Müller, Von jüdischen Bräuchen und jüdischem Gottesdienst. ²Frankfurt a. M. 1934.

Isaak Münz, Jüdisches Leben im Mittelalter. Ein Beitrag zur Kulturgeschichte der deutschen Juden. Leipzig 1930.

Herman Pollack, Jewish Folkways in Germanic Lands (1648–1806). Studies in Aspects of Daily Life. Cambridge, Mass./London 1971.

Naftali Rosenan, Das jüdische Jahr, dargestellt am Ausstellungsgut des Jüdischen Museums der Schweiz in Basel. Zürich 1976.

William Rosenau, Jüdische Sitten und Gottesdienstliche Gebräuche. 3. neubearb. Aufl. Berlin-Charlottenburg 1929.

Siegmund Salfeld (Hg.), Das Martyrologium des Nürnberger Memorbuches (Quellen zur Geschichte der Juden in Deutschland Bd. 3). Berlin 1898.

Wilhelm Schickart, Purim sive Bacchanalia Judaeorum, in: Critici Sacri Anglicani, quibus accedunt Tractatus varii theologico-philologici, Bd. 2: Criticorum Sacrorum, sive Annotatorum ad Libros Historicos et Librum Job. Amsterdam 1698.

Sefer Hachajim. 11. verm. und verb. Aufl. Frankfurt a. M. 1905 (Nachdruck Basel o. J.).

Ludwig Stern, Die Vorschriften der Thora welche Israel in der Zerstreuung zu beobachten hat. Ein Lehrbuch der Religion für Schule und Familie. 2. verm. und verb. Aufl. Frankfurt a. M. 1886.

Friedrich Thieberger (Hg.), Jüdisches Fest – Jüdischer Brauch. 2. Aufl. Königstein/Ts. 1979.

Albert Wolf, Zwei auf Judentaufen bezügliche Medaillen. In: Monatsschrift für Geschichte und Wissenschaft d. Judenthums 44 [N. F. 8] (1900), S. 539 ff.

M. Zobel, Der Sabbat, sein Abbild im jüdischen Schrifttum, seine Geschichte und seine heutige Gestalt. Berlin 1935.

f) *Fränkische Juden – jüdische Franken*

Moses Loeb Bamberger, Seligmann Bär Bamberger. In: Leo Jung (Hg.), Jewish Leaders (1750–1940). New York 5714 (1953), S. 179–195.

Nathan Bamberger, Rabbiner Seligmann Bär Bamberger, dessen Leben und Wirken (Beigabe zum Jahresberichte pro 1896/97 der von demselben begründeten und während der ersten dreizehn Jahre geleiteten israel. Lehrerbildungs-Anstalt zu Würzburg). Würzburg 1897.

Werner J. Cahnman, Der Dorf- und Kleinstadtjude als Typus. In: Zeitschrift für Volkskunde 70 (1974), S. 169–193.

Alfred Dietz, Rabbiner David Kissinger spielt Schafkopf. Eine Erinnerung an den Großvater des ehemaligen amerikanischen Außenministers. In: St. Heinrichskalender 1979. Jahrbuch der Erzdiözese Bamberg, 54. Jg. (1979), S. 103–104.

Shaul Esh (Hg.), The Bamberger Family. The Descendants of Rabbi Seligmann Bär Bamberger, The »Würzburger Rav« (1807–1878). Jerusalem 1964.

Hermann Fechenbach, Die letzten Mergentheimer Juden und Die Geschichte der Familien Fechenbach. Stuttgart 1972.

Monika Richarz (Hg.), Jüdisches Leben in Deutschland. Bd. I: Selbstzeugnisse zur Sozialgeschichte 1780–1871. Stuttgart 1976 (Autobiographien von Ascher Lehmann [S. 83–99], Hänlein Salomon Kohn [S. 140–144], Eduard Silbermann [S. 160–176], Philipp Tuchmann [S. 241–247], Hirsch Fürth [S. 360–366], Abraham Kohn [S. 466–470]; Bd. II: Selbstzeugnisse zur Sozialgeschichte im Kaiserreich. Stuttgart 1979 (Julius Frank [S. 190–200]); Bd. III: Selbstzeugnisse zur Sozialgeschichte 1918–1945. Stuttgart 1982.

Heinrich Simon, Leopold Sonnemann. Seine Jugendgeschichte bis zur Entstehung der »Frankfurter Zeitung«. Zum 29. Oktober 1931. o.O., o.J. (1931).

Bruno Stern, Meine Jugenderinnerungen an eine württembergische Kleinstadt und ihre jüdische Gemeinde. Mit einer Chronik der Juden in Niederstetten und Hohenlohe vom Mittelalter bis zum Ende des Zweiten Weltkriegs (Lebendige Vergangenheit. Zeugnisse und Erinnerungen. Schriftenreihe des Württ. Geschichts- und Altertumsvereins Stuttgart, Bd. 4). Stuttgart 1968.

Jakob Wassermann, Mein Weg als Deutscher und Jude. Berlin 1921.

g) *Antijudaismus, Antisemitismus, Holocaust, antijüdische Folkore*

Hans Günther Adler, Der verwaltete Mensch. Studien zur Deportation der Juden aus Deutschland. Tübingen 1974.

Klaus Arnold, Die Armledererhebung in Franken 1336. In: Mainfränkisches Jahrbuch für Geschichte und Kunst 26 (1974), S. 35–62.

Martin Broszat, Elke Fröhlich, Falk Wiesemann, Bayern in der NS-Zeit. Soziale Lage und politisches Verhalten der Bevölkerung im Spiegel vertraulicher Berichte. München/Wien 1977.

Wolfgang Brückner (Hg.), Maria Buchen. Eine fränkische Wallfahrt (Land und Leute. Veröffentlichungen zur Volkskunde). Würzburg 1979.

Rudolf Endres, Ein antijüdischer Bauernaufstand im Hochstift Bamberg im Jahre 1699. In: Historischer Verein für die Pflege der Geschichte des ehemaligen Fürstbistums Bamberg, 117. Bericht (1981), S. 67–81.

Wilhelm Engel, Ritualmord und Wallfahrt von Euerfeld. In: Altfränkische Bilder 46 (Würzburg 1940).

Wilhelm Engel, Ritualmord in Euerfeld. In: Altfränkische Bilder 48 (Würzburg 1942), unpag.

Wilhelm Engel, Die Hostienschändung in Röttingen. In: Altfränkische Bilder 48 (Würzburg 1942), unpag.

Ludwig Göhring, »Itzig Feitel Stern«. Leben und Werke eines bisher im Dunkel gebliebenen fränkischen Schriftstellers. In: Zeitschrift für Bücherfreunde N. F. 20 (1928), S. 114–120.

Hermann Graml, Der 9. November 1938. »Reichskristallnacht« (Schriftenreihe der Bundeszentrale für Heimatdienst, Heft 2). 6. Aufl. Bonn 1958.

Fred Hahn, Lieber Stürmer. Leserbriefe an das NS-Kampfblatt 1924 bis 1945. Stuttgart 1978.

Peter Herde, Probleme der christlich-jüdischen Beziehungen im Mittelalter. In: Würzburger Diözesangeschichtsblätter 40 (1978), S. 79–94.

Johann Friedrich Sigmund Freiherr von Holzschuher: s. Itzig Feitel Stern.

Fritz Kynass, Der Jude im deutschen Volkslied. Eine Teilstudie. Phil. Diss. Greifswald 1934.

Heinrich Mohr, Vier Kulturbilder aus Lauda. Zwei Häuser, ein Brunnen, eine Kapelle. In: Badische Heimat. Zeitschrift für Volkskunde, Heimat-, Natur- und Denkmalschutz 20 (1933), S. 227–239 (Titel des Jahrgangs: Das badische Frankenland. Odenwald – Bauland – Taubergrund, hrsg. von Eris Busse).

Max Oppenheimer, Horst Stuckmann, Rudi Schneider, Als die Synagogen brannten. Zur Funktion des Antisemitismus gestern und heute. Frankfurt a. M. 1978.

Léon Poliakov, Geschichte des Antisemitismus. Bd. 1–5, Worms 1977–1983.

Reinhard Rürup (Hg.), Antisemitismus und Judentum (Geschichte und Gesellschaft. Zeitschrift für Historische Sozialwissenschaft 5, H. 4). Göttingen 1979.

Franz Schneider, Heidingsfeld, ein altfränkisches Städtebild. Heidingsfeld 1908 (Nachdruck Würzburg-Heidingsfeld 1979).

Hellmut Schramm, Der jüdische Ritualmord. Eine historische Untersuchung. Berlin 1943 (nationalsozialistisch).

Karl Schreck, 600 Jahre Stadt Lauda 1344–1944. Ein Beitrag zur geschichtlichen Entwicklung einer fränkischen Stadt. Lauda 1951.

Herbert Schultheis, Juden in Mainfranken 1933–1945 unter besonderer Berücksichtigung der Deportationen Würzburger Juden (Bad Neustädter Beiträge zur Geschichte und Heimatkunde Frankens, 1). Bad Neustadt a. d. Saale 1980.

Isaiah Shachar, The Judensau. A Medieval Anti-Jewish Motif and its History. London 1974.

Itzig Feitel Stern (i. e. Johann Friedrich Sigmund Freiherr von Holzschuher), Die Manzepaziuhn der Jüdenschaft. En Edress (Itzig Feitel Stern's Schriften. IX. Theil). Leipzig/Meissen/Riesa o. J.

Itzig Feitel Stern, Gedichter, Perobeln unn Schnoukes. E Roretät poetiche Parleschuur [sic!] um de Kalle ihren Hals. Meissen (1832).

Itzig Feitel Stern, Lexicon der jüdischen Geschäfts- und Umgangssprache (Itzig Feitel Stern's gesammelte Schriften. 8. Theil). Leipzig/Meißen/Riesa (1833).

Richard Wilhelm Stock, Die Judenfrage durch fünf Jahrhunderte. Nürnberg 1939 (Phil. Diss. Erlangen 1938; nationalsozialistisch).

Joshua Trachtenberg, The Devil and the Jews. The Medieval Conception of the Jew and its Relation to Modern Antisemitism. New Haven, Conn. 1943 (Nachdruck New York 1966).